大学生安全教育

主　编　庾庐山　张　帆
副主编　林仲桂　黄艳华

中国纺织出版社有限公司

内 容 提 要

随着社会的发展，大学生的生活空间有所扩展，交流领域也在不断拓展，高校的管理方式不断社会化，对大学生进行安全教育十分有必要。本书共分为七章，分别为绪论、人身安全篇、交通安全篇、公共卫生安全篇、财产安全篇、实习实训（验）及社会实践与求职安全、意外伤害救助。

本书深入浅出地介绍了与大学生密切相关的安全问题，有利于帮助大学生提高防范意识和应对能力，强化安全意识和安全技能。本书通俗易懂、便于掌握，可以作为开展大学生安全教育和安全管理工作的普及用书。

图书在版编目（CIP）数据

大学生安全教育 / 庾庐山, 张帆主编. -- 北京：中国纺织出版社有限公司, 2022.11

ISBN 978-7-5180-9985-6

Ⅰ.①大… Ⅱ.①庾… ②张… Ⅲ.①大学生—安全教育 Ⅳ.①G641

中国版本图书馆CIP数据核字（2022）第195361号

责任编辑：向连英　　特约编辑：武亭立
责任校对：高　涵　　责任印制：储志伟

中国纺织出版社有限公司出版发行
地址：北京市朝阳区百子湾东里A407号楼　邮政编码：100124
销售电话：010—67004422　传真：010—87155801
http://www.c-textilep.com
中国纺织出版社天猫旗舰店
官方微博http://weibo.com/2119887771
三河市延风印装有限公司印刷　各地新华书店经销
2022年11月第1版第1次印刷
开本：787×1092　1/16　印张：15.5
字数：354千字　定价：45.00元

凡购本书，如有缺页、倒页、脱页，由本社图书营销中心调换

　　大学生是我国十分宝贵的人才资源，是民族的希望、祖国的未来。大学生的安全是家庭、学校、社会共同关注的。

　　随着社会的发展，大学生的生活空间有所扩展，交流领域也在不断拓展，高校的管理方式不断社会化，校园治安形势日趋复杂，对大学生进行安全教育十分有必要。在校期间，他们除了进行正常的学习、生活外，还需要走出学校参加各种社会实践活动。大学生涉世未深，自我防范意识和自我保护能力欠缺，他们难免面对各种危险，这些危险可能是外在的，也可能是潜在的；可能是在校内产生的，也可能是来自校外的。近年来，危及大学生生命、财产安全的意外事故和案件时有发生，给家庭、学校和社会带来了不良的影响和一定的伤害。大学生的安全问题已成为社会各界关注的焦点。安全教育也是生命教育，仅仅依靠学校、家庭、社会对学生进行保护是不够的，重要的是引导大学生树立安全观念，增强安全意识，掌握自救自护知识，提升自救自护能力，使他们能够勇敢机智地应对各种危险，果断、正确地进行自救自护。

　　本书共七章，分别为绪论、人身安全篇、交通安全篇、公共卫生安全篇、财产安全篇、实习实训（验）及社会实践与求职安全、意外伤害救助。深入浅出地介绍了与大学生密切相关的安全问题，帮助大学生提高危机防范和应对能力，强化安全意识和安全技能。本书通俗易懂，便于掌握，可作为高等院校开展安全教育的教材，也可作为大学生及安全管理工作者的普及用书。

　　由于时间仓促，编者水平有限，书中难免有不足之处，恳请各位读者批评指正。

编　者
2022 年 7 月

目录

第一章 绪论 ... 1
- 第一节 安全与安全教育的内容 ... 2
- 第二节 大学开设安全教育课的意义 ... 4
- 第三节 大学生要正视面临的安全问题，努力提高安全意识 ... 7

第二章 人身安全篇 ... 15
- 第一节 人身安全问题 ... 16
- 第二节 校园纠纷和校园斗殴的预防 ... 22
- 第三节 自杀的预防 ... 27
- 第四节 女大学生的自我保护 ... 33
- 第五节 消防安全教育 ... 43

第三章 交通安全篇 ... 55
- 第一节 常见交通事故及其特点 ... 56
- 第二节 发生交通事故的原因分析 ... 59
- 第三节 对交通事故的预防及现场处置 ... 61
- 第四节 交通安全常识 ... 67

第四章 公共卫生安全篇 ... 73
- 第一节 饮食安全 ... 74
- 第二节 常见传染病的预防 ... 81
- 第三节 求医用药安全 ... 87
- 第四节 自觉抵制"黄、赌、毒" ... 89

第五章　财产安全篇 ... 95
第一节　防盗常识 ... 96
第二节　防诈骗常识 ... 110
第三节　防扒、防抢常识 ... 123
第四节　拒绝非法传销 ... 136
第五节　谨慎校外租房 ... 138

第六章　实习实训（验）及社会实践与求职安全 ... 143
第一节　实习安全 ... 144
第二节　实训（验）安全 ... 148
第三节　社会实践与求职安全 ... 155

第七章　意外伤害救助 ... 161
第一节　意外伤害救助知识 ... 162
第二节　溺水事故的防护和处置 ... 165
第三节　煤气中毒识别、防护与处置 ... 171
第四节　触电事故的防护和处置 ... 175
第五节　中暑的防护和处置 ... 179
第六节　烧（烫）伤的防护和处置 ... 183
第七节　动物致伤的防护和处置 ... 187

参考文献 ... 193

附录 ... 195
A. 安全知识思考题及答案 ... 196
B. 中华人民共和国治安管理处罚法 ... 210
C. 常见应急电话号码 ... 223
D. 学生伤害事故处理办法 ... 224
E. 常用创伤处理技术 ... 229
F. 常用急救技术 ... 239

第一章 绪论

> 先其未然谓之防，发而止之谓之救，行而责之谓之戒。防为上，救次之，戒为下。
>
> ——荀子

第一节 安全与安全教育的内容

随着日常生活中安全事故、法律纠纷的日渐增多，校园安全也成为社会关注的热点之一。校园是学生们学习、生活的主要场所，学生在校的学习目标是将自己培养成综合素质高、有一定的理论功底又擅长技术应用的技能型人才，成为国家建设中的高素质劳动者，要顺利完成这一学习目标，安全是前提。学生们在日常学习、生活、工作中，要努力树立安全意识，掌握安全知识，养成注重安全的习惯。

一、安全知识的重要性

所谓安全，就是指没有危险、不受威胁、不出事故。安全是社会发展的前提，是人类个体生存和发展的保障，是人们历来关注的焦点。对我们广大学生来说，安全是完成学业的保证，是思想进步、健康成长和立志成才的基本条件。

在许多发达国家，新生入学的第一天就要接受有关安全和生存方面的教育。在新生入学教育中，安全教育也是被放在了很重要的位置上。学习和掌握一些安全知识将会使大学生终身受益。

学生们在进入大学学习之前，生活空间基本上都是从家门到校门，保护大家人身安全和健康的职责主要由家长和老师来担负，学生在家长和老师的呵护下，社会上的各种危害和不安定因素对学生们的影响相对较小。进入大学学习以后，许多学生是第一次走出家门，远离父母，一切事情都得靠自己去安排，所以，急需增长安全知识，增强自我保护能力。

作为一名大学生，要通过多种形式学习安全知识，一方面，要增强安全防范意识，要学法、懂法，能依法保护自己的合法权益，使国家财产和自己的人身、财产不受侵害；另一方面，要全面提高自身素质，增强法制观念，自觉遵纪守法，不去侵犯国家、集体的财产和他人的人身、财产安全，不危害社会，不参与违法犯罪活动。

二、安全素质的三要素

开设安全教育课的主要任务是通过教学提高学生们的安全素质。从基本层面来看，人的安全素质包括三个要素：安全意识、安全知识、安全技能。安全知识和安全技能可以通过学习和训练得以提高，而安全意识属于心理学范畴，是安全素质提高的难点和重点。

（一）安全意识

安全意识就是人们头脑中建立起来的生产生活必须安全的观念，也就是人们对生产生活中各种各样有可能对自己和他人造成伤害的内外在环境条件的一种戒备和警觉的心理状态。这些意识包括：善待生命、珍惜生命的健康意识；事故、灾害发生的风险意识；预防为主、防范在先的避险意识；行为规范、技术优先的科学意识；每时每刻、每处每地注意安全的警觉意识。

人的安全意识是人对所处时空安全感的定位和认知，人的安全意识受人的心理活动所支配。

（二）安全知识

安全知识是人们在长期的生产实践中认识到的关于保障安全的原理、规律、经验的总和，包括自然安全知识、环境安全知识、生产安全知识、生活安全知识等。安全知识还可以分得更细，如公共安全知识、人身安全知识、财产安全知识、消防安全知识、交通安全知识、食品安全知识、信息安全知识等。安全知识通过学习可以获得，也可以通过亲身体验获得。亲身体验获得的安全知识令学生记忆深刻，学习获得的安全知识则比较系统全面。安全教育课的主要任务就是通过课堂教学，为大学生系统讲授必要的安全知识。

（三）安全技能

安全技能是通过练习获得的能够完成一定安全任务的动作系统。如遭遇突发性事件、灾害性事故时的应急、应变能力；避免人身安全和生命财产受到侵害的安全防范能力；遇到人身伤害时的自我保护、防卫和自我救助能力；规避职业危害和职业伤害风险，对公共安全事故、公共卫生事件的应急救援能力；防止和预防流行病、传染病，以及抵御违法犯罪的能力等。

安全技能按其熟练程度可以分为初级安全技能和技巧性安全技能。初级安全技能，只保证自己能基本做到防范伤害和脱离危险，而未达到熟练的程度，技巧性安全技能则能帮助他人或组织防范危险、排除危险。安全技能是安全意识、安全知识在行为上的体现，安全技能的培养和训练一定是以安全知识为基础的。初级安全技能经过有目的、有组织的反复练习，动作就会趋向自动化，从而达到技巧性安全技能阶段。安全技能最重要的环节是养成良好的安全习惯，自觉远离危险、维护安全。

三、校园安全的基本内容

安全问题涉及大学生学习、生活的方方面面。

（一）日常生活中的安全问题

大学生的生活阅历相对比较简单，生活经验还不够丰富，在防火、防盗、防骗、防滋扰、防意外伤害等方面缺乏基本常识，致使日常生活中的安全问题比较突出。对于一些骗局和意外情况，生活阅历丰富的人往往一眼就能识破并应对自如，而有些学生却常常难以应对，或是误入陷阱，或是缺乏临险救助的常识，从而造成不应有的损失。

（二）社会活动中的安全问题

社会活动是大学生走向社会化过程中的一个重要组成部分，这不仅是人生发展的需要，也是实现人生价值的需要。主动地或被动地参加各种社会活动，对于大学生毕业后走上社会、适应社会都具有不可替代的作用。作为一名大学生，社会活动的内容主要包括社会交往、勤工俭学、求职择业、社团活动等。大学生在参与社会活动中的主要危险，一是缺乏个人防范意识，二是缺乏社会公德意识，三是缺乏应急策略意识。

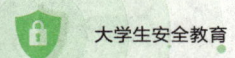

（三）遵纪守法

优秀校园文化的熏陶和国家法律、校纪校规的约束，是大学生健康成长中的两个极其重要的方面。在社会主义市场经济条件下，学生们的行为、活动和利益关系必须依靠完备的法规和严格的规章制度加以引导、规范、约束和保障。但是，由于目前少数学生法制意识淡薄，在校园内有违法乱纪现象，而且随着近年来学校办学规模的扩大、校园开放度的增大，违纪违法事件有上升趋势。例如，校园中一直存在着较为突出的盗窃、打架斗殴、吸烟、酗酒、聚众赌博等不良现象，以及近几年出现的涉黄涉毒、制造计算机病毒等违法事件，不仅严重影响了学校的教学秩序和学生的生活环境安全，还扰乱了社会秩序，危及国家的长治久安。

学生们刚入大学，离开故乡、离开亲人，面临新的生活环境，社会阅历较浅，缺乏应有的安全知识、法律知识，安全防范意识也较差。这些客观现实，以及高等院校中少数学生被非法侵害和参与违法犯罪的教训，提醒人们必须重视并做好对学生们的安全教育工作。要通过上入学安全教育课、法律课等各种形式，向学生们普及法律知识，传授安全知识，增强学生的自我防范、自我保护能力，增强全体学生的遵纪守法观念，从而提高学生们的整体素质，使学生们关心校园治安，积极参与校园治安综合治理，为改善校园治安环境和治安秩序贡献自己的力量。

第二节　大学开设安全教育课的意义

一、国家安全的需要

目前，我国正面临着难得的发展机遇，经济建设也得到了快速发展。我们应该清醒地看到，国际国内各种敌对势力利用各种机会、手段和方式对我国进行破坏、渗透和演变活动。主要表现为境外敌对势力和间谍情报机构为达到分化、西化中国的目的，一方面利用各种渠道，以公开或秘密的方式，传播西方的政治和经济模式、价值观念以及腐朽的生活方式，培养和平演变的"内应力量"。另一方面采取金钱收买、物质利诱、色情勾引、出国担保等手段，或打着学术交流、参观访问、洽谈业务等幌子，刺探、套取、收买国家和单位秘密。

部分大学生对国家安全还停留在军事、战争、国防、领土、情报、间谍这样一些传统的、局部的认识上。讲国家安全，大学生会自然联想到美国的中央情报局、联邦调查局以及国家安全机关、军队、警察身上，这种把国家安全等同于情报间谍活动的片面认识，使大学生不能自觉地把维护国家安全与自身的责任联系起来，或多或少、有意无意地认为"国家安全与自己无关"。当前，国家安全既包括国土安全、主权安全、政治安全、经济安全、国防安全、国民安全等传统内容，也包括文化安全、科技安全、金融安全、信息安全等方面内容。因此，全方位理解国家安全，有助于端正大学生的思想认识，增强国家安全意识。

总之，我国面临着复杂严峻的国际形势，而大学生的国家安全意识又相对薄弱，这就迫切需要对大学生进行安全教育，使他们具有国家安全知识，树立新的国家安全观，这既是必要的，也是紧迫的。

二、学校治安形势的需要

随着改革开放的不断深入，高校由过去的封闭型办学变为开放型办学，由一般教学、科研机构变为教学、科研、生产、商贸等多元化的社会机构。当前高校管理方式社会化，办学形式多样化，学生结构复杂化，校园与社会相互交叉、相互渗透，校园治安形势日趋复杂。其主要表现为以下几点。

1. 校园环境日趋社会化、复杂化

随着高等教育事业的发展和改革开放的不断深入，高校由原来单一的教学封闭型转变为全方位、多功能、开放型的"小社会"，校园内不仅有教学区、生活区，有的还混杂家属区、居民区；不仅有教学、科研设施，还有工厂、公司、超市、书店、银行、邮局、医院、宾馆、浴室、饮食店、影剧院、歌舞厅等生活服务设施和机构。这种复杂的格局，客观上也给高校的安全造成诸多不利因素。社会上的一些不法之徒时常窜入高校进行盗窃、抢劫、诈骗、行凶等犯罪活动，有的甚至危害师生的人身安全，直接影响学校的安全稳定。

2. 大量外来务工、经商人员涌入校园，给学校的治安管理带来了巨大冲击

随着高校后勤社会化的形成，大量的外来人员来校务工、经商。由于这部分人来源复杂、文化素质参差不齐，法制观念不强，流动性较大，不易管理，因此部分外来人员违法犯罪现象比较突出。据调查，高校由外来人员引发的案件占高校刑事、治安案件的40%以上。有的外来务工人员在工余时间东逛西遛，惹是生非，寻衅滋事；有的以打工做掩护，盗窃学校公私财物；也有的聚众赌博、打架斗殴，严重扰乱了校园治安秩序。

3. 校园面积大而分散，交通安全存在较大隐患

随着学校教育事业的不断发展，校园面积不断扩大，有些区域可能不是完全连成一片，再加上学校与企业合作办学等形式，这样就打破了学校独门独院的办学格局。由于大学生学习区域分散，各区间的人流、车流、物流互动，导致各区域之间人员流动性增大，如果稍有疏忽，就容易发生交通事故。

4. 校园周边治安环境日趋复杂

当前高校周边治安形势仍然严峻，引发校园及周边地区治安问题的消极因素仍然大量存在，侵害学校师生人身及财产安全的治安、刑事案件时有发生。据有关统计数据表明，高校校园周边发生的刑事、治安案件或安全问题，大多数与学生有关。这些案(事)件的发生，不仅会给学生本身及家庭造成伤害，也会直接影响到学校正常的教学、生活秩序，严重时还将危及社会的稳定。

因此，在社会治安形势严峻、高校周边治安环境复杂、校园治安形势不容乐观的情况下，加强大学生安全教育，提高他们的安全防范能力，可以有效地减少和避免发生在大学生中的各种安全问题，从而起到维护高校安全和稳定的积极作用。

三、提高学生自我防范、自我保护能力的需要

近年来，在校园内外发生了许多涉及学生意外伤害的事故，究其原因，虽然各不相同，但

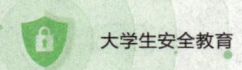

有一个共同点，就是大多数当事学生对事故的发生没有任何心理准备和自我保护意识，面对伤害不知所措。当前大学生在自我防范意识和自我保护能力方面，主要存在以下几个方面的问题。

1. 缺乏社会经验

当代大学生由于从小都是在父母和老师的呵护下长大的，没有经受什么挫折，思想比较单纯，对社会上的不良风气和一些坏人坏事不能做理性的认识。由于缺乏社会经验，自我防范能力就相对比较弱，如缺乏保管自己的贵重物品、银行卡的经验，易发生财物被盗；缺乏人际交往的经验，容易上当受骗。也有一些学生在受到不法侵害时不知道如何保护自己，易被一些不法之徒欺骗或威逼利诱。近年来发生的多起女大学生被拐卖、凌辱、残害的案件就是这方面活生生的例子。

2. 缺乏安全防范意识

一些大学生安全防范意识淡薄，对可能发生的各种安全问题，缺乏必要的重视和警惕，留下了种种安全的隐患。如人离开不锁门，对贵重物品不加以妥善保管，随意丢放，导致钱物失窃；有的学生违反宿舍安全管理规定，在宿舍内乱接乱拉电线、违章使用电器、吸烟乱扔烟头等，并由此造成各种安全事故。

3. 缺乏对社会消极因素的抵御能力

目前，我国正处在一个前所未有的改革开放时期，乘虚而入的西方资产阶级腐朽思想和没落的生活方式，以及"一切向钱看"的极端个人主义、利己主义、享乐主义，对那些涉世不深、阅历不广、缺乏社会经验、良莠不分的青年大学生来说具有极大的诱惑力。有的学生经不起这种诱惑，自觉或不自觉地接受了这些腐朽观念，如有些大学生受拜金主义、享乐主义、极端个人主义思想的影响，经受不住来自社会金钱、好逸恶劳、贪图享乐的诱惑，从贪小便宜、小偷小摸而发展到大肆行窃，害人害己，危害社会，堕落成为社会的罪人；有些大学生在西方"性解放"及淫秽书刊、录像的影响下，错误奉行"青春不美，死了后悔"的人生哲学，在这种腐朽思想的支配下，便很快成为淫乱思想的俘虏。针对大学生在安全意识和防范能力方面存在的问题和不足，要加强大学生安全教育，使广大学生提高警惕，掌握必要的安全知识，达到预防犯罪、减少发案的目的。

四、社会法治建设和经济发展的需要

社会经济的发展需要大量高学历、高素质的社会主义现代化建设人才，要使大学生熟知各种法律法规，必然要深入开展不间断的安全教育。基于前述大学生的特点分析，大学生必然面对着诸多不安全因素的困扰，不仅影响大学生的学习和生活，而且很容易导致其他恶性事件的发生。因此，为了保护国家建设和社会发展的人才资源，大学有义务对大学生进行安全教育，使其健康成长，成为社会主义现代化建设的有用人才。

五、素质教育的需要

社会发展到今天，现代教育理念要求教育体制必须由应试教育向素质教育转变。安全问题不仅是学生在校学习、生活中经常遇到的问题，也是今后毕业走向社会遇到的问题。当前，大学生知识结构不平衡，能力结构不合理的现象依然十分严重。大学生特定的年龄结构、生活环境、文化背景等因素，决定了大学生在生活中必然会面临诸多安全问题的困扰。加上社会发展的进度加快，对学生们的综合素质要求越来越高，不仅要求大学生具备完备的知识体系，而且要具备较完整的能力结构，当然也包括应对和处置各种安全问题的能力。学校安全教育课程的开设，就是增强大学生的遵纪守法观念，提高大学生重视安全的意识，拓展大学生识别风险的知识和处理安全问题的能力，从而不断提高自身安全素质，完善个体综合素质，为顺利成长和全面成才奠定良好的基础。

第三节　大学生要正视面临的安全问题，努力提高安全意识

一、大学生在校期间面临的主要安全问题

大学生与其他社会群体相比，年龄不大，社会阅历比较浅，自我保护意识与社会协调能力较弱，应对各种安全问题的经验不足，承受问题的能力有所欠缺。大学生的安全意识、安全素质和安全技能普遍有待提高，法律知识有待深化，法治观念需进一步强化。当前，大学生面临的安全问题主要有以下九类。

（一）人身安全

人身安全是人类最重要、最基本的安全。人的生命只有一次，生命是顽强的同时也是脆弱的。在各种纠纷矛盾或实践训练中，大学生有可能遭遇不法分子侵害或意外伤害。

（二）财产安全

财产安全是大学生学习生活的基础和保障，也是最普遍、最多发的安全问题。大学生财产安全是指在校学习期间个人财物不受侵犯或损失。由于大学生集体生活的特殊性、校园公共空间的开放性，再加上大部分学生防范意识薄弱或社会经验不足，大学生已成为不法分子进行盗窃、诈骗、抢劫抢夺、敲诈勒索等侵害的重点对象。另外，新的传销组织更加具有隐蔽性和诱惑性，大学生一不小心就可能被蒙骗而涉足传销。

（三）国家安全、学校和社会稳定

维护国家安全、学校和社会稳定是大学生的责任。大学生是国家的未来和希望，也是境内外敌对势力拉拢利用的主要目标。大学生维护国家安全、维护学校和社会稳定既是应尽的义务与责任，同时也是在保护自己的个人利益免受损害。

（四）防火安全

大学生公寓宿舍等场所人员密集，实验室等场所易燃、可燃物集中，如果不注意用火、用电安全，极易引起火灾事故，造成人身生命和财产的重大损失。

(五)交通安全

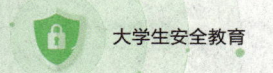

车祸现已成为人类的"第一杀手"。近一百多年来,全世界死于交通事故的人数达3 500万人左右,学生因交通事故死亡人数占学生非正常死亡人数的比例较大。同时,学生自驾车的也越来越多,如何保障驾车行使安全,显得尤为重要。

(六)生活安全

大学生在校学习期间,会遇到实习打工安全、体育运动安全、食品卫生安全、传染性疾病预防安全、旅游出行安全、社会交往安全等容易造成大学生人身财产遭受损失的问题。

(七)心理健康安全

有少数大学生不同程度地存在心理问题和心理障碍,其中有的患有心理疾病,个别人甚至走向轻生的极端,酿成悲剧。大学生心理安全应当引起高度重视。

(八)社交安全

人们处在一个信息泛滥,自媒体发达的时代,微信、陌陌、QQ等各种社交工具在满足了社交需求的同时,也带来了信息安全和社交安全问题,许多的情感纠纷由此而生。

(九)反恐安全

大学生在校学习、生活或参加各种社会活动期间,遭遇爆炸、绑架和劫持人质、投毒、恐吓威胁等恐怖活动的案例也偶有发生,在这些情况下如何保证安全已是现实问题。

二、大学生要努力提高安全意识

(一)安全意识遵循法则

良好的安全意识,主要包括树立"安全第一"意识、树立"预防为主"意识、要有遵守法律法规意识、要有自我保护意识、要有群体意识。在社会生产实践活动中,提升安全意识应遵循以下三个法则。

1.安全知识胜于安全设施

安全知识就是人们面对风险时,知道该怎么做,包括安全规程、安全制度、安全常识等。

2.安全意识强于安全知识

安全意识指的是在人们的思想意识中对于安全的认识,包括安全价值观、安全警惕性等。

3.安全意愿优于安全意识

安全意愿指人们在生活与工作中要主动去追求安全,而不是要别人来要求你。

没有安全知识就会稀里糊涂受伤害,没有安全意识就容易引发事故,安全知识重要,安全意识更重要;只有明白"安全为了谁",才能从"要我安全"变成"我要安全",才能让安全成为一种习惯。

（二）大学生缺乏安全意识的表现

从大学生当中频发的许多案件和事例来看，大多数是因为安全意识不强造成的。主要表现在以下五个方面。

（1）无知型，即缺乏基本的安全知识，对产品的性能、操作要领、可能危害、法律约束等一无所知。

（2）遗忘型，即精力分散，自理能力弱，经常是钱包、手机忘记拿了，插头电源忘记关了。

（3）侥幸型，即不遵守规章制度，沉浸于"一直这样做也没事"的思想状态。

（4）自恃型，即自恃久经沙场，经验丰富，技术熟练，而在工作生活中无所顾忌，他们发生事故可能性很大。

（5）冲动型，即不控制自己的情绪，不顾及后果，鲁莽冲动，容易给自己和他人造成伤害。

扩展阅读

海恩法则：任何不安全事故都是可以预防的

海恩法则是德国飞机涡轮机的发明者德国人帕布斯·海恩提出的一个在航空界关于飞行安全的法则。海恩法则指出：每一起严重事故的背后，必然有29次轻微事故和300起未遂先兆以及1 000起事故隐患。

虽然这一分析会随着飞行器的安全系数增加和飞行器的总量变化而发生变化，但它确实说明了飞行安全与事故隐患之间的必然联系。当然，这种联系不仅仅表现在飞行领域，在其他领域也同样发生着潜在的作用。

按照海恩法则分析，当一件重大事故发生后，人们在处理事故本身的同时，还要及时对同类问题的"事故征兆"和"事故苗头"进行排查处理，以此防止类似问题的重复发生，及时解决再次发生重大事故的隐患，把问题解决在萌芽状态。

（三）如何提高安全意识

1.珍惜生命，确保安全

在安全事故中有一个"王成太现象"，即事故的受害者往往又是事故的责任者，甚至是最大责任者，应受到法律的严厉处罚。

安全是为了自己，安全是生命的保障。生命高于一切，珍惜生命，注重安全，是每一个人都应该牢记在心的准则。

历史的教训是深刻的，死亡犹如黑色幽灵攫取着人的生命，使生活惨然失色。生命如此珍贵，生命也如此脆弱！很小的疏忽也会导致生命的凋落，一个又一个生命的意外逝去，一件又一件触目惊心的惨案，一次又一次用鲜血写就的教训，昭示的是生命的珍贵和安全的重要。

2.葛麦斯安全法则

葛麦斯驾车43载，不仅从未发生过交通事故，甚至连一次违章记录都没有。葛麦斯的秘诀，就是时时刻刻把对家人的爱放在心中。

"幼年丧父，中年丧夫，老年丧子"，人生三大不幸，安全事故是造成这三大不幸的罪魁祸首。每位学生的安全绝不仅是个人的事情，还要担负起家庭的责任。"老人不图儿女为家做多大贡献啊，一辈子总操心，就换个平平安安。"只有平安，才是对父母最好的报答。

3. 不伤害自己，不伤害他人，不被他人伤害

安全是每个人的责任。大学生对自己和周围每一个人的安全都负有同样的责任。学校全体师生员工都应该有这样的观念：你有责任注意周围的安全情况，当你发现其他人有不安全的行为或是存在不安全的环境因素时，你——不是"别人"——必须立即采取行动进行制止和改正。在某种意义上，你就是附近区域的安全经理。

> **案例**
>
> 一位秘书打开文件柜的抽屉找某个文件夹，这时电话铃响了，她没关上抽屉就去接电话，并开始交谈。在此期间另一位职员走进办公室，被没有关上的抽屉撞伤了腿。
>
> **点评**
>
> 直接原因：不安全行为在于职员没有观察到抽屉是伸出来的，直接将腿撞击伸出的抽屉；不安全行为造成一个不安全的工作环境，即秘书没有关抽屉就去接电话。
>
> 间接原因：员工的安全意识不足，安全培训不足。
>
> 主要原因：秘书没有关好抽屉就去接电话了，造成了一个不安全的工作环境。

> **扩展阅读**
>
> **墨菲定律：一种心理学效应**
>
> 墨菲定律（Murphy's Law）——一种心理学效应，主要内容有四个方面：任何事都没有表面看起来那么简单；所有的事都会比你预计的时间长；会出错的事总会出错；如果你担心某种情况发生，那么它就更有可能发生。
>
> 简单地说，墨菲定律就是看似一件事好与坏的概率相同的时候，事情都会朝着糟糕的方向发生。

4. 注意细节问题

某人每次入住酒店时，总是第一时间熟悉疏散通道和消防设施的位置。正是有了这样的安全意识，在一次酒店火灾事故中，他成功地从11楼沿楼梯安全逃生。是命运的特殊眷顾吗？不！是强烈的安全意识为他们打开了"生命之门"。

如一个梯子立在一个角落，为防止意外，A写道："请留神梯子，注意安全。"B看到后，改为："不用时，请将梯子横放。"不要小看这一改，前一种是提醒并要求别人：你别碰梯子。后一种则是让你碰不到梯子，从根本上消除了隐患。这就是细节，在安全意识上要更注重细节。

三、大学生在校期间应该掌握的基本安全技能和知识

（一）公共场所安全防范

（1）在操场、食堂、教室、阅览室、实训场、活动室等场所，要注意保管好随身携带的物品；短暂离开时，要将贵重物品带走。

（2）不要把手机、手提电脑等贵重物品及银行卡、餐卡等放在书包内，并用书包占位。

（3）发现物品丢失或可疑人员时，要及时与场所管理人员联系，并报告学校保卫处。

（4）自觉遵守公共场所有关管理规定，共同维护公共场所正常秩序。

（二）宿舍安全防范

（1）养成随手锁门（上保险）、关窗的良好习惯。

（2）注意保管好自己的钥匙，不要随便借给他人或乱丢乱放。

（3）不要擅自留宿外来人员，发现可疑人员，应提高警惕，及时报告。

（4）妥善保管各类贵重物品，尤其是笔记本电脑，最好租用保险柜上锁存放。

（5）大额现金应及时存入银行。选择密码不要用生日等易被他人破解的数字。银行卡丢失应及时挂失。

（6）不要点蜡烛、蚊香或使用明火。

（7）不要使用伪劣电器和大功率灯具等。

（8）不要在宿舍焚烧物品及存放汽油、酒精、丙酮等易燃易爆物品和有毒、有害、放射性危险品。

（9）不要在宿舍私拉乱接电源。

（10）不要随意动用消防设施。

（11）不要在宿舍抽烟，更不能将烟头乱丢、烟灰乱弹。

（12）不要在手机充电时使用，或充电器长时间不拔，或电脑长期不关机。

（三）防火安全

（1）在教室、实训室、宿舍等场所学习、工作和生活时，应严格遵守安全管理规定和操作规程。

（2）不要私拉乱接电源和违章使用电器；不要携带火种（含吸烟）到易燃物存放处。

（3）熟悉日常学习、工作和生活场所的消防安全出口、逃生线路等情况。

（4）发现火情初起时保持镇定，不要惊慌，应及时寻求帮助，酌情选择灭火器、水或以扑打、窒息等方法将火扑灭。

（5）发生火灾立即报"119"火警和学校保卫处。

（6）扑救火灾应注意切断电源，转移易燃易爆危险品。

（7）火灾逃生须牢记十要诀：熟悉环境、迅速撤离、毛巾保护、通道疏散、低层跳离、绳索滑行、借助器材、暂时避难、标志引导、避免踩踏。

（四）防骗

（1）提高防范意识，学会自我保护，不要将亲朋好友的姓名、电话号码等信息告诉陌生人。
（2）交际须谨慎，不贪图便宜，不轻信花言巧语。
（3）求职就业时谨防落入"传销"陷阱；慎重对待网络、手机传销等信息。
（4）发现上当受骗，应及时报案。

（五）防性骚扰、性侵害

（1）筑起思想防线，提高识别能力。
（2）个人品行端正，反性骚扰的态度坚决。
（3）性骚扰、性侵害一般都有其发案的规律性，应尽量规避易受侵害的时间和场所（时间如夜晚，场所如僻静和公园幽暗处）。女同学外出应结伴而行。
（4）学会用法律保护自己，相信和依靠组织。
（5）掌握必要的防身技能，提高自我防范的有效性。

（六）防抢劫

（1）尽量避免单独去人迹稀少的场所。
（2）不要独自到银行、邮局等处领取大量现金。
（3）需要大宗交易时，尽可能使用银行卡或微信、支付宝等支付，不使用现金。
（4）携带贵珍物品或大宗现金出行，要提高警惕，注意观察周围情况。
（5）临危不惧、随机应变、沉着冷静地进行应对危险。
（6）与作案人巧妙周旋，伺机大声呼救。
（7）当无法抗衡时，要向有人、有灯光的地方奔跑。
（8）注意观察作案人，尽量准确地记住其主要特征，并注意其逃跑方向。

（七）网络安全

（1）校园网用户应当遵守有关法规的规定，不得制作、复制、发布、传播含有下列内容的信息。
①违反宪法所确定的基本原则。
②危害国家安全、泄露国家秘密、颠覆国家政权、破坏国家统一。
③损害国家荣誉和利益。
④煽动民族仇恨、民族歧视，破坏民族团结。
⑤破坏国家宗教政策，宣扬邪教和封建迷信。
⑥散布淫秽、色情、赌博、暴力、凶杀、恐怖或教唆犯罪。
⑦侮辱或者诽谤他人，侵害他人合法权益。
⑧含有法律、行政法规禁止的其他内容。
（2）遵守网络道德，做文明守法网民。
（3）网络交友须谨慎，要增强防范意识，防止上当受骗。
（4）加强技术保护措施，预防病毒侵入，并注意做好重要资料的备份保管工作。

（八）交通安全

（1）增强交通安全意识，自觉遵守校园交通管理规定。
（2）在校园内行走应注意观察、避让车辆。
（3）平时出行注意了解和掌握交通标识，严格遵守交通规则。
（4）不准在校园内练习或试驾机动车。
（5）所有车辆进入校园应服从管理，按规定路线行驶，并停放在指定地点。
（6）自行车出入校门须自觉下车推行。严禁购买赃车和证照不全的自行车、摩托车。

（九）遵纪守法，做文明、健康、有为、诚信的大学生

（1）树立正确的世界观、人生观和价值观，不断提高自身的综合素质。
（2）遵纪守法，品行端正，自觉抵制各种非法诱惑。
（3）养成良好的学习习惯，正确处理学习和娱乐的关系。
（4）树立健康的竞争意识和团队意识，建立良好的人际关系，增强对不良心理因素的化解能力，保持良好的心态。
（5）提高自我防范能力，勇于同违法犯罪行为作斗争。

（十）食品安全

（1）购买食品时看清出厂日期，不吃过保存期或过保质期食品。
（2）尽可能在学校食堂就餐，不要在未取得经营许可的餐饮店用餐。
（3）不吃被污染、添加剂违规超标的食品。
（4）选购带有国家认证标志的食品。

（十一）运动安全

（1）每次运动之前要做好准备活动。
（2）运动时要掌握正确的方法或要领。
（3）运动时要注意避免对自身或对他人身体的伤害。
（4）运动过程中如果发生身体某部位伤害要懂得如何救治或护理。
（5）懂得体育运动中常用的急救方法。

第二章 人身安全篇

第一节 人身安全问题

> **案例**
>
> 2022年4月,一名男大学生经过玉新路时,被头顶上方一根裸露的高压线击中,脸朝下摔在地上。目击者不知道如何施救。医院接到"120"通知抵达现场后,发现该男生已经脸色乌紫,心跳呼吸停止,后经抢救无效死亡。医务人员说,如果有懂急救的人在现场,这名男生也许不致于死亡。
>
> (资料来源:作者根据相关资料整理)
>
> **点评**
>
> 意外事故如中暑、溺水、触电等是人们在日常生活中经常遇到的紧急情况。在遭遇这些意外伤害事故时,需要采取一些基本的急救措施,这在一定程度上可以争取时间、减轻伤害,并为医务人员的救护奠定基础。

据统计,因灾害事故意外受伤或突发疾病需要急救的人群,95%以上的人在医院以外的地点发生事故,其中有60%的人在救护车到达时已经死亡,因为事故发生后最初的10分钟是创伤死亡的第一个高峰时段。

医学界将心脏初停后的10分钟称为"黄金10分钟",如果此间因心脏病、溺水、触电、中毒等猝死的患者得不到紧急抢救,每过1分钟生命复苏的机会就会减少10%。因此,大学生应该学习意外伤害事故的紧急医护与现场急救知识。掌握一定的急救知识和方法,在危急关头正确施救,对于提高处理紧急情况的有效性,避免或减少伤亡起着重要作用,甚至可能挽救受伤者的生命。

一、威胁人身安全的主要类型

人身安全是指个人的生命、健康、行动自由等与人的身体直接相关的方面平安康健、不受威胁、不出事故、没有危险。人身伤害根据造成损害的原因,分为三个类型。

(1)自然灾害造成的人身安全的伤害,如火山爆发、台风、飓风、地震、森林大火、水灾、雷击和海啸等。

(2)意外事故造成的人身安全的伤害,如运动损伤、食物中毒、溺水、烧(烫)伤、化学物质灼伤、触电和爆炸等。

(3)不法侵害造成的人身安全的伤害,如打架斗殴、抢劫、滋扰和性侵害等。

二、预防自然灾害对人身安全的威胁

(一)地震灾害的预防

(1)如果在平房里,突然发生地震,要迅速钻到床下、桌下,同时用被褥、枕头、脸盆等

物护住头部，等地震暂停间隙再尽快离开住房，转移到安全的地方。地震时如果房屋倒塌，应待在床下或桌下不要移动，等到地震停止再到室外或等待救援。

（2）如果发生地震时正处于楼房中，不要试图跑出楼外。最安全、最有效的办法是及时躲到两个承重墙之间最小的房间，如厕所、厨房等；也可以躲在桌、柜等家具下面及房间内侧的墙角处，并且注意保护好头部，千万不要去阳台和窗下躲避。

（3）如果正在上课时发生了地震，不要惊慌失措，更不能在教室内乱跑或争抢外出。靠门近的同学可以迅速跑到门外；中间及后排的同学可以尽快躲到课桌下，用书包护住头部；靠墙的同学要紧靠墙根，双手护住头部。

（4）如果已经离开房间，千万不要地震一停就立即回屋取东西。因为一般第一次地震后会接着发生余震，余震对人的威胁更大。

（5）如果在公共场所发生地震，不能惊慌乱跑，可以随机躲到就近比较安全的地方，如桌柜下、舞台下等。

（6）如果正在街上，绝不能跑进建筑物中避险。也不要在高楼下、广告牌下、狭窄的胡同、桥头等危险地方停留。

（7）如果地震后被埋在建筑物中，应先设法清除压在腹部以上的物体；用毛巾、衣服捂住口鼻，防止烟尘窒息；要注意保存体力，设法找到食品和水，创造生存条件，等待救援。

（二）雷击灾害的预防

雷电是一种常见的大气放电的自然现象。放电时产生的光是闪电，闪电使空气受热迅速膨胀而发出的巨大声响是雷，人在雷雨天外出容易遭受雷击，致人受伤甚至死亡。避免雷击应当做到以下几点。

（1）在外出时遇到雷雨天气要及时躲避，不要在空旷的野外停留。

（2）雷电交加时，如果在空旷的野外无处躲避，应该尽量寻找低凹地（如土坑）藏身，或者立即下蹲，尽量降低身体的高度，双脚并拢、双臂抱膝、头部下俯。如果手中有能导电的物体（如铁锹、金属杆雨伞），要迅速抛到远处，千万不能携带这些物品在旷野中移动，否则就会成为雷击的目标。

（3）特别要小心的是，遇到雷电时，一定不能到高耸的物体（如旗杆、大树、烟囱、电杆）下站立，这些地方最容易遭遇雷击。

（三）洪水暴发时如何自救

一个地区短期内连降暴雨，河水会猛烈上涨，漫过堤坝，淹没农田、村庄，冲毁道路、桥梁、房屋，这就是洪水灾害。发生了洪水，人们自救的方法如下。

（1）受到洪水威胁时，如果时间充裕，应按照预定路线有组织地向山坡、高地等处转移；在措手不及，已经受到洪水包围的情况下，要尽可能利用船只、木排、门板、木床等做水上转移。

（2）当洪水来得太快，已经来不及转移时，要立即爬上屋顶、大树、高墙，做暂时避险，等待援救，不要独自游泳转移。

（3）在山区，如果连降大雨，容易暴发山洪。遇到这种情况，应该注意避免渡河，以防止被山洪冲走，还要注意避免山体滑坡、滚石、泥石流发生给人带来的伤害。

（4）发现高压线铁塔倾倒、电线低垂或断折，要远离该区域避险，不可触摸或接近，防止触电。

（5）洪水过后，要服用预防流行病的药物，做好卫生防疫工作，避免发生传染病。

三、预防意外事故对人身安全的威胁

（一）煤气中毒的处理原则

冬季煤气中毒的案例中90%以上都是由于使用煤炉引起的，管道煤气或液化气中毒并不多见。这是因为，天气的温度转冷后，有的居民仍然倾向于用煤炉取暖。如果房间空间狭小，很容易造成房间内一氧化碳富集，人体严重缺氧，从而造成煤气中毒。

如何判断人是否煤气中毒？如果进入房间闻到有煤气味，房间内的人出现呼吸困难、呕吐、四肢抽搐甚至昏迷、不省人事的情况就应该考虑是煤气中毒。煤气中毒者的唇色和面色出现明显的樱桃红色，这是尤其值得注意的。

发现有人煤气中毒，进入溢满煤气的室内抢救前，首先吸一大口空气，然后用湿毛巾或手帕等捂着鼻子进入；关掉煤气开关，打开窗户，保持室内空气通畅3~5分钟。注意千万别开电灯，不能使用打火机、火柴等，谨防爆炸。然后对于程度较轻的中毒者可以将其摆放至通风处，并盖上一床被子帮助其保暖。在等待急救人员到来之前还应注意的是，中毒者会出现呕吐等症状，一定要将他的头偏向一侧，防止呕吐物堵塞呼吸道。

（二）高坠事故的处理原则

发现有人高坠时，在医护人员到来之前千万不要移动坠落者，因为坠落者的身体普遍存在头部和四肢骨折，更为严重的是胸腹腔内脏破裂及颈椎和脊椎的骨折。脊椎发生骨折后如果乱动坠落者，甚至会直接导致坠落者瘫痪。而颈椎骨折坠落者如果被不恰当地搬动，甚至会直接导致其死亡。除非坠落者坠地时面部朝地影响正常呼吸，否则不要移动。

（三）食物中毒的处理原则

1. 催吐

如果在进食后1~2小时内，可使用催吐的方法：立即取食盐20克加开水200毫升溶化，冷却后一次喝下，如果不吐，可多喝几次，迅速促进呕吐，也可用生姜100克捣碎取汁用200毫升温水冲服。如果吃下去的是变质的荤食品，则可服用十滴水来促使其迅速呕吐。有的患者还可用筷子、手指或鹅毛等刺激咽喉，引发呕吐。

2. 导泻

如果患者在进食后的2~3小时依然精神状态较好，则可服用泻药，促使中毒食物尽快排出体外。一般用大黄30克一次煎服，老年患者可选用元明粉20克开水冲服，即可缓泻。老年体质较好者，也可采用番泻叶15克一次煎服，或用开水冲服。

3. 解毒

如果是吃了变质的鱼、虾、蟹等引起的食物中毒，可取食醋 100 毫升、加水 200 毫升，稀释后一次服下。此外，还可采用紫苏 30 克、生甘草 10 克一次煎服。若是误食了变质的饮料或防腐剂，最好的急救方法是用鲜牛奶或其他含蛋白的饮料灌服。

（四）车祸事故的处理原则

据专业医生介绍，"车祸的出诊量是最大的"。车祸在早晨和傍晚的发生率最高，但损伤率往往最小；而在晚上十点至凌晨四五点发生的车祸造成的伤亡率往往最高。

当出现车祸伤人的情况时，在急救人员到来之前的处理原则与高坠受伤的处理原则基本相同：千万不要移动伤者。如果是车撞车，往往会导致车内司机和乘客身体受伤后还被卡住。如果是下半身被卡住，上半身千万不要扭动以免造成不必要的损伤；如果有钢筋或其他异物插入伤员身体，千万不要试图将这些异物取出，因为这样可能会导致伤员大出血，出现不必要的伤亡。可以在伤口的近心端扎上布条，尽量减少血液流失。此外，当车祸发生时，由于极大的惯性，司乘人员很容易在车祸中发生颈椎错位或骨折，此时也不能移动伤者，否则易造成颈椎错位加重，导致伤势严重的人立刻丧命。

（五）溺水事故的处理原则

溺水事件发生后，送医院治疗前最大限度地保全溺水人的生命尤为重要。首先让溺水人半伏，使呕吐物容易吐出，并清除残留在口腔内的呕吐物。为了让溺水人把胃中或口中的水吐出，可以让其躺倒，救援者可以用膝盖抵住溺水者的背部，一只手托住胃，另一只手轻微地扒开溺水者的口，让溺水者吐水。另一种方法是，救护者蹲着，用膝顶住溺水者的腹部，让溺水者吐水。此外，将溺水者救上岸后，应马上检查溺水者的心跳、呼吸等情况，如果呼吸停止，应马上做人工呼吸进行抢救。如果救援者能站立在水中，可用双手托住溺水者的颈部，口对口先连续吹入 4 口气，观察溺水者的胸、腹部在 5 秒内是否有反应。也可用脸颊贴在溺水者嘴上感觉一下是否有自主呼吸，如无反应，再吹 4 口气。如果是呼吸、脉搏完全停止了，要对其进行心肺复苏术。

如果溺水者意识清楚，需要让其换上干衣服，盖上毯子保暖，然后送往医院。对于已经用人工呼吸和心肺复苏术救过来的人，必须送医院进一步检查。对于已经失去意识但呼吸仍存在的溺水者，要注意保护气管通畅，谨防窒息。

（六）动物咬伤事故的处理原则

被动物咬伤后，一要止血，二要防止感染传染病。因为在传统意识上，大家都认为狂犬病只会由狗传染，但实际上像猫这样的宠物和其他野生动物同样可以携带狂犬病病毒。如果被猫抓伤或者被咬伤而没有重视的话，其后果同样可能是致命的。

被动物咬后应迅速用肥皂水把伤口冲洗干净，包上干净的纱布再去医院检查。如果是被蛇咬伤，应放低被咬的肢体，把靠近心脏的一端伤口用布带等包扎起来。可以用嘴对伤口猛吸 10 来次，每吸一口血马上吐掉，最后还须漱口，伤口部位应保持不动。如果是脚被咬伤，应抬着去医院。被毒蛇咬伤是危险的，被无毒蛇咬也必须去医院处理。蜈蚣是毒虫，被咬后局部马上会出现红肿，并伴有剧烈疼痛，应马上挤出毒液，在伤口的近心端部位用布带等扎起来，并用自来水冲洗，进行冷敷后马上去医院。

（七）烧伤事故的处理原则

烧伤在人们日常工作和生活中也是多发的意外事故，大的烧伤概念包括火的烧伤、开水的烫伤、化学品的烧伤、炼钢引起的钢水溅伤及其他高温引起的皮肤损伤。

一旦出现烧伤的情况，如果程度较轻，最有效的自救措施就是在凉水下冲洗伤口半个小时，或者用冰袋冷敷。采取上述措施后，应用干净的纱布将被烧伤部位包裹起来。如果出现大面积烧伤，切记不要碰被烧伤的皮肤，因为此时的皮肤已经与组织脱离，一旦触碰很容易造成皮肤脱落，而且是不可修复的。

由于有些化学品碰到水后会起化学反应，同时还会放出热量，因此这类烧伤需要先擦干净，然后用纱布包好，再去医院治疗。

（八）突发心脑血管疾病的处理原则

除了外力引起的突发事件会导致伤亡外，突发心脑血管疾病同样也会在瞬间威胁到病人的生命。中医将出血型（如脑出血）和缺血型（如心肌梗死）的心脑血管疾病统称中风。一旦出现中风，早一点施救，就会使病人增加一分生的希望。

在发现有人中风后，首先要注意检查其鼻子一侧是否出现皱纹、左右鼻唇沟不对称、嘴的一侧下斜、脸部不对称、口水下滴、打鼾、脸色发红（或发青）、眼睛充血、剧烈呕吐、大小便失禁、发烧或出汗等症状。对脑中风病人切忌随意挪动。如果病人的呼吸和心跳已经停止，要马上做心肺复苏术。如果病人意识清楚，可让病人仰卧，头部略向后，无须垫枕头，以开通气道，并要盖上棉毯以保暖。对于失去意识的病人，应维持昏睡体位，以保持气道通畅，不要垫枕头。

脑中风病人往往会有呕吐现象，要让病人的脸保持朝向一侧，让其吐出。抢救者用干净的手帕缠在手指上伸进口内清除呕吐物，以防堵塞气道，最好用汤勺压在病人的后牙根处，使其口腔保持张开，这样不仅能防止窒息，也能防止抽搐发作咬伤舌头。

（九）运动损伤的预防

做好运动前的准备活动和运动后的整理活动，注意运动后的饮食，正确处理运动时的伤痛，患有疾病的同学不能参加剧烈活动。

四、预防不法伤害对人身安全的威胁

> **案例**
>
> 林某，某大学研究生，在中山医院见习期间，牵涉某大学医学院研究生黄某被投毒死亡案。2013年4月16日，警方初步认定与黄某同寝室的林某存在重大作案嫌疑，被刑事拘留。
>
> 2014年2月18日，上海市第二中级人民法院一审以故意杀人罪判处林某死刑。2014年12月8日此案二审开庭。2015年1月8日，上海市高级人民法院宣判，驳回上诉、维

持原判,死刑判决依法报请最高人民法院核准。

2015年12月9日,最高法院下发核准林某死刑的裁定书;11日,林某被依法执行死刑,终年29岁。

（资料来源：作者根据相关资料整理）

点评

本案中,被告人林某作为一名医学专业的研究生,本应利用专业知识服务社会,且尊重生命、关爱生命更应是其天职,但林某漠视他人的生命,仅因日常琐事对被害人不满,为泄愤,利用自己所掌握的医学知识,蓄意向饮水机内投放剧毒化学品,杀死无辜的被害人。

（一）大学生伤人案件

大学生正处于青年时期,其生理和心理都迅速走向成熟,但还没有完全成熟。他们内心感情丰富,心理起伏大、易冲动,自控能力差,做事欠考虑,他们没有走向社会却渴望走向社会；社会纷繁复杂,但他们缺乏社会阅历和人生经验。所以,如果没有正确引导,大学生很容易误入歧途,走上犯罪的道路。

近年来,国内接连发生高校命案,在社会各界引起强烈反响,也让人们产生了一个巨大的疑惑：如今的大学生怎么了？为什么如此凶残,对朝夕相处的同学可以痛下杀手？究其原因是多方面的。

1. 心理脆弱，无法应对挫折

大学生犯罪,主要原因有自控力较差,心理脆弱,无法应对挫折。现在大学生中独生子女占绝大多数,远离父母独立生活之后,对挫折的来临没有准备,一旦遇到比较大的事件,容易产生过激行为。还有一些大学生因出身贫寒,或有某些缺陷,一方面对家庭和社会不满,另一方面敏感自卑,自我调控能力差,无法应对社会的一些不公和挫折,对人生持悲观态度,以至于不能自拔,最终走向极端。

2. 心理迷乱，情绪失控

随着大学生失业现象日益突出,许多大学生的自我预期开始下降,使其缺乏社会责任感。他们不再拥有昔日大学生身为少量"社会精英"的自豪感,而是感到前途渺茫,这就使他们极易产生消极颓废心理,导致心理迷乱,情绪失控,失足犯罪。

3. 对法律持蔑视的心态

据调查发现,不懂法不是大学生犯罪的主要原因,犯罪的大学生大多对法律条文的规定有大致的了解,有的甚至攻读法律专业。在犯罪大学生中,有的学生明明知道那样做是违法的,但心存侥幸,认为自己手段比较高超,不会被查获,所以以身试法,这是一种蔑视法律的心态。

4. 性心理不健康

大学期间,大学生的生理迅速走向成熟,开始对性充满了好奇和渴望。从青春期开始的逐渐性成熟必然使这些刚刚成年的年轻人关注异性,这本无可厚非。如果不引导他们形成良好、健康的性道德观念,再加上受到各种暴力、色情文化的不良影响,就有可能在神秘感、好奇心的驱使下产生性犯罪行为。

5. 价值观念偏轨

大学生多数都离家远行，父母的管教鞭长莫及。而学校一般给予大学生较多的自由，以发挥其创造性。但是当在校大学生的自由感膨胀并触及社会的底线时，处于懵懂状态、习惯自由的大学生往往就会踏出这条线，走向犯罪。这也能在一定程度上解释当代大学生犯罪会出现新趋势的原因。

（二）大学生杀人案件的预防

（1）增加在校大学生对社会的适应能力。
（2）及时发现犯罪预兆。
（3）培养在校大学生自我责任意识。
（4）引导大学生尊重生命。
（5）培养大学生形成较高的耐挫能力。
（6）在特殊情境中校方应全力控制暴力侵害的滋生。

第二节　校园纠纷和校园斗殴的预防

高校中出现打架斗殴，绝大部分是因为同学之间一些小的矛盾纠纷没有得到及时化解而酿成的。尤其是酗酒后寻衅滋事、打架斗殴的现象比较突出。俗语说："祸福皆源于口。"本节主要介绍怎样预防化解纠纷和如何预防斗殴，以增强同学们的自律意识并保护自身安全。

> **案例**
>
> 2021年2月中旬，大学生马某，因家境贫寒经常受到同学的鄙视、嘲讽，以致心灵扭曲，用事先购买的铁锤先后4次分别将其同班同学唐某、邵某、杨某、龚某杀害。
>
> （资料来源：作者根据相关资料整理）
>
> **点评**
>
> 从马某的案件中可以看出，良好的人际关系能够淡化矛盾，减少隐患，消解不稳定因素，是最好的自我保护工具。在现实生活中，大多数案件的起因是人与人之间的关系处理不当。如果人与人在相互交往中能够做到待人以礼、以诚、以信，往往能够化干戈为玉帛；相反以邻为壑，就会纠纷不断，永无宁日。要解决这种问题，就必须发挥中国传统文化中"和"的功能：和气生财、家和万事兴。"和"意味着没有冲突、没有积怨，事物在秩序内运行。

一、预防纠纷

（一）大学生纠纷产生的原因及表现形式

（1）不拘小节容易引发纠纷。

（2）过分开玩笑或刻意地挖苦别人容易引发纠纷。
（3）猜疑容易引发纠纷。
（4）骂人或不尊重别人容易引发纠纷。
（5）妒忌他人容易引发纠纷。
（6）不谦虚、狂妄自大、目中无人容易引发纠纷。
（7）极端利己、不容他人、争强好胜容易引发纠纷。

表现形式主要有两种：一是争吵斗嘴，互相攻击、谩骂；二是打架斗殴，争吵不断升级，发展为你推我搡，最后大打出手。两种形式联系紧密，以争吵开始，以肢体冲突甚至造成伤害告终。还有其他一些形式，如写恐吓信、造谣、污蔑等。

（二）大学生纠纷产生的危害

1. 损害大学生的美好形象

当代大学生应当是政治方向坚定，思想品德高尚，富有创造精神的一代新人。"一个人正如一只时钟，是以他的行动来定价值的。"争争吵吵、打打闹闹、纠纷四起、"内战"不休，不仅损害了自己的个人形象，而且损害了整个大学生群体的形象。

2. 妨碍内部团结，破坏大学生成才的优良环境

同学之间、师生之间、朋友之间做到真诚相处，和睦团结十分可贵，良好的团队氛围不仅可以使你感受到集体的温暖，在良好的环境中培养自己良好的品德，而且可以从他人身上得到帮助，受到启发，以增长自己的学识和为人处事的能力。而"内战"四起，纷争不休，只会伤害感情，削弱友谊，破坏团结，瓦解集体。在这种环境中，养成互不信任，怀疑猜测，尔虞我诈，逞强好斗的不良习惯，影响自己成才。

3. 酿成刑事、治安案件，影响自己的前程

就纠纷发生的直接原因而言，多数是微不足道的小事，但是一旦成为纠纷则难以收拾。例如，情侣纠纷可以使人丧生，同学纠纷可以使人镣铐加身，家庭纠纷也可以酿成血案。纠纷是刑事、治安案件的温床，是破坏安定团结的蛀虫。大学生应当引以为戒，牢牢记住他人给我们留下的教训。

（三）怎样防止纠纷发生

与他人发生纠纷是大学生活中的常见现象，又往往会造成严重后果，所以大学生应尽力防止纠纷发生，避免一失足成千古恨。当预感到可能发生纠纷时，应尽力做到下面三点。

1. 冷静克制

无论争执由哪一方引起，都要持冷静的态度，不可情绪激动，这就要求我们胸怀大度、虚怀若谷。只有"大着肚皮容物"，才能"立定脚跟做人"。"大肚能容，容天下难容之事；开口便笑，笑世间可笑之人。"对于那些可能发生摩擦的小事，要宽容对待，一笑了之。刘少奇同志在谈到共产党员的修养时指出，我们应注意自己不用言语去伤害别的同志，但是当别人用言语来伤害自己的时候，也应该受得起。如果能够做到这一点，就能"猝然临之而不惊，无故加之而不怒"，一切纠纷都会化为乌有。

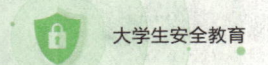

2. 诚实谦虚

在与同学及其他人相处中，诚实、谦虚是加强团结、增进友谊的基础，也是消除纠纷的"灵丹妙药"。有了诚实、谦虚的态度，在发生纠纷时，就能认真听取他人的意见，进行自我批评，宽容他人的过失，处理好相互间的争执。要知道，在与他人的交往中，特别在发生争执时，诚实、谦虚并不意味着懦弱、妥协，恰恰相反，它是你品德高尚的表现。培根说过，"经得起各种诱惑和烦恼的考验，才算达到了最完美的心灵健康"。高尔基说过，"每一次的克制自己，就意味着比以前更加强大"。

3. 注意语言美

实践证明，大学生之间的纠纷多数由口角引起，而口角的发生都是恶语伤人导致的必然结果。俗话说："病从口入，祸从口出""话不投机半句多"，深刻揭示了语言与纠纷的辩证关系。语言美是建设社会主义精神文明的重要内容，当你不小心冒犯了别人时，你讲一句"对不起""很抱歉""请原谅"，或者别人冒犯了你向你道歉时，你回敬一句"别客气""没关系"，紧张气氛就会烟消云散，从而化干戈为玉帛。要做到语言美，一是说话要和气，心平气和地与人说话，以理服人，不强词夺理，不恶语伤人；二是说话要文雅，谈吐雅致，不说粗话、脏话；三是说话要谦虚，尊重对方，不说大话，不盛气凌人。

总之，防止发生纠纷的总原则是：恪守本分，互谅互让，求同存异，理解万岁。

二、防止斗殴

> **案例**
>
> 张某与蒲某是大学同学。蒲某经常对张某讥讽、嘲笑，于是张某怀恨在心，产生了报复心理。2021年9月某日早晨，张某与蒲某因生活琐事再次产生矛盾。张某将蒲某叫到其宿舍，因言语不和，张某首先动手打蒲某，并用脸盆猛砸蒲某头部使其头部出现多处肿胀青紫，血流满面，同时蒲某在厮打过程中将张某鼻梁骨打折。因同室马某、崔某、周某当时在场偏袒一方，并参与厮打。事后学校给予张某留校察看处分，其他几位同学均受到学校纪律处分。
>
> （资料来源：作者根据相关资料整理）
>
> **点评**
>
> 斗殴是人们在现实生活中超出理智约束的一种激烈的对抗性、互相侵害的行为。这种行为一般发生在青少年身上。目前，校园在校大学生的年龄大都在18~23岁，正是血气方刚的年纪，生活中有时会不理智地处理同学之间的矛盾，遇突发性纠纷时容易超出道德"警觉点"，无视危险的"路标"，步入歧途。

（一）对打架斗殴的处罚规定

校园内同学之间交往频繁，由于性格不合、见解不一和利益冲突等原因，必然会引发各种各样的矛盾和纠纷，从而导致打架斗殴现象发生。打架斗殴是校园内的一大公害，成为在校大学生违法违纪行为的主要表现之一。

《普通高等学校学生管理规定》第五十七条规定："禁止酗酒、赌博、打架斗殴、聚众喧哗，树立良好的社会道德风尚。"

天津某学校规定，寻衅滋事、打架斗殴的，给予以下处分：

（1）未动手打人，但用言语侮辱或其他方式触及他人，引起事端或激化矛盾，造成打架后果的，给予警告处分。

（2）动手打人的，视其情节给予严重警告处分，甚至开除学籍。

（3）以"劝架"为由偏袒一方，激化矛盾，造成打架后果的，给予严重警告处分。

（4）策划、怂恿他人打架、斗殴，未造成后果的，给予严重警告处分或记过处分；造成打架后果的，视其情节，给予记过及以上处分，甚至开除学籍。

（5）故意为他人提供凶器，未造成伤害的，给予记过及以下处分；造成伤害的，视情节严重，给予留校察看及以上处分，直至开除学籍。

（6）群殴为首的，加重处分，直至开除学籍。

（7）在调查处理打架事件过程中，故意提供伪证，妨碍调查处理工作正常进行的，给予记过及以下处分。

（二）怎样防止斗殴

1. 防止突发性斗殴的方法

突发性斗殴往往是对偶然事件不能冷静处理而引起的斗殴。制止这种斗殴首先应采取说服的方法，针对不同的对象，讲清道理，说明"行少顷之怒，丧终身之躯"的严重后果，使冲动的头脑迅速冷静下来，不自酿苦果。

> **案例**
>
> 在游泳池里，一同学跳水时不慎撞到另一个同学，他钻出水面后连忙道歉，然而被撞的同学却不予谅解，怒气冲冲地爬上岸来，叉腰喝道："你上来！"水中这个同学十分冷静，他清楚地知道，应以理智告诫自己和提醒对方。于是考虑了一下便说："我不上去。但我要向你说明，我不是不敢打架，而是我知道打架不是解决问题的办法。咱们毕竟是受高等教育的人，我怕被周围这些人笑话，何况打完架咱俩都得受处分。"仅此短短一席话，紧张气氛骤然消失，不少同学也过来劝解，一场干戈即刻烟消云散。
>
> （资料来源：作者根据相关资料整理）
>
> **点评**
>
> 偶然事件冲突的发生可能会导致突发性斗殴，这时就需要当事人头脑冷静，思考斗殴导致的严重后果，避免斗殴的发生。

2. 防止报复性斗殴的方法

报复性斗殴往往产生于某种奇特的变态心理。在生活中，人们的思想动机必然要从言语、行为等方面显露出来。所以，人们要注意关心同学的思想变化，发现问题及时而有针对性地进行规劝。大学生一般来说自尊心都是很强的，所以，应委婉相劝，攻心为上，用一种相似的人或事来善意暗示对方。正如周恩来同志所说的："与人说理，须使人心中点头。"让对方自己觉悟，从而领悟到同学之间的情谊。

3. 防止演变性斗殴的方法

演变性斗殴是指两者之间长期积怨、受辱、被欺负而无人调解，使矛盾由量变发展到质变而产生的激烈的报复性斗殴。演变性斗殴一般有较长周期的滋生。同学们长期生活在一起，不可避免地在思想上和生活上发生一些摩擦和冲突。而有些伤人感情的话语容易生成积怨，引发斗殴，甚至毙命。这种斗殴往往致人死亡，因此，对这类斗殴的及早发现、及时化解和预防显得尤为重要。切记矛盾处理需及时，莫等到不可挽回的地步。

> **案例**
>
> 某农学院学生马某，平时沉默寡言，而同宿舍的田某却性格外向，有时爱挖苦人，两人早有不睦。一次，田某和马某又因关灯睡觉问题争执起来，田某冒出这么一句："你必须给我跪下求饶，否则，你在这儿一天，我就欺负你一天。"马某感到自己受到莫大的侮辱，有失男子汉的"尊严"。于是，在"教训他一下"思想的支配下，夜晚趁田某熟睡时，举起铁锤对准田某的头猛击数下，田某当即毙命。事后，审判员问马某："你认为田某欺负你，为什么不向学校汇报呢？"马某回答："这么大的小伙子被人欺负，我觉得寒碜，不好意思说。"直到法官宣布他死刑时，才如梦初醒，然而悔之晚矣。
>
> （资料来源：作者根据相关资料整理）
>
> **点评**
>
> 演变性斗殴所造成的后果往往更加严重。在案例中，马某由于长期被田某欺负，心中的积怨爆发出来，导致田某丧命。马某不仅断送了田某的性命，也断送了自己的未来。因此，大学生在集体生活中，要把握好彼此的界限和分寸，处理好同学间的关系。

4. 防止群体性斗殴的方法

群体性斗殴往往因与人发生纠纷后，不能冷静处理而纠合起来向对方进行报复的斗殴。大学生完全能够从纷繁复杂的生活现象中分辨是非、判断正误，但是为帮同学、老乡或朋友而进行群体性斗殴的现象却时有发生。大学生应明辨是非，冷静对待，不参与此类纠纷，并劝阻他人参与群殴。切记为朋友"两肋插刀"需走合法途径，万不可激动过头办错事。

> **案例**
>
> 一天，某高校浴室里，洗浴的人员很多。当A系的学生李某正在冲浴时，B系的学生张某走过去说："这是我刚才占的喷头。"本来两人相互谦让一下就行了，不想两人却吵起来，致使A、B两系37名学生参与了群体斗殴。结果李、张两人一个被拘留，一个被开除，其他人也受到处分。其实，为一个喷头值得吗？
>
> （资料来源：作者根据相关资料整理）

点评

为了争抢浴室里一个小小的喷头，竟然导致两个系学生的群体性斗殴，李某和张某更是因此被拘留和开除。大学生要有分辨是非的能力。

（三）遇上别人打架的处理方法

案例

学生董某，骑自行车不慎撞了吴某，拒绝赔礼道歉，发生激烈争吵，相互推推拉拉。就在这时，董某同班同学祁某路过，见董某被吴某辱骂，感到好友被人"欺负"，怒气上升，抓住吴某就打，吴某受伤。事后，祁某不但赔偿经济损失，而且受到校纪严肃处分。

（资料来源：作者根据相关资料整理）

点评

祁某作为董某的同学，遇到董某与他人产生纠纷，本应上前化解矛盾，但祁某的过激行为反而激化了矛盾，导致了更严重的后果。

如果遇上别人打架斗殴，请不要火上浇油，以免扩大事态，应做到以下几点：

（1）不围观，不起哄，不介入。

（2）如果想劝解，应当先问明情况，站在公正的立场上做双方的工作。若劝解无效，应迅速向学校有关领导或保卫部门报告，以防事态扩大。

（3）打架的一方如果是自己的同学或熟人，那么在劝解时要主持公道，不可偏袒。在采取隔离措施时，应当首先拉住自己的同学或朋友，以免被对方误解为"拉偏架"，或者将自己当作对方的"同伙"而无辜受到伤害。

（4）当学校有关部门调查打架真相时，现场目击人要勇于站出来向有关部门提供线索和证据，以保障受害人的合法权益，使肇事者受到惩处。见义勇为是每一个公民的道德义务。

第三节　自杀的预防

一、大学生自杀概述

案例

2021年12月14日，武汉某学院一名大三男生从学校附近一个高楼跳下，当场身亡。据其家属告诉记者说，死者小谈当天下午查询了会计从业资格考试成绩，三门中有一门离及格线差6分，没能通过，这已经是他第四次考会计从业资格证了。小谈的遗书就写在该考试的准考证上，他向家人交代了他的财产，并向父母道歉。

（资料来源：作者根据相关资料整理）

点评

学生自杀是一种极端的行为，它会给家庭带来毁灭性的打击，给周围的学生、老师留下难以抹去的阴影甚至是心理创伤，给学校带来极大的负面影响，给社会造成一些不稳定的因素。国家培养一个高学历的人才十分不容易，父母含辛茹苦二十多年养大一个孩子更不容易。

因此，需要加强大学生自身的心理素质建设，采取合适的途径发泄心中的不满，解除心中疑惑，倾诉心中担忧，做一个懂得表达自我、调解自我、发扬自我的德智体全面发展的大学生。

大学生自杀现象，既是家庭的悲剧，也是社会的悲剧。为了有效预防大学生自杀，需要每一位大学生对自杀现象有所了解，懂得在挫折面前从容应对，珍惜宝贵的生命，以积极健康的心态迎接人生的各种挑战，顺利走完人生历程。

（一）自杀的定义

自杀是指个体蓄意或自愿采取各种手段结束自己生命的行为。人类的自杀行为，古今中外都有，而现代人的自杀率有不断上升的趋势。

据调查显示，自杀排在我国人口死因的第五位，15~34岁人群排在自杀的第一位。我国每年有28.7万人死于自杀，150万人因家人或亲友自杀出现长期而严重的心理创伤，其中有13.5万名小于17岁的孩子经历过父亲或母亲自杀，每年还有200万人自杀未遂。

（二）自杀的分类

根据自杀行为的特征，可将其分为两类。

1. 情绪型自杀

情绪型自杀常常由于爆发性的情绪所引起，即由委屈、悔恨、内疚、羞惭、激愤、烦躁或赌气等情绪状态所引起的自杀。此类自杀进程比较迅速，发展期短，甚至呈现即时的冲动性或突发性。

2. 理智型自杀

理智型自杀不是由于偶然的外界刺激唤起的激动状态导致的，而是由于自身经过长期的评价和体验，进行了充分的判断和推理以后，逐渐萌发了自杀的意向，并且有目的、有计划地选择自杀方式。其自杀的进程比较缓慢，发展期较长，内心斗争激烈，心理矛盾复杂，具有冲突性和隐蔽性。

二、大学生自杀的原因

自杀死亡属于非正常死亡中的一种。从大学生自杀的原因来看，绝大多数是由不健康的心理所导致。从主观和客观因素分析，大学生自杀的原因非常复杂，纵观他们自杀前的各种思想和行为表现，可归纳为以下几个方面。

（一）环境的压力，适应力差

受环境因素的影响和制约，人的心理会做出各种反应。如果这种心理反应是自卑和压抑的，并且长期得不到解脱，那么可能导致严重的心理障碍，甚至使人走上绝路。学生从中学到大学，要经过一个转折阶段。没有了中学时亲人和老师的呵护，在感情和心理上会产生压抑。如果这种压抑长期得不到调整，就会情绪低落，产生自卑感。如果再遇到某些困难和挫折，学生就会感到难以承受，丧失自信而轻生。

（二）学业的压力，常遇挫折

学业压力过大是大学生自杀的重要原因之一。大学生处于人生的黄金阶段，无论是家人还是自己，对大学学业都寄予厚望。进入大学后，大多数学生在学习上会碰到诸多的困难和挫折。例如，就读的专业不如意甚至根本就不喜欢，学习科目多、难度大，学习方法不适应，成绩下降，有危机感等。一些学生在遇到挫折时感到沮丧、失意，反复遭遇挫折时就可能产生心理障碍和心理疾病，特别是对前途感到绝望时，行为就会发生偏差，甚至"走火入魔"。

（三）情感的压力，难以处理

大学生谈恋爱已是高校的普遍现象和热点问题。大学生的恋爱浪漫色彩浓厚，盲目性大，所以失恋也是常事。个别同学承受力差，失恋的打击往往容易使他们产生自卑、悲观、失望，甚至绝望、报复等一系列异常心理，严重的还会精神失常，甚至出现自杀、报复杀人等后果。

（四）就业的压力，屡受打击

在目前严峻的就业形势面前，大学生一入学就感到激烈的就业竞争压力，就业问题一直萦绕在心头。有些同学"眼高手低"，对工作期望值高，但是因自身能力不足、成绩不好，或者所学专业的社会需求量少，找工作屡次碰壁，经过各种渠道都未能如愿地找到理想单位，形成了恐慌、沮丧、焦虑甚至是绝望的心理状态，特别是性格内向、自卑或虚荣心很强的同学，更觉得无脸见人。如果不能及时发现和干预，化解其内心压力，这类同学就有可能走上自杀的道路。

（五）人际关系的压力，不善处理

中学和大学的学习方式、管理方式有很大的不同，学生来自不同的家庭环境和不同的区域，文化背景、生活方式及习惯存在较大差异，融入全新的集体需要不断磨合。人际关系处理不好往往可以给一个人带来打击。少数大学生独立生活和处理问题的能力较差，既不善于处理与同学、老师之间的关系，又有心胸狭窄、爱猜忌、嫉妒等缺点，一遇到矛盾或受到批评时，就爱钻牛角尖，自我扩大对立面，走向极端，最终导致自杀行为的发生。

（六）家庭的压力，经济拮据

根据初步估计，一个家庭供养一个大学生，学费加上生活费等开支，平均每年支出约为12 000元，这对于一些贫困家庭确实难以承受，一些学生家长不得不去借债以供孩子读书。不少学生体谅家长的辛苦，在求学的同时四处打工赚钱，以求自立；但四处奔波往往以牺牲学习为代价，造成成绩的滑坡，引发更大的心理压力。

此外，还有少部分同学爱慕虚荣，购买名牌手机和服装等，追求超出自身承受能力的高消费，于是向"网络贷款"借钱，但部分贷款存在信息审核不严、高利率、高违约金的特点，而学生在增长的消费欲和侥幸心理之下可能"连环贷"，坠入财务"陷阱"，最终可能由于无法承受这样的压力而选择自杀。例如，2022年3月就有媒体曝光了某高校一个大二学生网络贷款50余万元，因无力偿还而跳楼自杀的新闻。

除了经济方面的压力，因为家庭关系不和、父母关系破裂、教育方式不当等原因，学生从小就形成了自卑、压抑、孤独无助等消极人格心理，当生活中偶然出现不如意的事情时就很容易走极端。这些孩子若能及时得到亲友及师长的安抚劝慰，则可迷途知返；若无人抚慰，孤立无援，就会加重其心理失衡，甚至走上自杀的绝路。

三、大学生自杀的预防

研究发现，大约2/3的自杀者，并非毅然决然走上绝路，只是由于在自杀前期和最后施行阶段没有得到应有的帮助，没有采取防范措施才导致无法挽回的后果。许多被挽救的自杀者在以后的日子里都能很好地生活下去，同时也对自杀的鲁莽行为追悔不已。另据调查发现，自杀者在自杀前都会有意无意地表现出明显的异常行为，从语言、身体、行为等方面发出求救信号，这就为预防自杀提供了可能。

（一）有自杀倾向的初期特征

想自杀的人可能会在自杀前数天或数月出现以下征兆。

1. 言语上多消极悲观

有自杀意念的人会间接、委婉地说出来，或者谨慎地暗示周围的人。例如，"想逃学""想出走""活着没有意思""生活是无意义的""我没有希望了""如果我不在人世了，情况可能会更好些""你会参加我的葬礼吗""我想结束我的生命"等。

2. 情绪上多反复无常

人有自杀意念时，通常会表现出不想和人沟通或希望独处的迹象，喜欢避开朋友或亲人，自己一个人躲在小角落呆呆地思考。情绪反复不定，表现出持续的焦虑与愤怒，过度的罪恶感和羞耻感，痛恨自己、害怕失控，担心伤害自己和别人，极度悲伤的情绪等。有少数人在决定结束生命前，会表现得极度欣喜、激动、亢奋，待人异常热情，这往往是因为他们已感到一种解脱。

3. 身体上多软弱无力

有自杀意念的人会有一些身体症状反应，比如容易感到疲劳、体重减轻、食欲不好、失眠、头晕等。这往往是抑郁情绪所致，不能简单地认为是身体有病，应引起注意。

4. 行为上多怪异

当人的自杀意念增强时，在日常生活中会表现出不同于平常的行为，如无故缺课、频繁洗澡、看有关死亡的书籍、异常冷漠、萎靡不振、绝望、逃避社会，或食欲缺乏、无缘无故地与人诀别、将平时珍视的私人物品送人，甚至出走、自残，"无意中"服药过量等。

当人们发现自己生活圈子里的某人有上述语言、身体、行为的某些迹象时，应予以关注，并及时地提供必要的帮助，或向老师、有关部门寻求帮助。

（二）自杀的预防

导致大学生自杀的诸多因素中，个人的心理素质和对问题的主观态度是最主要的因素，对自杀行为是否发生起着关键作用。因此，防止自杀现象的发生，最积极的办法就是自觉培养个体健全的人格和良好的心理素质，增强自身抵抗和化解危机的能力。

1. 积极学习心理健康知识

大学生的综合素质包括了多方面的内容，心理健康是其中重要的内容之一，学习必要的心理健康知识为人们的成长、成才提供了前提和保证。大学生可以通过请教老师、跟同学探讨、上网搜资料等方式进行心理知识的积累。除了学习知识外，大学生还要学会将理论和实践相结合的方式，将心理健康知识付诸实际行动中。

2. 磨炼自己承受挫折的能力和意志

正确应对挫折是预防自杀的一个重要环节。从心理学的角度来看，挫折是指个体行为欲望受阻或受干扰的情景，如生理、心理、物质、精神的需要得不到满足，从而产生失望、愤怒、紧张的情绪，有的人会因此抑郁、厌世，继而采取自杀行为。某些意志比较薄弱的大学生往往缺乏承受挫折的能力，心理耐受力差，情绪具有冲动性、爆发性和极端性等特点，遇到挫折时，容易出现过激行为，做出不应有的傻事。

大学生为了提高自己承受挫折的意志力，需要做到以下几点。

（1）正确认识挫折对人生的影响。俗话说，"不如意之事十有八九"。挫折人人都会遇到，只不过有大有小，应对方式不同而已。挫折并不完全是一个阻碍人们前行的挡路石，如果应对方式正确，反而是人生的宝贵财富，是更上一层楼的阶梯。每个危机后面都隐藏了一个机会，通过挫折苦难，锻炼了人们的心理抗压能力、解决事务能力、协调能力和自控能力等，这些良好的心理素质是人们踏上成功之道、实现自身梦想和价值必备的心理基础。所以，大学生用辩证的思维看待挫折苦难，会发现自己将收获不一样的经历。

（2）勇敢面对挫折。在挫折、压力面前，大学生应采取正确的应对方式，进行自我心理调整，将压力变为动力，丢掉沉重的心理包袱，朝着自己的人生目标轻装前进。

①倾诉。当人们遇到挫折或精神受到打击时，不妨找亲朋师友一吐为快，以释放沉重的心理负荷。切不可将苦闷埋在心底，自己硬扛着，这样不仅负面情绪不易疏导，反而会滋生不良心理。也可以用写日记或书信的方法将自己的苦闷记录下来，还可以上网聊天，听听网友们的评论与劝导，设法寻得心理安慰和寄托。

②升华。升华是借用理性来获得解脱，用理性的"我"来提醒、暗示和战胜感性的"我"。例如，贝多芬、歌德等年轻时都受到过失恋的折磨，在受到巨大打击后能将痛苦化为力量，终于分别成为世界上著名的音乐家和诗人。

③转移。转移注意力也是不少大学生在遇到挫折时常用的办法。当遇到不愉快的事情时，

可积极参加各种文体活动，如打球、跑步、唱歌、跳舞等以释放苦闷，舒缓情绪，也可以在悲痛欲绝时大哭，在盛怒愤慨时大声高喊。这样往往可以使负面情绪得到舒缓，从而度过危机。

④积极寻求学校心理辅导老师的帮助。各高校都设有心理咨询中心，在遇到如学习、交友、恋爱、疾病或生活中的挫折等引起的心理障碍时，不能讳疾忌医、羞于开口，一定要勇敢地找心理辅导老师帮助，使自己恢复正常健康的心理状态。

3. 积极参加社会实践活动

心理学家指出，适当的焦虑是促进人们趋于健康，趋于完整，趋于最高效率的力量。良性的学习压力，是克服挫折、忘却烦恼的动力。

大学生理应珍惜大学期间的学习机会，热爱专业知识，可通过广泛阅读各类书籍来找到自己的兴趣爱好所在，并注重培养自己专业的深度和知识的广度。

大学校园里各类学生组织很多，大学生可通过参加各类社会实践活动锻炼自身的处事能力，学会处理人际关系，最重要的是学会做人做事，为以后踏上就业之路提前积累相关的工作经验。

具有广泛兴趣和幽默感的学生，能够从多方面感受生活的乐趣，当在某方面的活动遭受挫折时，能够从别的活动中寻找精神寄托，冲淡消极情绪。

小贴士

走出自杀行为的认识误区

察觉自杀行为的发生，要从企图自杀者所表现出来的蛛丝马迹入手，帮助其走出危机，还需要人们克服对自杀行为的认识误区。

误区一：不能与有自杀意念的人谈论自杀。

有人认为对那些有情绪困扰、有自杀意念的人，主动谈论自杀会助长他们的自杀动机。事实上，受自杀困扰的人往往愿意别人与其倾谈，听其诉说对自杀的感受，如果故意避开不谈，反而会因被困扰的情绪无从化解而加重情绪恶化。

误区二：宣称自杀的人不会自杀。

当有些人向他人透露自己想自杀，尤其在语言中有恐吓成分时，听者却往往以为他不过是说说而已，或者误以为真正想死的人是不会把自己的打算告诉别人的。其实研究表明，在曾经自杀过的人中，有80%在事前都谈及过自杀，所以宣称自杀的人很可能会有自杀的举动，必须引起高度重视。

误区三：所有自杀的人都是精神异常者。

有人认为只有精神病患者才会自杀。事实上，只有20%的自杀者是抑郁症或精神分裂症患者，大多数自杀者是正常人。

误区四：自杀危机改善后就不会再有问题。

有自杀企图的人经过危机干预改善状态后，情绪会好转。周围的人常常会误以为自杀危机已经不存在了，因而放松防范措施。而事实上，自杀危机改善后，患者至少在3个月内还有可能重蹈覆辙。

第四节　女大学生的自我保护

一、性侵犯的形式和特点

> **案例**
>
> 2021年，在网上寻求兼职消息的女大学生王某收到了一家度假村的面试通知。面试地点就定在了大学校园门口，而面试官竟骑着破旧摩托车，身穿蓝色工作制服，完全不像单位负责人。王某虽然感到疑惑，可还是中了坏人的圈套，被带进荒山里，连续遭受了强奸和抢劫的不法侵害。更令人发指的是，王某并不是该男子强奸的第一个对象，在她之前，他已采用"招聘度假村兼职礼仪小姐"的相同手段，接连强奸了两名女生，只是两人均放弃报案，他才能继续逍遥法外。
>
> （资料来源：作者根据相关资料整理）
>
> **点评**
>
> 案例中王某的遭遇，提醒正在应聘岗位的女大学生们，求职时千万要擦亮眼睛，遇到可疑人或可疑环境时，宁可放弃这份工作也不要以身涉险。

据有关部门调查，近年来，性犯罪在整个社会发生的刑事案件中所占比例越来越大，仅次于财产犯罪而居于第二位，成为扰乱社会治安，败坏社会风气，阻碍社会进步，妨碍我国社会主义现代化建设的重要因素之一。因此，在社会治安日趋严峻和复杂，性犯罪案件日渐增多的形势下，大学生应了解、掌握有关预防性侵害的知识，保护自己免遭性侵害。

（一）性侵犯的概念

性侵犯泛指一切与性相关且违反他人意愿，对他人做出与性有关的行为。强奸、性骚扰都可算是性侵犯，如露体、窥淫等也可算是性侵犯的一种。

在危害大学生安全的侵害因素中，性侵害已成为危害大学生人身安全，影响其身心健康发展的重要因素之一。

> **小贴士**
>
> **性侵犯的罪项构成**
>
> 《中华人民共和国刑法》中与性侵害有关的罪名包括强奸罪、强制猥亵罪、侮辱罪、猥亵儿童罪等，具体规定如下。
>
> 第二百三十六条：以暴力、胁迫或者其他手段强奸妇女的，处三年以上十年以下有期徒刑。
>
> 奸淫不满十四周岁的幼女的，以强奸论，从重处罚。
>
> 强奸妇女、奸淫幼女，有下列情形之一的，处十年以上有期徒刑、无期徒刑或者死刑：

（一）强奸妇女、奸淫幼女情节恶劣的。

（二）强奸妇女、奸淫幼女多人的。

（三）在公共场所当众强奸妇女的。

（四）二人以上轮奸的。

（五）致使被害人重伤、死亡或者造成其他严重后果的。

第二百三十七条：以暴力、胁迫或者其他方法强制猥亵他人或者侮辱妇女的，处五年以下有期徒刑或者拘役。

聚众或者在公共场所当众犯前款罪的，或者有其他恶劣情节的，处五年以上有期徒刑。

猥亵儿童的，依照前两款的规定从重处罚。

（二）性侵犯和性骚扰的对象

在性犯罪中，凡女性，无论老幼都有被攻击的可能，并且以16~29岁的女性为主要侵犯目标。大学女生多数年龄在18~23岁，正处于青春年华，其年龄构成、身体条件、社会经验等都是她们易受性侵害的原因。

从高校女生受到性伤害的实际情况来看，下面几种类型的女学生易受攻击。

（1）装扮时髦，行为不羁，经常出入社会公共场所的。

（2）身材矮小，弱不禁风的。

（3）性格懦弱，羞于上报的。

（4）作风轻浮，交友不慎的。

（5）独处于宿舍、实验室、运动场或其他隐蔽场所的。

（6）被人抓住把柄，容易被他人要挟的。

（7）贪图钱财，贪图享受，缺乏观察识别能力的。

（8）意志薄弱，难拒性诱惑及精神空虚、无视法纪的。

（9）衣着暴露，裸露部分较多，曲线毕露的。

（10）夜晚长时间独自在室外活动的。

（三）性侵犯的形式

性侵犯是危害大学生人身安全，影响大学生健康成长的主要问题之一。大学生尤其是女大学生多了解一些这方面的知识，掌握一些应对方法是很有必要的。

校园中的性侵犯主要有以下形式。

1. 暴力型性侵犯

暴力型性侵犯，是指犯罪分子使用暴力和野蛮的手段，如携带凶器威胁、劫持受害者，或以暴力威胁加言语恐吓，从而对女同学实施强奸、猥亵等。暴力型性侵犯的特点如下。

（1）手段残暴。当性犯罪者进行性侵犯时，必然受到被害者的抵抗，所以很多性犯罪者往往要施行暴力，且手段野蛮和凶残，以此来达到自己的犯罪目的。

（2）行为无耻。为达到侵害受害者的目的，犯罪者往往会厚颜无耻地不择手段，比野兽还疯狂地任意摧残、凌辱受害者。

（3）群体性。犯罪分子常采用群体性纠缠方式对受害者进行性侵犯。这是因为犯罪分子人多势众，容易制服被害人的反抗从而达到犯罪目的；还会使原来单个不敢作案的罪犯变得胆大妄为，这种犯罪形式危害极大。

（4）容易诱发其他犯罪。性犯罪的同时又常会诱发其他犯罪，如财色兼收、杀人灭口、争风吃醋、聚众斗殴等恶性事件。

2. 胁迫型性侵犯

胁迫型性侵犯，是指利用自己的权势、地位、职务之便，对有求于自己的受害人加以利诱或威胁，从而强迫受害人与其发生非暴力型的性行为。其特点如下。

（1）利用职务之便或乘人之危而迫使受害人就范。

（2）设置圈套，引诱受害人上钩。

（3）利用过错或隐私要挟受害人。

3. 社交型性侵犯

社交型性侵犯，是指在自己的生活圈子里发生的性侵犯，与受害人约会的大多是熟人、同学、同乡，甚至是男朋友。社交型性侵犯又被称为"熟人强奸""社交性强奸""沉默强奸""酒后强奸"等。受害人身心受到伤害以后，往往出于各种考虑而不敢加以揭发。

社交型性侵害主体在实施侵害之前都是有计划的，常常利用机会或创造机会把正常社交引向性犯罪，如经常对被侵害的女性动手动脚；频繁地以性为话题，进行挑逗勾引；想方设法把被侵害人带到可以受犯罪分子控制的环境（如犯罪分子的家中）或偏僻的角落，然后实施性侵害。

4. 诱惑型性侵犯

诱惑型性侵犯，是指利用受害人追求享乐、贪图钱财的心理，诱惑受害人而使其受到的性侵犯。

5. 滋扰型性侵犯

滋扰型性侵害的主要形式有以下三种。一是利用靠近女生的机会，有意识地接触女生的胸部，摸捏其躯体和大腿等处，在公共汽车、商店等公共场所有意识地挤碰女生等。二是暴露生殖器等变态式性滋扰。三是向女生寻衅滋事，无理纠缠，用污言秽语挑逗，或者做出下流举动调戏、侮辱女生。

（四）女生易遭性攻击的时间和场所

1. 女生易遭性攻击的时间

（1）夏天是女同学容易遭受性侵害的季节。夏天天气炎热，女生夜生活时间延长，外出机会增多。夏季校园内绿树成荫，罪犯作案后容易藏身或逃脱。同时，由于夏季气温比较高，女生衣着单薄，裸露部分较多，因而对异性的刺激增多。

（2）夜晚是受害者容易遭到性侵害的时间。这是因为夜间光线暗，犯罪分子作案时不容易被发现。所以，在夜间女同学应尽量减少外出。

2. 女性易遭性攻击的场所

（1）校内。

①公共场所，如厕所、教室、礼堂、舞厅、溜冰场、游泳池、宿舍等。

②偏僻幽静处所，如空旷操场、池边湖畔、亭台水榭、树林深处等。

③偏僻小道、建筑物结合部、夹道小巷。

④尚未交付使用的新建筑物或是废弃的建筑物。

（2）校外。

①公园假山、树林内。

②车站、码头附近。

③没有路灯的街道、楼边、小巷。

④立交桥下。

⑤单位的值班室、仓库。

⑥无人居住的小屋、陋室、茅棚。

⑦影院、舞厅、酒吧等公共娱乐场所。

（五）性侵犯的特点

女大学生由于生理条件所限，身体的力量、速度等方面都比男性弱，所以在日常生活中较易遭受侵害。但是只要人们了解性侵害案件的一些规律，就能采取有效措施预防犯罪分子作案。案件的发生一般有以下规律。

1. 作案时间具有规律性

因为流氓犯罪分子大都是一些不务正业的青年，他们上午睡觉，下午游荡，晚间出来寻衅作乐，所以性侵害案件大多发生在下午和晚上。就季节性而言，虽然一年四季都可能发生性侵害案件，但发案高峰则是在 6~10 月，其中 7~8 月最为突出。

2. 作案地点具有选择性

流氓犯罪分子作案的地点是有选择的。流氓滋扰式性侵害大都发生在城镇的闹市、街道、公园、娱乐场、商场、影剧院、公共交通车辆上。因为这些地方来往人员较多，互相拥挤，犯罪分子容易得手，一旦被发现还便于逃脱。暴力式性侵害大多发生在偏僻处。

二、女大学生预防性侵犯的方法和技巧

（一）女大学生预防性侵犯的基本方法

1. 筑起思想防线，提高识别能力

女大学生应该树立防范意识，提高识别能力和应对能力。特别应当消除贪小便宜的心理，对一般异性的馈赠和要求应婉言拒绝，以免因小失大。谨慎待人处事，对于不相识的异性，不要随便说出自己的真实情况；对于对自己特别热情的异性，不管是否相识都要倍加注意。一旦发现某异性对自己不怀好意，甚至动手或有越轨的行为，一定要严厉拒绝、大胆反抗，并及时向学校有关领导和保卫部门报告，以便及时加以制止。

2. 学会用法律保护自己

对于那些失去理智、纠缠不清的无赖或违法犯罪分子，女大学生千万不要惧怕他们的要挟和讹诈，也不要怕他们打击报复。要大胆揭发其阴谋或罪行，及时向领导和老师报告，学会依靠组织和运用法律武器保护自己。千万注意不能"私了"，"私了"的结果常会使犯罪分子得寸进尺，没完没了。

3. 学点防身术，提高自我防范的有效性

一般女性的体力弱于男性，防身时要把握时机，出奇制胜，狠准快地出击其要害部位，即使不能制服对方，也可制造逃离险境的机会。人的身体各部位都可以用来进行自卫反击。例如，头的前部和后部可用来顶撞，拳头、手指可进行攻击，肘朝背部猛击是最强有力的反抗，用膝盖对脸和腹股沟猛击相当有效果，用前脚掌飞快踢对方胫骨、膝盖和阴部非常有效。同时，在确保自身安全的前提下，女大学生要注意设法在案犯身上留下印记或痕迹，以备追查、辨认案犯时作为证据。

（二）女大学生预防性侵犯的具体方法

1. 女大学生夜间行走的预防方法

（1）保持警惕。如果在校园内行走，要走灯光明亮、行人较多的大道。对于路边黑暗处要有戒备心理，最好结伴而行，不要单独行走。如果走校外陌生道路，要选择有路灯和行人较多的路线。

（2）陌生男人问路，不要带路；向陌生男人问路，不要让他带路。

（3）衣着不要穿得过分暴露，防止产生性诱惑。不要穿行动不便的高跟鞋。

（4）不要搭乘陌生人的机动车、人力车或自行车，防止落入坏人圈套。

（5）遇到不怀好意的男人挑逗，要及时斥责，表现出自己应有的自信与刚强。如果碰上坏人，首先要高声呼救，假使四周无人，切莫慌张，要保持冷静，利用随身携带的物品，或就地取材进行自卫反抗，还可采取周旋、拖延时间的办法等待救援。

2. 摆脱异性纠缠的方法

学生中的异性纠缠，主要是恋爱中的异性纠缠。这种纠缠来自两个方面。一是来自单恋者的纠缠。一方有情，另一方无意，有情者积极进攻，穷追不舍。二是来自原来有恋爱关系的异性纠缠。一般是因为某种原因，一方提出终止恋爱关系，另一方无法接受，因而苦苦纠缠。

为了摆脱恋爱中的异性纠缠，应该做到以下几点。

（1）态度明朗。如果大学生并无谈恋爱的打算，对于那种单恋的追求者应该明确拒绝，如果是正在恋爱中或曾经恋爱过的对象，要冷静，考虑一下有无重归于好的希望，如果没有，也要明确告诉对方，让对方打消念头。态度暧昧、模棱两可，对对方来说是一种成功的希望，增加了幻想，因而也会带来更多的麻烦。

（2）遵守恋爱道德，讲究文明礼貌。在拒绝对方的要求时，要讲明道理，耐心说服；要尊重对方人格，不可嘲笑挖苦，更不能在别人面前揭露对方的隐私。例如，不要公开对方写的情书，不要谈论对方曾经的某种非礼行为等。如果是中断恋爱关系，自己有责任的，也应主动承担责任，表示歉意。

（3）要正常相处，但要节制往来。恋爱不成，但仍是好同学、好朋友，不可结怨，更不可成为仇人、敌人。但在交往中，最好要节制不必要的往来，以免对方产生"物是人非"的伤感，让对方尽快消除由于失恋所造成的心理上的伤害。

（4）遇到困难时要依靠老师。在自己认为向对方做了工作以后但效果不大，仍不能制止对方的纠缠，或者发现对方可能采取报复行为时，要及时向老师和领导汇报，依靠组织妥善处理，以防止发生意外事件。

（5）女生要自爱自重。女生作风上要稳重，生活上要俭朴，不要刻意追求打扮，不要在和男生的交往中占小便宜、要钱要物、吃喝不分；要大方得体，不要随意向异性撒娇，流露出对异性的冲动，以免异性有非分之想。

3. 防止歹徒入室强奸的方法

入室强奸，是指犯罪分子使用各种手段侵入室内，强行与女性发生性关系的行为。犯罪分子入室的方式主要有：以找人为借口骗开门入室，破门或强行撬窗入室，乘门窗未关潜入室内，挖洞入室，尾随事主入室等。

在日常生活中，可以通过采取防范措施，把色狼拒之门外。为了防止犯罪分子入室强奸，女生在日常生活中应注意以下几点。

（1）单独在室内时不要随便让陌生男性进入。

（2）经常检查门窗，如发现门窗损坏，应及时报告有关部门修理。外出或入睡时应锁好门窗，防止犯罪分子潜入作案，在天热时也不能例外，尤其是住在较低楼层的女生更应注意。

（3）在校外租房（必须经过学校有关部门的许可）的女生尽量与人合租一套或一间房，注意锁门，不要让陌生人进入室内。

（4）外出归来时应观察身后有无陌生人跟踪。如发现可疑点，不宜急于开门入室，应到周围人多处暂避，并注意尾随者的动向，在有人协助的情况下可以当面质问。

（5）女生宿舍内不要留宿异性，尽量避免单独和男子到宿舍会面。

（6）夜间上厕所要格外小心。如厕所照明设备已坏，应带上手电筒，上厕所前先仔细查看一下。有的犯罪嫌疑人事先躲藏在厕所里，利用女生上厕所时伺机偷窥，甚至猥亵或强奸。

（7）有人敲门，要问清是谁再开门。如发现有人想撬门砸窗闯进来，一方面要积极寻求救助，另一方面要准备搏斗的工具，做好反抗的准备。

（8）节假日期间，若其他同学都回家了，最好不要独自一人住宿。回宿舍就寝时，要留心门窗是否敞开，防止有犯罪分子潜伏，伺机作案。如遇异常情况，可请一两位同学陪同进去，以确保安全。

（9）无论一人或多人在宿舍，当遇到犯罪分子侵害时，都要保持冷静，临危不惧。一方面积极求救，另一方面与犯罪分子做坚决斗争。

4. 女性防止性侵犯的日常注意事项

女性防止性侵犯，应在日常生活中注意以下几点。

（1）选好车厢的位置。乘公共电、汽车和地铁列车时，如果是在上下班高峰期，车厢中人潮拥挤，难保遇到"色狼"的骚扰，碰到这些利用拥挤而占"便宜"的"色狼"是很令女性别扭和气愤的。公交车中最易受到"色狼"骚扰的地方有两处：一是车门口，那些"色狼"有一句口号,叫作"上车3秒,下车3秒",他们经常趁人多拥挤时,对女性偷摸一把。因此,建议女性一上车就到车厢中央。二是车厢的连接处,因为这里是一个死角,在人多的情况下,一定要注意不要被人推到这个危险的地方。根据警察对"色狼"的调查,发现站在前面拉手吊环下的女性是最安全的,因为"色狼"在此处下手最容易被人发现,所以不敢轻举妄动。

（2）行车高峰期使用安全"挡箭牌"。在上下班高峰期乘车,人们像沙丁鱼般地挤在车厢内。这时,女性一定要巩固自己的防线,如可以把随身背的挎包放在胸前,或者把书本放在臀部可以自然抵御"色狼"的侵袭。还有一种抵御"色狼"的好方法,即上车前将外套脱下来绑在腰际。据调查,采用这种方法可以大大降低男性的欲念,是一种安全自然的保护法。另外,如果女性喜欢带着随身听,那么当有"魔手"出现时,可以有意把音量开到最大,这时周围的人一定会注意到自己,"色狼"自然也会讨个没趣。

（3）不要在车上打瞌睡。如果是搭乘末班车,工作一天的疲劳可能会使人困倦,这样容易给"色狼"提供机会。因此,千万不要在人前打瞌睡。如果确因白天很忙,休息不足,在车上不得不打个盹,那么最好戴上黑色的墨镜,并且仍应保持正常的姿势,切勿低头沉睡。

（4）注意着装,穿薄衣夜归最好披一条大披巾。穿着露透的衣装夜归,确实是危险的举动。但作为爱美的女性,偶尔穿件薄衣也无可非议,不过在穿薄衣出门之前,最好顺手带一条大披巾,这样在独自夜归时,可以用披巾将肩背披盖好。如果穿短裙,可将其扎在腰间,以减少受"色狼"袭击的危险。

（5）夜里出门最好穿平底鞋。大多数女同学喜欢穿高跟鞋,这是女性本身对美的一种追求。但是,如果女同学不得不较晚回宿舍,或者住处较偏僻的话,建议换一双平底鞋。这样不仅能使自己感到双脚轻松舒服许多,而且在遇到紧急情况时,也能很快摆脱纠缠,脱离险境。另外,把换下的高跟鞋随身带着也不失为一个好办法,因为关键时刻,一只高跟鞋也能成为自卫的有力武器。

（6）避免男女一对一乘电梯。在电梯中最危险的情况就是出现一对一的局面。当然,并不是每位男性都会对女性有侵犯意图。但经验证明,在密闭的空间,任何人都会变得大胆。作为女性,细心谨慎一些是不会吃亏的。如果女性单独与陌生男性一起乘电梯时,应该站在靠近按钮控制板的旁边,一手自然地放在开门按钮处,用心去警戒,而外表仍要显出很轻松的样子。有时当电梯快启动时,经常会有陌生男性一边喊"请等一下!"一边就想跨进电梯,此时如果电梯中只有自己一人,那么处理的原则就只能是:他进我出。多些防备的戒心是没有坏处的。

（7）晚间外出要结伴。晚上外出应相约数人同行,夜间行走要保持警惕,要走灯光明亮、往来行人较多的大道,对于路边黑暗处要有戒备。

（8）夏季应尽量缩短在户外活动的时间,如果一定要外出,女生要结伴而行。

小贴士

如何处理好恋爱纠纷

正确处理好大学生中的恋爱纠纷,对于安定大学生生活,帮助大学生创造良好的学习环境,预防和减少刑事、治安案件的发生都具有重要意义。对此问题,应注意以下几点。

（1）处理恋爱纠纷,应当以双方当事人协商处理为主。

（2）要有诚意。不管恋爱结局如何，都要有解决问题的诚意。只有这样，才能在协商调解中冲破障碍，求同存异，妥善解决争端问题。

（3）严于律己，宽以待人。恋爱纠纷双方多做自我批评，防止加剧感情裂痕，铸成难以收拾的僵局。

（4）涉及中断恋爱关系时，要持慎重态度。在感情好时，要看到对方的短处；在出现感情裂痕时，要想到对方的长处。要珍惜已经建立的爱情，不要人为地制造和加大裂痕。在双方感情矛盾中，有过错一方要主动承认错误，以取得对方谅解。如果确无和好可能，或者一方坚持中断恋爱关系，也要面对现实，为了今后的长久幸福，果断地中断恋爱关系。

（5）对于中断恋爱关系的，要处理好善后事宜。

①对于寄来的恋爱书信，尽可能退还对方。

②在恋爱中，用于共同生活的款项，不管谁花了多少，以不结算为宜。

③互赠的礼品，按照民事法律关系中的赠与方面的规定，一般不索还。

三、女大学生遭受性侵犯时的应对措施

案例

21岁的小张，大专毕业后，因为一直没找到合适的工作，便跑到南宁投奔同学，准备在这边碰碰运气。2021年3月21日晚，小张在网上看到南宁一家工厂招聘文员，她联系上工厂的李老板，双方约定第二天在李的工厂面试。小张只身赴约，在面试即将结束时，李老板突然把小张按倒在沙发上，扒她的衣服，想施暴。最后小张通过装疯卖傻拖延时间，趁着李老板内急上厕所之际，光着身子、裹条毛毯，爬到二楼窗台的平台上喊着要跳楼。小张后来被消防员救下。李老板因涉嫌强奸未遂被警方刑拘。

（资料来源：作者根据相关资料整理）

点评

当女大学生遇到强奸时，一定要保持镇静，临危不惧。一是给自己壮胆，二是使犯罪分子感到自己不是软弱可欺，同时要随机应变，根据具体情况，仔细观察对方举动和周围环境，寻找呼救和脱逃机会。最重要的是要坚强，要有信心，要与犯罪分子软磨硬泡，拖延时间，顽强抵抗。

性侵害是一种严重侵害他人人身权利、破坏社会治安秩序、对社会造成严重危害的行为，被害者如果不能勇敢地与一切性侵害行为进行斗争，客观上就会使犯罪分子的气焰更加嚣张，以致犯罪分子逍遥法外，并使更多的人受到侵害。因此，女大学生要学会正确处理性侵犯案件，维护好自己的权益。

（一）遭遇性侵犯时的应对措施

1. 保持镇静，临危不惧

女生遭受性侵犯时，要保持镇静，冷静思考可自救的方法。临危不乱的态度可以对犯罪分

子起到震慑作用，使其感到胆怯，进而不战而胜。

2. 大声呼喊，震慑罪犯

女生在走路时，如果遭到歹徒欲行强奸，可以大声呼叫或召唤同学（无论周围是否有人都应这样做），这样做的目的一是震慑强奸犯，二是引来他人相救。强奸犯一般害怕有人察觉，比较恐惧女生的尖叫，所以无论如何，女生遭遇强奸时都要大叫。此时，强奸犯一般会用双手堵住女生的嘴，这时候可用鞋子踢强奸犯的下腹部或是狠踩强奸犯的脚，趁其不备，赶紧逃脱。

3. 拖延时间，顽强抵抗

女生遇到性侵害时要有反抗到底的决心，软磨硬泡，拖延时间，顽强抵抗。根据周围的环境选择摆脱、反抗、求救的办法。

4. 逮住时机，迅速逃脱

寻求适当机会和方式逃脱。例如，女生可先假装同意，使犯罪分子放松警惕，然后趁他脱衣时，使尽全力将他推倒及时逃跑，并在逃跑时继续呼救。

5. 利用利器，正当防卫

利用身边的器物实施正当防卫。当发生性侵害时，要想一想自己身上有无可以用作防卫的工具，如水果刀、指甲钳、发夹等，观察周围有没有可以利用的器物，当受到侵害时，用其击打犯罪分子要害部位，使其丧失侵害的能力，趁机逃跑。

6. 狠狠抓咬，毁其体肤

在歹徒实施强奸时，女生可用手狠抓其面部，用膝盖狠蹬其腹部，或咬其肩部、耳、鼻、嘴唇等，从而使歹徒无法得逞。

7. 留心观察，巧获证据

女生在被侵害的过程中，应设法获取犯罪分子随身所带的物品，详细观察其体貌特征、动作习惯、来去方向等，以便为破案提供更多的线索。

8. 做好标记，保护现场

采取适当的措施妥善保护现场的原始状态，可为警方破案提供更多的证据。

9. 积极报警，加紧破案

女生在遭到性侵犯后应设法立即向公安机关报案。报案原则如下。

（1）就近原则。到距自己最近或最方便的公安机关报案，以求获得帮助。

（2）迅速原则。报案时，应以最快的速度、最佳的传递方法向有关部门报告案情，以便有关部门能根据案情及时采取相应的措施。

（3）真实原则。在报案、控告检举时，应实事求是，尽量做到准确、客观，对问题不夸大也不缩小。

（二）在犯罪分子身上留下痕迹的方法和技巧

性侵害以发生在夜间灯光暗淡和人迹稀少之处居多，或者虽有光亮，但因受害者突然遭受袭击，情绪紧张，故在惊恐中忽略仔细观察侵害人的外貌特征，又或者无法看清其特征。因此，在性侵害案件中，受害人从侵害人身上获取证据，留下某种印记或痕迹，对于侦查破案、打击性犯罪、维护妇女人身权利、保障社会安全具有重要的意义。

当女生受到性侵害时，一定要在与犯罪分子搏斗的同时，千方百计地从犯罪分子身上获取证据，并且巧妙地在犯罪分子身上留下各种印记和痕迹，有以下几种方法。

（1）在与犯罪分子搏斗时，要设法咬破、抓破其暴露躯体的某一部位，如面部、手背。

（2）保留犯罪分子的血迹、精斑及被咬下、撕下的某些肌体，如手指、耳朵。

（3）拉扯犯罪分子的头发、阴毛、衣服、纽扣等。

（4）故意让犯罪分子接触光滑物体，如箱子、桌面、地板、玻璃台面，让犯罪分子留下指纹、掌印、足印、鞋印等。

（5）在犯罪分子的身上、衣服上涂上颜料、油漆、油污等。

（三）解脱失身造成痛苦的方法和技巧

失身是指女子被坏人强奸、诱奸及其他原因与伴侣之外的男性发生性关系。在女大学生中，因受各种性伤害而失身者不少，后果也比较严重。正确认识和处理好失身问题，对于维护女大学生的身心健康，保障她们的安全，帮助她们健康成长具有重要意义。

（1）分清原因，正确对待。如果是因受性攻击，如被犯罪分子强奸、奸污，那么自己是无辜的受害者，周围的人和社会舆论会对自己表示同情，并且会给自己温暖和帮助，不必因此而烦恼；如果是被坏人欺骗，一时上当受骗，应当从中吸取受骗的教训，使自己更加成熟起来，增加抵御能力，今后不再上当。

（2）振作精神，勇敢生活。失身固然是一种不幸，但这已是过去，要面对现实、面向未来、坚定勇敢地生活。首先要在思想上破除"女子从一而终"的封建道德观念，克服一朝失身、终生完结的思想，解除精神枷锁；同时也要克服无所谓的思想，防止"破罐子破摔"。要看到五彩缤纷的生活，把失身的痛苦转化为追求真理、创造业绩的动力。如果能做到这一点，女生不仅能在心灵上得到补偿，而且会受到人们的尊敬，给自己创造美好的未来。

（3）站在人生高度，理解人生曲折。大学生活固然是人生的美好时期，但生活的道路是漫长的，某一次曲折、错误，只不过是人生长河中的一朵浪花，要学会在挫折和错误中吸取教训，在克服困难中前进。这样就会使人们更加成熟与坚强。

💡 小贴士

女生正当防卫十招

以下十种"正当防卫"的方法，可在遭遇色狼时使用。

（1）喊。有道是"做贼心虚"。色狼在实施犯罪行为时，心虚的多。所以喊声很可能阻止犯罪嫌疑人的犯罪行为。假如色狼正处于犯罪初始（刚着手）阶段，女生应该大声呼救，以求得旁人闻警救助。

（2）撒。若只身行走遭遇色狼，呼喊无人，跑躲不开，色狼仍然紧追不舍，女生可以就地取材，抓一把泥沙撒向色狼面部（城市女生为防侵害，可以在衣袋、书包里常备些食盐），这样可以抢到时间，跑脱后再去调兵擒魔。

（3）撕。如果撒的办法不起作用，仍被色狼死死缠住，打斗不过，女生可以在反抗中撕烂色狼衣裤，令其丑态百出。而后将他的烂衣裤（碎片、衣扣、断带）作为证据带到公安机关报案。

（4）抓。如果使劲撕仍不能制止其加害行为，女生可以向犯罪嫌疑人的面部、要害处抓去。抓时只有抓得狠、抓得死，将其抓破，才能达到制服色狼、收集证据的目的。将留在指甲里的血肉送到公安机关，即可作为遭到不法侵害的证据。

（5）踢。面对一时难以制服的色狼，女生可以拼命踢向他的致命器官，这样可以削弱他的继续加害能力。这一方法不少女生在自卫中使用过，极见成效。还应大声告诫色狼，再猖狂将受到法律制裁。

（6）变。若遭色狼跟踪，女生不要害怕，见机变换行走路线，一般都可以将其甩掉。

（7）认。受到色狼不法侵害时，女生应当瞪大眼睛，牢记色狼的面部和体态特征，多记线索，以便在报案（一定要争取在事后24小时之内）时提供给公安人员。

（8）咬。色狼施暴时常常先将女生的双臂缚住，不得已时可用"咬"的办法。有位女生在被迫害过程中，遭色狼强行接吻，情急之中她"稳、准、狠"地咬住了色狼的舌头，致使其疼痛休克，被捉送到公安机关。

（9）套。如果几经反抗不力，色狼强奸即遂，此时也不可轻易放过（有些受害女生到此时就彻底放弃反抗了），可以采取"套"的办法将其制服，如一位姑娘被害后哭着说："这么一来，我连对象都没法找到了。你要是没有对象咱就……"次日晚，当色狼再次去找姑娘要"谈情说爱"时，被早已等在那里的公安人员抓获。

（10）刺。如果遇上色狼手中有凶器，女生仍要沉着，胆大心细，不要慌乱。色狼要行奸，必会脱衣裤，此时可见机行事。有一妇女被持刀色狼相逼，她临危不惧，让色狼先行脱衣，当其高兴动手脱衣时，妇女快速夺刀向色狼身体要害处刺去。

第五节　消防安全教育

消防安全教育是学校安全教育的重要内容，特别是在高校，教室、宿舍人员密集，教学设施、学生宿舍易燃品多，如果发生火灾，就会造成群体伤亡和重大财产损失。因此加强校园消防安全工作，对大学生深入开展消防安全教育尤为重要，只有坚决杜绝火灾事故，才能切实保障师生生命财产安全。

一、火灾概述

（一）火灾的特点

1. 火灾的基本常识

火灾是指在时间上或者空间上失去控制的燃烧而造成的灾害。火给人类带来了文明进步、光明和温暖，但是一旦失去控制也会给人类造成灾难。据联合国"世界火灾统计中心（WFSC）"

统计，近年来在全球范围内，每年发生的火灾就有 600 万~700 万起，每年有 6.5 万~7.5 万人死于火灾，每年的火灾经济损失可达整个社会生产总值（GDP）的 0.2%。我国的火灾损失也逐年呈上升趋势。只有掌握火灾发生的原因及引发火灾发生的条件，才能采取正确的预防和处置措施，有效地防止火灾发生和减少火灾造成的损失。

（1）根据国家统计局颁布的《火灾统计管理规定》，火灾可划分为特大火灾、重大火灾、一般火灾。

特大火灾是指有以下情况之一的：死亡 10 人以上；死亡、重伤 20 人以上；受灾 50 户以上；直接财产损失 100 万元以上。

重大火灾是指有以下情况之一的：死亡 3 人以上；重伤 10 人以上；死亡、重伤 10 人以上；受伤 30 户以上；直接财产损失 30 万元以上。

一般火灾指不具备前两项情况的火灾。

（2）火灾的发展过程。火灾的发展，一般都经过一个火势由小到大、由弱到强、逐步发展的过程。火灾一般经过初起阶段、发展阶段、猛烈阶段、下降熄灭阶段。

①初起阶段。可燃物刚刚达到临界温度燃烧，此时火灾范围小，烟气量不大，不会产生高热量辐射。产生有害气体不大。这是消防扑救的最佳时段。

②发展阶段。如果火势没有得到控制，继续燃烧，温度不断升高，气体对流增强，烟气迅速扩散，火势也难以控制。

③猛烈阶段。燃烧温度、气体对流强度、燃烧的速度均达到峰值，因可燃物不完全燃烧或因高温分解而释放大量刺激性烟气。如有燃爆性气体时会产生爆燃。对被困人员、扑救人员会形成最大的安全威胁，同时对建筑物也会形成毁灭性破坏。

④下降熄灭阶段。因可燃物燃烧将尽、火场温度下降、气体对流减弱，这时火灾呈下降熄灭阶段。

2. 校园火灾的特点

（1）学校具有火灾事故突发、起火原因复杂的特点。学校的内部单位点多面广，设备、物资存储较为分散，生产、生活火源多，用电量大，可燃物特别是易燃物种繁多，稍有疏忽容易发生火灾。

（2）高层建筑多，给火灾预防和扑救工作带来巨大困难。高校扩招、校园扩大、高层建筑增多，形成火灾难防、难救、人员难于疏散的新特点，有的高层建筑还存在消防设备落后、消防投资不足等弊端，这些都给消防安全工作带来了一定难度。

（3）火灾容易造成巨大的财产损失。学校教学、科研、实验仪器设备多，中外文图书资料多，一旦发生火灾，损失惨重。

（4）人员集中、疏散困难，火灾往往造成人员伤亡，社会影响极大。学校人口密度大，集中居住的宿舍公寓多，宿舍公寓内违章生活用电、用火较多，因用火不慎而发生火灾后，火势得不到控制会很快蔓延，如果疏散、逃生不顺利，难免会造成人身伤亡事故的发生。

（二）校园火灾的类型

1. 生活火灾

生活火灾是指学生炊事用火、取暖用火、照明用火、烧水用火以及吸烟、烧火、燃放烟花爆竹等生活娱乐用火造成的火灾。

2. 电器火灾

目前，学生群体拥有大量的电器设备，由于学生宿舍电源插座较少，违章乱拉乱接电源现象严重，引起电器火灾的隐患较多。个别学生购置的电器设备是不合格产品，也是致灾因素。尤其是电热器的使用不当，引发火灾的危险性最大。

3. 自然灾害

自然灾害导致的火灾一般不常见，大致可分为两类：一类是雷击引起的火灾，另一类是物质自燃引起火灾。防止雷击最有效的措施是安装避雷设施设备，并保证避雷设施设备正常运行的良好状态。自燃，是指物质自行燃烧的现象。如黄磷、锌粉、铝粉等燃点低的一类物资，在自然环境的作用下，均可自行燃烧；钾、钠等碱金属遇水即自然燃烧；不干的柴草、煤泥、沾油的化纤、棉纱等大量堆积，经生物作用或氧化作用积聚大量热量，使物质达到自燃点也会自行燃烧。

4. 人为纵火

人为纵火，一种是旨在毁灭证据，逃避罪责或破坏经济建设等多种形式的刑事犯罪分子纵火；另一种是旨在烧毁他人财产或危害他人生命的私仇报复纵火。这两类纵火都是国家严厉打击的犯罪行为。另外，还有无法控制自己行为的精神病人纵火，防范的办法是加强对精神病人的监控。

（三）校园火灾的起因

引发校园火灾事故的原因，归纳起来有以下 8 种。

1. 电器设备老化及超负荷运行引起火灾

一些高校的学生宿舍楼使用年限较长，楼内电线老化，加上原设计负荷载有限，而学校的发展使宿舍人数及电器设备增多，用电量明显增加，用电线路却没能及时更新改造。如果宿舍内有人违章使用电热器具，就会使电线超负荷运行，继而发生跳闸停电、烧毁保险丝等情况，甚至造成火灾事故。

2. 乱接乱拉电源线引起火灾

乱接乱拉临时电源线是学生集体宿舍中较为常见的不安全因素之一。所谓乱拉电线，就是不按照安全用电的有关规定，随便拖拉电线，任意增加用电设备，这样做是很危险的。接线不规范、接头或线径不符合安全用电要求，极易造成短路、负载或电阻过大等而引起电线发热着火，这也是高校中常见的火灾现象之一。

3. 使用电热器具不当引起火灾

大学生中使用电暖气、电炉、热得快、电热水壶、电饭锅、电熨斗等电器的现象普遍存在。由于长时间通电，有时外出忘记关电源，或使用、放置不当，致使电器温度升高而点燃附近的可燃物，这类火灾在大学生宿舍中较为常见。

还应该注意的是，许多同学都买了小型充电宝，以方便随时给手机充电，但个别同学充电时，随意将充电宝放在宿舍的床铺、枕头或书本上，人却离开了，结果因充电时间过长，引起充电宝过热，造成短路，产生火花，引燃床上用品，从而引发火灾。

4. 计算机等高科技设备引发火灾

随着科技与教育事业的发展，现在大学生宿舍中计算机的使用越来越普遍，这一方面不仅提高了大学生运用现代化科技产品的能力，另一方面也为大学生宿舍的消防安全带来了潜在的隐患。

5. 照明灯具太靠近可燃物而引起火灾

学生宿舍一般都安装有明亮的日光灯，基本上能满足学习和生活的需要，但仍有相当一部分大学生喜欢安装床头灯。个别人没有认识到白炽灯泡（特别是较大功率的灯泡）表面温度很高这一事实，用纸做灯罩，有的同学将灯泡靠近衣服或蚊帐，更有甚者用灯泡取暖，将灯泡放在被子里，这种因错误使用白炽灯而引起火灾的事故也时有发生。

6. 点蜡烛、蚊香引起火灾

停电或晚上统一熄灯的学生宿舍，会有个别同学图方便而点上蜡烛，如果不小心碰到或看书睡着了，让明火碰上可燃物，后果就不堪设想。蚊香有很强的燃烧力，点燃后没有火焰，但能持续燃烧，燃烧着的蚊香一旦碰到可燃物也会引起燃烧，从而造成火灾。

7. 学生在实验过程中因操作不慎而引起火灾

大学生，特别是理工、农林、医科类大学生，在实验室进行实验是必不可少的，如果操作不慎，也极易发生火灾。因此，凡是有化学实验室的高校，一定要制定严格的化学药品管理制度和化学实验室用电、消防管理制度。化学实验室的管理人员要经过培训后持证上岗，实验人员要注意防火安全，一切操作都要严格按照安全操作规程来进行。

8. 因吸烟而引起火灾

全国每年因吸烟引起的火灾，占火灾总数的1%左右。虽然烟头的火源很小，但是星星之火可以燎原。烟头的表面温度达300℃，中心温度可达800℃，碰到可燃物极易起火。一些人乱扔未熄灭的烟头，一些人喜欢躺在床上吸烟，一些人会把仍燃烧着的香烟放在一边而去干别的事情，这些都极易引起火灾。

二、火灾的预防与扑救

"预防为主、防消结合"是我国消防工作的基本方针。所谓防是做事故前的工作，防火工作做好了就可以不发生或者少发生火灾事故；所谓消是防的补救措施，是做事故后的工作，消的目的是减少火灾损失和人员伤亡。所以人们常说："隐患险于明火，防范胜于救灾。"只要人们在思想上高度重视，行动上落到实处，就可以有效地预防火灾。

（一）校园火灾的预防

1. 学生宿舍防火

学生宿舍防火安全应做到十不准。
（1）不准私拉乱接电线。
（2）不准卧床吸烟和乱扔烟头。

（3）不准占用、堵塞疏散通道。
（4）不准在楼内焚烧杂物。
（5）不准携带易燃易爆物品入舍。
（6）不准使用"热得快"等电热设备。
（7）不准使用酒精炉等明火器具。
（8）不准擅自变动电源设备。
（9）不准离开宿舍不关电源。
（10）不准损坏灭火器和消防设施。

2. 教室、实验室防火

在教室、实验室时，一定要严格遵守各项安全管理规定、安全操作规程和有关制度。使用仪器设备前，认真检查电源、管线、火源、辅助仪器设备等情况，如放置是否妥当，对操作过程是否清楚等，做好准备工作以后再操作。使用完毕应认真清理。尤其涉及使用易燃易爆危险品时，一定要注意防火安全规定，按照规定一丝不苟地操作，用剩的化学试剂应送规定的安全地点存放。

3. 图书馆防火

图书馆储存的大量图书、报纸、杂志等都是可燃物，而书架、柜子、箱等多为木制品，室内装饰又多为可燃材料，因而火灾危险性较大，是消防安全的重点防火部门。

广大师生员工进入图书馆时，要严格遵守图书馆的有关规定。不得携带易燃易爆物品进入图书馆，图书馆内严禁吸烟或动用明火，不得在图书馆内私自使用各类电热器具。严禁堵塞消防通道、损坏消防设施或将消防设施挪作他用。

4. 树林草坪防火

学校的树林草坪等植被，不仅美化环境，净化空气，还能起到防风固沙、涵养水源、调节气候、维持生态平衡等作用。但是由于杂草多，枯草等地被物以及落到地上的枯枝、残叶、树皮、球果等都可成为引火物。一些树种如油松、侧柏、落叶松、桦树等树皮中含有油脂，大都容易燃烧。一旦发生火灾，很快就会蔓延，而且常常会带来巨大损失。所以在树林草丛，更要注意防火，要遵守有关消防法规，做到不使用明火，严禁做容易引起火灾的游戏；严禁在树林草坪中吸烟；一旦发现火灾隐患要及时向有关部门报告；秋冬季节封山时段及干旱天气尤其要注意防火；严禁燃放孔明灯。

5. 停电时的注意事项

在日常生活中，由于各种原因，屋面经常遇到停电。停电时，由于人员的麻痹大意导致火灾发生的现象也较多。

（1）停电时要及时拔掉插座上的电器，关掉电熨斗、电烤炉、电吹风、电热毯、电视机等电器的电源。

（2）停电时应依靠应急灯或手电来照明，尽量不用明火照明。

（3）使用蜡烛照明时，要远离窗帘、纸张等可燃物品，应将蜡烛稳固放在非燃物品的座基上，同时必须有人看管，人离开时或睡觉前应将火熄灭。

6. 常见安全标志图

禁止吸烟	禁止烟火	禁止用水灭火	禁放易燃物	禁带火种

紧急出口 EXIT	紧急出口 EXIT	滑动开门 SLIDE	滑动开门 SLIDE
推开 PUSH	拉开 PULL	疏散通道方向 DIRECTION OF EVACUATION PASSAGE	疏散通道方向 DIRECTION OF EVACUATION PASSAGE
水泵接合器 WATER PUMP ENGAGEMENT	消防梯 FIRE LADDER	灭火设备方向 DIRECTION OF FIRE EXTINGUISHING EQUIPMENT	手动启动器 MANUAL STARTER
发声警报器 FIRE ALARM	火警电话 FIRE FELEPHONE	灭火设备 FIRE-FIGHTING	灭火器 FIRE
消防水带 FIRE HOSE	地下消火栓 FLUSH FIRE	地上消火栓 POST FIRE	灭火设备方向 DIRECTION OF FIRE EXTINGUISHING EQUIPMENT

（二）校园火灾的扑救

1. 形成火灾的三个条件

可燃物、助燃物（氧化剂）和温度（引火源）是形成火灾的三个必要条件。无论缺少哪个条件，燃烧都不可能发生。但是，并不是上述三个条件同时存在就一定发生燃烧，还必须三个因素相互作用，才能发生燃烧。

（1）可燃物。凡是能够与空气中的氧或其他氧化剂起剧烈化学反应的物质，一般都称为可燃物质。如木材、纸张、汽油、酒精、氢气、钠、镁等。各种物质的燃烧温度不一样，如白磷燃烧所需要的温度很低（34℃），而煤所需的燃烧温度很高（3 652℃）。

（2）助燃物。凡能和可燃物发生反应并引起燃烧的物质，称为助燃物。如空气、氧、氯、过氧化钠等。

（3）着火源。凡能引起可燃物质燃烧的热能源叫着火源。如明火、赤热体、火星、聚焦的日光灯、机械热、雷电、静电、电火花等。

2. 扑救火灾的一般原则

（1）边报警，边扑救。
（2）先控制，后灭火。
（3）先救人，后救物。
（4）防中毒，防窒息。
（5）莫惊慌，听指挥。

3. 初期火灾的扑救基本方法

灭火是为了破坏已经产生的燃烧条件，只要有效地去掉任何一个条件，火即可熄灭。根据这个原理，人们从灭火斗争实践中总结出以下几种基本的灭火方法。只要全面了解并掌握了这些方法，就可以结合实际情况创造出多种多样而行之有效的灭火方法，在救火、灭火时发挥重要作用。

（1）隔离法。将着火地方或物件与周围可燃物隔离或移开，没有可燃物，燃烧就会中止。
①将燃烧点附近可能成为火势蔓延的可燃物质迅速搬走。
②关闭有关阀门、切断电源、中止和减少可燃物质进入燃烧区域。
③打开有关阀门，将已经燃烧的容器或受到火势威胁的容器中的可燃物质通过管道转移到安全地带。

（2）冷却法。冷却的主要办法是喷水或将灭火剂直接喷射到燃烧物上，以降低燃烧物的温度。当燃烧物的温度降低到该物的燃点以下时，燃烧就会停止。或者将灭火剂喷洒在火源附近的可燃物上，使其温度迅速降低，以防止辐射热的影响而再次起火。冷却法是灭火的主要方法，主要用水和二氧化碳来冷却降温。但必须注意，禁忌用水的物质和部位切不可用水扑救。

（3）窒息法。窒息法是一种简易常用的灭火应急方法，其原理是阻止空气流入燃烧区或用不易燃烧的物质冲淡空气，使燃烧物得不到足够的氧气而熄灭。实际运用时，如用石棉毯、湿棉被、沙土、泡沫等一时不易燃烧的物质迅速覆盖在燃烧物上；用水蒸气或二氧化碳等惰性气体灌注容器设备；用沙土覆盖燃烧物或封闭起火的建筑设备的门窗、孔洞等。应该注意的是，运用窒息法灭火，要动作快捷，当火苗压住以后，应该检查火源是否彻底熄灭，如有余烬，应补以其他灭火措施，以防止覆盖物未能到位而引燃更大的火种。窒息法在容器失火时使用较为有效，如油锅着火，只要立即盖上锅盖，火就可熄灭。

（4）抑制法。这种方法是用含氟、溴的化学灭火剂喷向火焰，让灭火剂参与到燃烧反应中去，使燃烧链反应中断，以达到灭火的目的。

（三）常见灭火器的使用

1. 灭火器的种类

目前，常见的灭火器有三种：干粉灭火器、二氧化碳灭火器和卤代烷型灭火器。其中卤代烷型灭火器由于对环境保护有影响已不提倡使用。

2. 灭火器的使用方法

（1）干粉灭火器的使用方法。干粉灭火器主要适用于扑救各种易燃、可燃液体和气体火灾，以及电气设备火灾。

①右手握着压把,左手托着灭火器底部,轻轻取下灭火器。

②除掉铅封。

③拔掉保险销。

④左手握着喷管,右手提着压把。

⑤在距火源两米左右的地方,右手用力压下压把,左手拿着喷管左右摆动,喷射干粉覆盖燃烧区。

(2)泡沫灭火器的使用方法。泡沫灭火器主要适用于扑救各种油类火灾和木材、纤维、橡胶等固体可燃物火灾。

①右手握着压把,左手托着灭火器底部,轻轻取下灭火器。

②右手提着灭火器到现场。

③右手捂住喷嘴,左手执筒底边缘。

④把灭火器颠倒过来呈垂直状态,用力上下晃动几下,然后放开喷嘴。

⑤右手抓筒耳,左手抓筒底边缘,把喷嘴朝向燃烧区,站在离火源八米左右的地方喷射,并不断前进,兜围着火焰喷射,直至把火扑灭。

(3)二氧化碳灭火器的使用方法。二氧化碳灭火器主要适用于各种易燃、可燃液体和气体火灾,还可扑救仪器仪表、图书档案、工艺器和低压电气设备等初起阶段的火灾。

①右手握住压把。

②除掉铅封。

③拔掉保险销。

④站在距火源两米左右的地方,尽量在上风处,左手拿着喇叭筒,右手用力压下压把。

(4)推车式干粉灭火器的使用方法。推车式干粉灭火器主要适用于扑救易燃液体、可燃气体和电器设备初起阶段的火灾。这种灭火器移动方便、操作简单、灭火效果好。

①把干粉车拉或推到现场。

②右手握着喷粉枪,左手顺势展开喷粉胶管,直至平直,不能弯折或打圈。

③除掉铅封,拔掉保险销。

④用手掌使劲按下供气阀门。

⑤左手把持喷粉枪管托,右手把持枪把,用手指扳动喷粉开关,对准火焰喷射,不断靠前并左右摆动喷粉枪,把干粉笼罩在燃烧区,直至把火扑灭。

三、火场逃生自救

案例

2008年,深圳市龙岗区某街道俱乐部发生一起特大火灾,经龙岗区消防部门全力扑救火灾很快被扑灭,事故共造成43人死亡,87人受伤,其中51人需住院治疗。当第一批消防队员赶到歌舞厅时,发现有的人坐在沙发上,有的趴在地上,毫发未损,还以为他们还活着,走近一看,却已经死亡。

据深圳市公安局龙岗分局队长分析，死者主要死于一氧化碳和氰化物中毒，俱乐部屋顶的装修材料聚氨酯隔音棉燃烧产生毒气，人吸入过量有害毒烟气窒息而死。在这面积不大的地方倒下40余人，还有的人在四处寻找出路时死在过道上，真是惨不忍睹。

（资料来源：作者根据相关资料整理）

点评

消防专家分析，俱乐部火灾之所以会在短时间内造成大量人员伤亡，主要有五个方面的原因。一是场内人员高度聚集。700多平方米的大厅，内设92个小方桌，14个卡座，但大厅内聚集了近500人。二是火势发展迅猛超出想象。演员使用道具枪15秒后发现起火，30秒后火势迅猛蔓延，浓烟迅速笼罩整个大厅，1分钟后全场断电。三是烟雾浓、毒性大。俱乐部采用了大量吸音海绵装修，海绵属于聚氨酯合成材料，燃点低、发烟大，燃烧产物毒性强。海绵燃烧后生成大量的二氧化碳、一氧化碳、氰化氢、甲醛等烟雾，给火场被困人员造成了致命的灾难。消防专家称，当空气中的氰化氢浓度达到万分之二点七时，足以让人立即死亡；当空气中的一氧化碳浓度达到百分之一时，可以让人在一分钟内死亡。四是组织疏散混乱。火灾发生后，在很短的时间内现场即陷入一片漆黑。人群极度恐慌，又缺乏有组织的人员疏散引导，加上酒吧大厅吧台桌椅设置密集，几百名顾客同时涌向主出入口正门，造成了严重的拥挤和踩踏。五是消费人员缺乏自救逃生知识。据了解，许多顾客发现冒烟之后，仍在观望，没有立即撤离场所。当场内浓烟弥漫后，也没有采取湿布捂住口鼻等自救措施。同时，由于不熟悉消防通道位置，许多顾客只知道走正门通道楼梯，仅有少数人从其他消防安全出口逃生。在这次事故中，俱乐部工作人员由于熟悉逃生通道位置，100多名员工无一死亡。有幸存者因使用啤酒淋湿衣衫捂鼻最终获救。有幸存者跑进厕所，紧闭厕所门，阻止了浓烟侵入，最终获救；有幸存者迅速躲进一间包房，拽掉墙上的空调管子，通过孔洞使室外新鲜空气进入得以幸存；另有几个人打破窗户呼叫救援，最终通过消防云梯和救生绳获救，可见掌握火场逃生技巧的重要性。

（一）安全疏散

安全疏散是指发生火灾时在火灾初期阶段，建筑物内所有人员及时撤离，到达安全地点的过程。果断指挥和正确的疏散方法，能减少人员伤亡及财产损失。应急疏散应坚持以下原则。

1. 先疏散人员，后疏散物资

人的生命是最宝贵的，当人受到火灾威胁的时候，首先疏散人员，然后疏散物资，现场工作人员要打开一切能够通向室外的安全通道，要快捷引导受困人员从疏散通道和安全出口迅速撤离，严防出现聚堆、拥挤，甚至相互踩踏现象，造成通道堵塞和发生不必要的人员伤亡。

2. 疏散物资，必须坚持"先重点，后一般"原则

现场如有易燃易爆物品，要迅速将其搬到安全区域，并派专人看管。

3. 合理选择疏散路线

发生火灾时应选择离安全出口、疏散楼梯最近的路线，一般是沿疏散指示标志所指向的方向疏散，但应考虑着火层的位置。着火房间附近房间的人应向着火相反的方向疏散。一般先考

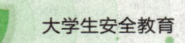

虑向地面疏散，因疏散到地面是最安全的，但也要考虑通向地面的通道万一被封堵，也可以向楼顶疏散，设有避难间避难层的高层建筑，可考虑向避难间避难层疏散。

4. 应急疏散工作必须在应急指挥部的统一指挥下，各司其职，紧张有序进行

在指挥部和行动成员未到来之前，现场职务最高的工作人员担任临时指挥，在现场人员均无职务的情况下，义务消防员担任临时指挥，临时指挥有权做出一切有利于安全疏散的决定。

（二）火灾逃离的方法

1. 应对突发火灾的基本方法

（1）扑灭小火，防止火势蔓延。当发生火灾时，如果火势并不大，尚未对人身造成很大威胁时，应迅速利用就近的消防器材，或采取行之有效的灭火方式进行灭火，同时呼叫就近人员支持，千万不能惊慌失措，乱叫乱跑，置之不顾而酿成大火。

（2）突遇大火，坚持做到"三要""三不"原则。

①"三要"，即a."要"保持头脑冷静，迅速采取果断措施保护自己和别人的安全，如果惊慌失措，就可能出现错误行动，延误逃生的宝贵时间，如把拉门当推门，把墙当门推，甚至会出现盲目跳楼的情况。b."要"注意防护避烟毒。在火灾事故中，最大的杀手并非大火本身，而是大火所产生的大量有毒成分如一氧化碳、二氧化硫等。据资料表明，火灾致死亡人数80%是由于烟毒引起的，因此逃生时要加强个人防护，防止和减少烟气的吸入。应该用湿毛巾捂住口鼻，防止吸入有毒气体，用水浸湿地毯、被单等包裹好身体，将身体贴近地面而通过火焰区。如果处的环境逃生困难时，那么防烟楼梯及前室阳台可以作为临时避难场所。c."要"熟悉自己所在的环境。平时要留心各处的疏散通道、安全出口及楼梯方位等，当突发火灾时便可以找到通道，尽快逃离现场。

②"三不"，即a."不"乘普通电梯。发现火灾后，人们为了阻止大火沿着电气线路蔓延开来，都会拉闸停电。有时候，大火会将电线烧断。如果乘坐普通电梯逃生，遇上停电就麻烦了，既上不去，又下不来，无异于将自己困在"囚笼"里。b."不"轻易跳楼。跳楼求生的风险极大，弄不好往往不是死就是伤，不可轻取。即使在万般无奈之际出此下策，也要讲究方法。首先，应该向楼下抛掷棉被或床垫，以便身体着落时不直接与硬的水泥或者石头路面相撞，减少受伤的可能性。然后，双手应抓住窗沿，身体下垂，双脚落地跳下，缩小与地面的落差。c."不"贪恋财物。火灾来势极快，10分钟后便可进入猛烈的阶段。因此，消防专家警告，遇上火灾时，必须迅速疏散逃生，千万别为穿衣或寻找贵重物品而浪费时间，因为任何珍宝都比不上生命更为珍贵。更不要在已经逃离火场后，为了财物而重返火口，到最后只能是人财两空，自取灭亡。

2. 典型场所火灾逃生方法

（1）平房火灾的逃生方法。

①如果睡觉时被烟呛醒，应迅速下床俯身冲出房间，不要等穿好衣服才往外跑，此刻时间就是生命。

②如果被烟火围困在屋内，应用水浸泡毯子或被褥将其披在身上，尤其要包好头部，用湿毛巾捂住口鼻再往外冲。

③不要趴在床下、桌下或钻到壁橱里躲藏，不要为了抢救家中贵重物品而冒险返回还在燃

烧的房间。

（2）单元式住宅火灾的逃生方法。

①利用门窗逃生。把被子、毛毯或褥子用水淋湿裹住身体，用绳索（可用床单、窗帘撕成布条代替）一端系于门、窗、管道或其他牢靠的固定物体上，另一端系于老人、小孩的两肋和腹部，将其沿窗放至地面，其他人可沿绳滑下。

②利用阳台逃生。相邻单元的阳台相互连通的，可打破分隔物，进入另一单元逃生。无连通阳台但阳台相距较近时，可将室内床板或门板置于阳台之间，搭桥通过。

③利用空间逃生。室内空间较大而可燃物较少时，可将室内可燃物清除干净，同时清除相连室内的可燃物，紧闭与燃烧区相通的门窗，以防止烟和有毒气体进入，等待救援。

④利用时间差逃生。火势封闭通道时，人员应先疏散至离火势最远的房间内，然后争取时间以准备逃生器具，再利用门窗，安全逃生。

⑤利用管道逃生。房间外墙壁上有落水管或供水管道时，有能力的人可以利用管道逃生。这种方法一般不适用于妇女、老人和儿童。

（3）高层建筑火灾的逃生方法。高层建筑发生火灾后的特点是火势蔓延速度快，火灾扑救难度大，人员疏散困难。在高层建筑火灾中被困人员的逃生自救可以采用以下几种方法。

①尽量利用建筑内部设施逃生。利用消防电梯、防烟楼梯、普通楼梯、封闭楼梯、观景楼梯进行逃生；利用阳台、避难层、室内设置的缓降器、救生袋、安全绳等进行逃生。

②根据火场广播逃生。高层建筑一般装有火场广播系统，当某一楼层或楼层的某一部位起火且火势已经蔓延时，不可惊慌失措盲目行动，而应注意听火场广播和救援人员的疏导信号，从而选择合适的疏散路线和方法。

③自救、互救逃生。利用各楼层存放的消防器材扑救初起火灾。充分利用身边物品自救逃生，如床单、窗帘等。对老、弱、病残、孕妇、儿童及不熟悉环境的人要引导疏散，共同逃生。

（4）公交车发生火灾的逃生方法。

①保持冷静，积极自救逃生。公交车着火有个最大的特点就是火势蔓延特别迅猛，往往在数秒内就席卷全车，封住车门，稍有犹豫就丧失逃生良机。如果赶上上下班高峰期，车厢内人都挤得满满当当，发生火灾就更为可怕，这时只有积极自救方可逃生。当公共汽车发生火灾时最怕的就是大家乱了阵脚，如果每个人都想挤着先下车，反而会在慌乱中错失机会，这个时候要特别的冷静、果断。寻找最近的出路，比如门、窗等，找到出路立即以最快速度离开。

②疏散人群，远离易燃易爆区。司乘人员在火灾发生时应将车辆驶往人烟稀少的位置，将乘客迅速疏导到安全地点。如果公交车是在加油站等容易发生爆炸的场所起火，司乘人员应立即将车驶离，以免造成重大事故。

3. 火灾逃生的心理误区

发生火灾时，最重要的就是找到正确的逃生方式，为什么有的人能够临危不惧，顺利躲过劫难，重获新生？而有的人急于生还，想一步逐出死亡地带，结果却适得其反。所以，除平时要学习一些自防自救常识外，还要克服逃生中的某些心理误区。

（1）原路脱险。因为大多数建筑物内道路出口一般不为人们所熟悉，一旦发生火灾，人们总是习惯沿着进来的出入口和楼道逃生，发现此路被封死时，才被迫去寻找其他出入口。殊不知，此时也许已失去最佳逃生机会。因此，当进入一个新的大楼或宾馆时，一定要对周围的环境和出入口进行必要的了解与熟悉，以备不测。

（2）向光朝亮。在紧急危险情况下，由于人的本能、生理、心理所决定，人们总是向着有光、明亮的方向逃生。但是，这时的火场中，90%的可能是电源已被切断或已造成短路、跳闸等，光亮之地正是火魔肆无忌惮的逞威之处。

（3）盲目追随。当人的生命突然面临危险状态时，极易因惊慌失措而失去正常的判断能力，当听到或看到有人在前面跑动时，第一反应就是紧紧地追随，而不管是否有出口。常见的盲目追随行为模式有跳窗、跳楼，逃（躲）进厕所、浴室、门角等。克服盲目追随的方法是平时要多了解与掌握消防自救与逃生知识。

（4）惯性思维。当高楼大厦发生火灾，特别是高层建筑一旦失火，人们总是习惯性地认为火是从下面往上着的，越高越危险，越低越安全，只有尽快逃到一层，跑出室外，才有生的希望。殊不知，这时的下层可能是一片火海，盲目地朝楼下逃生，是自投火海。随着消防装备现代化水平的不断提高，在发生火灾时，如向下无路可逃时，有条件的可登上房顶或在房间内采取有效的防烟、防火措施后等待救援。这种习惯心理还表现在，发生火灾时人们只会朝经常使用的出入口和楼梯疏散，即使那里已挤成一团，还是争相夺路不肯离去。

（5）惊慌心理。人们在开始发现火灾时，会作出第一反应。这时的反应大多是比较理智的分析与判断。但是，当选择的逃生路线失败，而逃生之路又被大火封死时，面对越来越大的火势、越来越浓的烟雾，人们就容易失去理智。但此时也不要轻易做出跳楼、跳窗等危险举动，要考虑所在楼房位置的安全高度和楼下场地安全情况，要考虑是否有可靠的下楼安全保护措施；当然，最好还是要另找出路，或采取其他办法避险待援。

第三章 交通安全篇

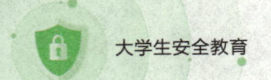

第一节　常见交通事故及其特点

> **案例**
>
> 2020年7月某日下午，粤赣高速发生一起严重交通事故。一辆载着某高等学校35名赴河源支教学子及两名教师的大客车，在雨天中不慎与高速公路的护栏发生碰撞，造成大客车侧翻，18名大学生在事故中不同程度受伤，其中9人重伤。
>
> （资料来源：作者根据相关资料整理）
>
> **点评**
>
> 车祸猛于虎。每一次车祸的发生，总是伴随着人员的伤亡和财产的损失。作为社会骄子及国家栋梁之材的大学生，因自身、交通设备环境及肇事者等原因在交通事故中受到伤害或是造成死亡，实在令人惋惜。大学生需要时时注意交通安全，加强安全意识，遵守安全交通规则，不搭乘无牌无证的面包车、摩托车等，不酒后驾车。

当前我国的交通事故频发，交通安全问题已经成为我国一个非常突出的安全问题，应引起每一位大学生的高度重视。

一、交通事故概述

交通事故已成为"世界第一大杀手"，而中国是世界上交通事故死亡人数最多的国家之一。据公安部交通管理局通报，2021年，全国共发生道路交通事故211 074起，造成61 703人死亡，而酒后驾车是导致交通事故的罪魁祸首之一。

高校大学生作为社会的组成部分，同样不可避免地受到了交通事故的困扰。近年来，在大学生周围发生的交通事故数量一直保持着上升趋势，其中由于学生自己不遵守交通法规而发生的交通事故占了相当的比例，这不仅给学生个人及家庭带来灾难，对国家来说也是巨大的损失。

（一）交通事故的定义

《中华人民共和国道路交通安全法》第一百一十九条规定，交通事故是指车辆在道路上因过错或者意外造成的人身伤亡或者财产损失的事件。

这里的"车辆"，是指机动车和非机动车。所谓"机动车"，是指以动力装置驱动或者牵引，上道路行驶的供人员乘用或者用于运送物品及进行工程专项作业的轮式车辆。所谓"非机动车"，是指以人力或者畜力驱动，上道路行驶的交通工具及虽有动力装置驱动但设计最高时速、空车质量、外形尺寸符合有关国家标准的残疾人机动轮椅车、电动自行车等交通工具。"道路"是指公路、城市道路和虽在单位管辖范围但允许社会机动车通行的地方，包括广场、公共停车场等用于公众通行的场所。

在交通事故中，责任人主观上必须表现为非故意，即是因过错或过失导致事故发生。如果行为人出于故意伤害他人或者造成他人财产损失的目的,则该行为已超出了交通事故法律、法规所调整的范畴,属于其他违法行为。

过失是指行为人应当预见到其行为可能会发生危害结果,因粗心大意没有预见,或者虽预见但轻信能够避免,以致发生了交通事故。如果行为人没有过失,但其行为造成了一定损害,在某些情形下也要承担一定责任。因为车辆驾驶人,尤其是机动车驾驶人驾驶车辆具有高度危险性,根据《中华人民共和国民法通则》等法律、法规的规定,对这些具有高度危险性的行为实行无过错责任原则,所以车辆驾驶人或所有人即使没有过错也要承担一定的责任。

(二)交通事故分类

交通事故通常划分为轻微事故、一般事故、重大事故和特大事故四类。

(1)轻微事故。轻微事故是指一次造成轻伤1~2人,或者财产损失机动车事故不足1 000元,非机动车事故不足200元的事故。

(2)一般事故。一般事故是指一次造成重伤1~2人,或者轻伤3人以上,或者财产损失不足3万元的事故。

(3)重大事故。重大事故是指一次造成死亡1~2人,或者重伤3~10人,或者财产损失3万~6万元的事故。

(4)特大事故。特大事故是指一次造成死亡3人以上;或者重伤11人以上;或者死亡1人,同时重伤8人以上;或者死亡2人,同时重伤5人以上;或者财产损失6万元以上的事故。

二、大学生发生交通事故的主要类型

近年来,随着经济发展,有车族越来越多,而道路建设的速度跟不上车辆的增长,造成交通事故及交通堵塞问题日趋严重,而大学生交通事故的发生率也呈不断上升趋势。大学生在校园内外发生的交通事故类型主要有以下几种。

(一)行走时被撞

1. 在正常行走时被撞

学生在绿灯放行的情况下步行通过人行横道,被闯红灯的汽车撞伤、撞死;学生在车站站台候车,被酒后驾车者撞伤、撞死;学生在校园人行道上行走,被违章汽车撞伤、撞死;等等。

2. 行人违反交通规则时被撞

很多学生交通安全意识淡薄,不看红绿灯横穿马路;过马路不走斑马线;在交通拥挤的道路中间逗留、戏耍;等等。

3. 行人被非机动车撞伤

这种情况大多数发生在校园内,如被骑自行车的人撞伤,而肇事者大多数也是大学生。现在很多高校地广人多,宿舍离教室较远,在校园内自行车很受大学生欢迎。时常有自行车事故发生,受伤者和肇事者都是学生。有的大学生认为校园内没有红绿灯,可以不分上、下行道,可以骑快车。有的明知自己的自行车刹车不好,却自认为控制得住,结果发生了交通事故。

学生在校内行走时要做到眼观六路，尽量靠马路边上行走，在上坡或拐弯处多驻足观看。不管是在校内还是在校外，学生在步行或骑自行车穿过马路时，一定要驻足观望马路两头车辆的过往情况，走行人专用通道，严格按指示灯或现场交警的指挥通行。

（二）自驾车时与其他交通工具相碰撞

被撞伤、撞死的大学生，有的是其本身违反交通规则，要承担一定的责任；有的是机动车驾驶员违章驾驶造成的，如学生在非机动车道路上正常骑自行车，被后面违章驶入非机动车道的汽车撞到。

大学生违章驾驶机动车发生交通事故致伤、致死是近年来出现的新情况。

有的学生醉酒后驾车，致使车辆翻到沟里或路边，造成驾驶人和乘车人死伤。还有的学生无证驾驶无牌照摩托车，或后座上带人飙车，又或因驾驶技术不佳、违章，致使事故发生，造成乘车人死伤。

大学生在学习车辆驾驶时，首先要认真学习交通法规、认识相关交通标志；其次要熟练掌握驾驶技术，学会应急处理。最重要的是，任何时候都不要违章驾驶。

（三）乘坐交通工具时发生事故致伤、致死

大学生因乘坐公交车、面包车、轿车等交通工具发生的交通事故屡见不鲜。有时甚至造成群死、群伤事件，教训十分惨重。

三、交通事故的特点

（一）突发性强

由于交通事故发生过程中驾驶员从信息感知、器官感知到危险情况到交通事故的发生，经历的时间极为短暂，往往短于驾驶员的反应时间与采取相应措施所需的时间之和，这使得交通事故的发生表现出突发性的鲜明特点，给人的感觉就是一瞬间。

（二）发生率高

从世界范围来看，几乎每时每刻都在发生道路交通事故。

（三）连锁性强

车祸危害具有很强的连锁性，不仅车辆本身可能车毁人亡，还可能殃及四邻，祸及无辜。随着我国公路质量的逐步改善，特别是高速公路建设的飞速发展，行车速度越来越快。因此，多车相撞的恶性交通事故越来越多。

（四）伤亡人员多

全世界每年平均 1 万人中就有 1 人死于车祸，每 1 000 辆汽车中就有 1 辆撞人致死。据估算，进入 21 世纪以来，世界每年因车祸死亡的人数达 100 万人，伤残数达 3 000 万人。因此，大学生加强对交通安全的防范意识显得非常重要。

（五）救援难度大

1. 救援车辆受阻

车祸发生后，往往会引起人员围观和交通阻塞，造成交通秩序混乱，甚至可能因此而引发新的车祸。这些情况都直接影响到抢救力量的快速行动和投入。

2. 险情隐患突出

车祸发生后，往往会潜藏多种险情隐患，如车体内的油箱、机具及车载危险品都可能发生爆炸而再生灾祸，稍有不慎都可能危及伤员和抢救人员的生命安全。

3. 次生灾害多

汽车相撞所造成的交通事故，常伴随火灾事故的发生。装载危险化学品的车辆一旦发生交通事故，可能导致大量有毒有害物质外泄，造成更多的人员伤亡，并严重污染生态环境。

鉴于以上特点，一旦发生交通事故，后果严重。大学生需要提高警惕，遵守交通规则，安全驾驶，不要拿自己和他人的生命开玩笑。

第二节　发生交通事故的原因分析

案例

2021年12月13日22时许，暮色中的槐安路行人稀少。石家庄某学院大三学生康某和兼职公司同事田某骑车准备返回住处。半个多小时前，两人刚在某大学内完成了招聘店长的工作。一路上，两个年轻人有说有笑，不知不觉中便来到了槐安路与南长街附近的地道桥。"加把劲儿，马上就上桥了！"骑在前面的田某话音刚落，一声刺耳的撞击声便从身后传来。田某被从后方驶来的轿车撞倒在地，等他爬起来时，康某已经没了踪影，地面上散落着康某背包里的物品和一只鞋。"人呢？"田某忍着疼痛向前奔跑。

"我跑到前面时，看到还有几辆轿车也被撞了。"田某说，他在每辆车的前前后后甚至连车底都找了一遍，都没有发现康某。田某再次跑回事发地，经过几番寻找，终于在水泥护栏的北侧找到康某，此时的康某已经完全失去了意识。

2021年12月14日凌晨1时许，医生宣布抢救无效，康某年轻的生命至此画上了句号。

（资料来源：作者根据相关资料整理）

点评

近年来，随着高校办学规模的不断扩大和师生生活水平的提高，高校内机动车数量明显增加。校园周边机动车和非机动车车辆密集，行人、自行车、机动车争道问题严重。而交通安全意识淡薄、交通标志欠缺、交通管理空白、外来车辆漠视校园规章制度等交通问题依然突出，造成师生交通安全事故增多，轻者受伤，重者死亡。

大量的事实表明，目前我国正处在交通事故多发的高峰期。发生交通事故的原因十分复杂，是人、车、路、环境、管理和法制等多种因素共同作用的结果。

进一步分析大学生发生交通事故的原因，可以归纳为人为因素、车辆因素、道路因素、环境因素四个方面。

一、人为因素

（一）思想麻痹，安全意识淡薄

许多大学生刚刚离开父母和家庭，缺乏社会生活经验，交通安全意识比较淡薄，主要表现形式有以下3种。

（1）注意力不集中。表现为边走路边看书，或边听音乐，又或左顾右盼，心不在焉。

（2）在路上进行球类活动。大学生精力旺盛、活泼好动，即使在路上行走也是蹦蹦跳跳、嬉戏打闹，甚至有时还在路上进行球类活动，更容易发生交通事故。

（3）骑车快。一般高校校园面积都比较大，宿舍与教学楼、图书馆之间的距离比较远，许多大学生购买了自行车，夜间或下课时骑着自行车在人海中穿行。部分学生自认为骑车技术高超，甚至骑着自行车与汽车比快，殊不知就此埋下了祸根。

（二）缺乏交通安全知识

许多大学生只注重学习学校规定需要考试的几门课程，很少主动学习交通安全知识，甚至有的同学连基本的交通安全常识都不了解。学校方面也没有专门将交通安全方面的课程列入正常的教学计划中，大学生只能被动地从校保卫部门的提醒中获得这方面的知识。

大学生应从自身主观因素上下功夫，主动学习交通安全知识，自觉遵守交通法规，尽可能地预防和避免交通事故的发生。

（三）遵守交通规则的自觉性差

有些大学生在日常的学习和生活中没有养成良好的自觉遵守法律、法规的习惯，自制能力和自觉性较差，无视交通信号和交通警察指挥而经常做出横穿马路，不走人行横道线、人行道，在校园内道路上踢球、拍球、嬉笑打闹，在马路上边走边聊天等违反交通法规的事情。

（四）驾驶人员操控不当

因驾驶员操作不当引发的道路交通事故所占比例最高。这些因素包括违章操作（下坡发动机熄火、刹车长时间处于制动状态）、酒后驾车、无证驾驶、违章超车、强行并线、载货超宽、超重、超高等。而不少初持驾照者在没有完全掌握交通安全知识的情况下就上路，成为诱发交通事故的又一大因素，被称为"马路杀手"。由于大学生往往是新手，驾驶经验明显不足，遇到紧急情况时往往惊慌失措，导致操控不当，容易引发交通事故。

二、车辆因素

车辆是现代道路交通中的主要元素，车辆状况的好坏直接影响着道路交通的安全。在机动车行驶过程中制动系统、转向系统、行驶系统和电气系统中的某一个构件失效或性能不良均可造成交通事故，因车辆原因导致的交通事故又称为机械事故。

车辆造成事故的原因主要是车辆性能差、机件失灵。每年全国因机动车机件故障发生交通死亡事故次数约占全部死亡事故数量的2%以上。

三、道路因素

道路因素主要表现在道路设施不完善或年久失修，道路两侧的山体发生滑坡、塌方、落石、泥石流等掩埋道路，甚至冲毁桥梁堵塞隧道，混合交通、平面交叉、标志不全、路面障碍、道路不符合标准、洪水直接冲毁路基和桥梁墩台等，也是导致交通事故的重要因素。

四、环境因素

环境因素主要指气象条件和道路环境，如狂风、暴雨、大雪、浓雾及昼夜差别、地理环境、社会环境、交通秩序等。

第三节 对交通事故的预防及现场处置

> **案例**
>
> 2022年2月5日，在305国道庄河段某公交车站处发生一起交通事故，两名女大学生被撞，其中一名伤势严重，送往医院后经抢救无效死亡，肇事车辆逃逸。
>
> 事故发生后，经过近一周的调查取证，综合了大量警力调查得到了线索。最终锁定并控制了肇事司机房某，在大量的证据面前，房某不得不向民警供认了自己酒后驾车肇事逃逸的事实。
>
> （资料来源：作者根据相关资料整理）
>
> **点评**
>
> 酒精是个隐形杀手，醉酒后驾驶就成为悲剧的开始。醉酒的人在行驶过程中一般交通意识较为淡薄，视线模糊，稍有不慎就会造成车祸人亡，带来严重的后果。

为保证自身和他人的生命财产安全，大学生应该在平时的学习、生活中，注意学习和掌握交通事故的预防知识，掌握一定的现场处理常识。

一、大学生常见交通事故的预防

（一）从高校的角度

1. 广泛开展交通安全知识的宣传教育

学校应安排一定课时的交通安全讲座和选修课程，同交警部门一起宣讲交通法律知识和安全知识，提高学生知法、守法的自觉性。同时设立交通安全宣传栏，利用广播、网络等传播交通安全知识，广泛开展交通安全宣传教育活动。

要广泛动员、教育全体教职员工进一步增强工作责任感和自觉性，以教育学生、提醒学生和帮助学生为己任。加强与交警的协调联动，完善对学生的教育和宣传等源头管理机制。

2. 完善学校周边道路的交通安全设施，加强秩序管理

交警部门要结合师生出行的习惯和特点，全面排查学校周边地区的交通安全隐患点，及时联合有关部门制订整改方案，从以下方面入手，认真加以解决。

（1）针对师生出行规律，合理调配警力，特别是要对校园周边路段的堵点、乱点、事故多发点、人流、车流高峰时段采取定点、定岗措施，加强交通管控力度。

（2）联合相关职能部门从严查处学校周边地区从事非法营运的车辆。

（3）组织学生志愿者上路维护校园交通秩序、劝导交通违法行为等形式，落实长效管理措施。

（4）将校方就师生出行问题提出的专门方案及时向当地党委、政府做专题汇报，在党委、政府的统一领导下加以落实。

（二）从大学生自身的角度

1. 增强交通安全意识

由于机动车驾驶员的违法行为，造成大学生无辜被撞伤、撞死的事故屡屡发生，这样的教训是十分惨痛的。因此，大学生必须增强自我保护意识，警惕和防止由于他人的过失对自己造成的伤害。

出行时要集中精力，不仅要瞻前，而且要顾后，眼观六路，耳听八方；发现违章车辆向自己驶来时要主动避让，防止伤害到自己；开车不超速，与前车保持安全距离；遇到路况复杂、天气不好时，要处处加以小心并及时避让，以免受到意外伤害。

2. 掌握基本的交通安全知识

要了解道路通行条件中的交通信号灯、交通标志、交警指挥手势的含义；要了解道路通行中的一般规定，包括机动车、非机动车、行人和乘车人的通行规定及高速公路的特别规定；要了解交通事故处理中保护现场、抢救受伤人员、报警、交通事故的调解和诉讼及向保险公司理赔等方面的知识。

3. 认真遵守交通法规

增强交通安全意识，掌握基本的交通安全常识，落实到具体行为中就是要自觉遵守交通法规。只有自觉遵守交通法规，才会少发生或不发生交通事故。相反，如果不遵守交通法规，存有侥幸心理，甚至明知故犯，如违章驾驶、骑车带人、逆行、闯红灯、行人过马路不走人行横道和过街天桥等，就非常容易发生交通事故。

（1）人在道路上行走时，应走人行道，无人行道时靠右边行走。不与机动车抢道，不横穿马路、翻越护栏，过街走人行横道；不闯红灯，不进入标有"禁止行人通行""危险"等标志的地方。

（2）骑车出行前要先检查一下车况是否良好，保证没有问题后方可上路。自行车应在非机

动车道内行驶，遇到没有划分车道的地方要靠右边行驶。通过路口时要严格遵守信号指示，停车不要越过停车线。不要绕过信号行驶，不要骑车逆行，不要手离车把骑车。不攀附其他车辆，不在人行便道上骑车。在横穿4条以上机动车道或中途车闸失效时，须下车推行。骑车转弯时要伸手示意，不要强行猛拐。

（3）乘坐市内公共交通工具时要等车停稳后才依次上下车，不挤不抢，车辆行驶中不得把身体伸出窗外。乘坐长途客车、中巴车时不能贪图便宜乘坐车况不好的车，不得乘坐"黑巴""摩的"，因为这些车辆缺乏安全保障。乘坐火车、轮船、飞机时必须遵守车站、码头和机场的各项安全管理规定，不准携带易燃、易爆等危险品。

（4）注意行走与运动安全。很多学生养成了边走路边看书或戴耳机的习惯，有些学生喜欢在非运动场所，比如校道上进行一些如带球跑、打排球、羽毛球的体育活动，还有些学生喜欢在校园里骑飞车，殊不知许多校园交通事故正是发生在这样的不经意之间。学生要从保护自身安全的角度出发，在走路时不看书，不戴耳机；经过路口、弯道时注意力要集中，尤其要多留意过往车辆；不要在校道上进行体育活动，更不要在道路上追逐打闹，避免机动车辆给人们带来不必要的伤害。

二、发生交通事故的现场处置

在道路交通事故发生后，如果受到伤害，不论轻重都应在力所能及的情况下，尽量采取一些必要的应急措施，以减轻损伤。事故发生后的主要应急措施有以下几点。

（一）及时报案

无论是在校外还是在校内，一旦发生交通事故后，大学生首先应想到的是及时报案，千万不能与肇事者"私了"。若在校外发生交通事故，除及时报案外，大学生还应该及时与学校取得联系，由学校出面处理有关事宜。

（二）现场自救和互救

如果有人员受伤，应立即采取必要的自救措施。伤者如果出血量达到人体血液量的1/3时就会有生命危险，所以应尽快采取止血措施。此外，如头部或腰部被撞伤，在救护车辆到达之前伤者应尽量避免身体活动。

（三）认清肇事者和肇事车辆

一定要确认肇事者及肇事车辆，可根据驾驶证确认驾驶人的姓名、住址进一步搞清其工作单位、居住地点及电话号码。如果驾驶车辆的肇事者拒绝出示驾驶证或工作证，且不肯告知其姓名时，那么一定要记住车辆的车牌号码、车身颜色、厂牌型号及车辆有什么特征等信息，并不准肇事者车辆离开现场，立即报告道路交通事故处理机关，请求民警帮助。

（四）保护现场、收集证据

事故现场的勘查结论是划分事故责任的依据之一，若现场没有被保护好，会给交通事故的处理带来困难，造成"有理说不清"的情况。因此，在事故处理人员到达之前应保护交通事故发生时的原始现场，车辆、物品及事故痕迹都不能变动，如非移动不可的要注意标明位置。同时，应保护好与事故有关的现场物品和对自己有利的各种证据材料，不要让无关人员搬动现场任何东西。发生交通事故后，当事人故意破坏、伪造现场、毁灭证据的，应承担全部责任。

（五）接受诊断，并向事故处理机关申报

如果有人在道路交通事故中受伤，首先要到医院诊断清楚伤情，并积极接受和配合治疗，有经济承受能力的应主动垫付医疗费。在伤情好转后，要准备好有关资料向事故处理机关申报，要求结案。

三、交通事故的急救常识

交通事故的抢救主要包括院前急救和院内急救两部分。院前急救在我国属于薄弱环节。据研究，50%左右交通事故造成的死亡发生在事故的瞬间；35%左右发生在受伤后的1~2个小时；15%左右发生在受伤后7天左右。因此，及时、正确的院前急救，能挽救许多生命，并能减轻伤者的疼痛，防止伤情恶化，预防并发症和残疾的发生。

（一）身体不同部位受伤的急救常识

一旦发生交通事故，进行伤情判断和简易急救是很重要的，如果处置得当，就可以大大减轻伤者的痛苦和提高救助的成功率。

1. 胸部剧痛、呼吸困难——肋骨骨折刺伤肺部

在交通事故中，撞击是驾驶员最易受到的伤害。被方向盘撞到胸部后，如果伤者感觉到剧痛和呼吸困难，应该怀疑肋骨发生骨折。肋骨骨折之后，如果碎骨进入肺叶，刺破肺泡，可能形成血气胸，引起肺栓塞，甚至导致死亡。如果车速过快、撞击力量过大，在撞车的瞬间，收紧的安全带也可能造成肋骨骨折。如果怀疑骨折，不要贸然移动伤者身体，避免碎骨对内脏造成新的伤害。

2. 腹部疼痛——肝脾破裂大出血

大多数轿车的方向盘比较靠下，发生撞击时，肝脏和脾脏等器官最易受到伤害。假如肝脾破裂，发生大出血，伤者会腹痛。但大多数伤者能够忍受疼痛，神智仍较清醒。此时伤者要判断继续待在车里是否安全，如果车子有起火等隐患，就要离开车。但动作要缓慢，下车后不要长距离走动。

3. 肢体疼痛肿胀——骨折

伤者骨折后最忌讳自己乱动或是被别人错误包扎。骨折后，骨头的每一次移位都有可能影响以后的恢复。搬动伤者前一定要确定伤者的伤肢不会发生相对移动，否则其血管和神经都可能在搬动时受损，影响以后的痊愈。如果请别人帮助包扎伤肢，最好找木板或是较直、有一定直径的树枝，同时用三根固定带将两至三块木板在伤肢的上、中、下三个部位横向绑扎结实。

4. 出血——外伤

撞击或其他原因可能会使司机的头颈部或胸部等受外伤。颈部血管是最重要的部分，最好先检查伤者颈部是否出血。在大量出血时最好能用毛巾或其他替代品暂时包扎，以免伤者失血

过多，等到医务人员到来后再仔细处理伤口。有的出租车司机很有经验，会在车上放上毛巾等物品。私家车主也不妨借鉴，方便在紧急情况下派上用场。

5. 脖子痛——颈椎错位

发生车祸时，坐在副驾驶座位上的乘员危险性更大，因为司机会在遇到危险时本能地躲避，而将副驾位置置于直接撞击的位置，所以系好安全带对副驾乘员来说更为重要。副驾驶座位乘员的颈部容易在车祸中受到损伤。如果感觉自己的颈椎或腰椎受到了冲击，应坚持请专业医护人员搬动。人的脊柱中有很多神经，这些神经如果在不当的搬动中受损，就很有可能形成永久性的伤害，甚至瘫痪。所以，在搬动颈部损伤病人时要非常小心，要在有硬板担架的情况下用平铲的方式才能搬动伤者，还要用颈托等固定伤者脖子。

（二）交通事故的现场急救

救助的一般原则是：先救危重伤员，后救一般伤员。

1. 昏迷伤员的搬动

将重伤员从车内搬动、移出前，应在原地旋转颈托或进行颈部固定，以防止颈椎错位。当现场没有颈托时，可用硬纸板、厚帆布代替。给昏倒在座椅上的伤员安放颈托后，可将其头颈部及躯干一并固定在靠背上，然后拆卸座椅，与伤员一起搬出。对那些被抛离座位之外的危重、昏迷伤员，应在原地安放颈托，包扎伤口。搬动伤员时要动作轻柔，要托住腰臀部，将伤员平放在木板或担架上。

2. 不同伤情的急救方法

（1）抢救呼吸中断者应抬其下颚，使呼吸道畅通无阻。如果受伤者仍不能呼吸，就要进行口对口的人工呼吸。如果人工呼吸仍不起作用，就要检查受伤者嘴和咽喉中是否有异物，并设法排除，继续进行人工呼吸。

（2）抢救失血受伤者可通过外部压力，使伤口流血止住，然后系上绷带。

（3）抢救休克受伤者时将病人安置到安静的环境，检查脉搏与呼吸；抬高头与下肢，维护重要脏器供血供氧，使休克停止；对低温者进行保暖，高热者进行物理降温。

（4）抢救烧伤者时应迅速扑灭其衣服上的火，脱下烧着的衣服，当烧伤者全身燃烧时，可向其喷冷水；用消过毒的绷带包上烧伤口，反复检查呼吸和脉搏；为防止热损耗，可饮盐水（1杯水中放1匙食盐）；不可使用粉剂、油剂、油膏和油等敷料；脸部烧伤时，不要用水冲洗，也不要拿衣物覆盖。

（5）伤者有骨折时，不要移动其身体的骨折部位，小心用消毒胶片包扎，并按发生后的状态保持部位静止。脊柱可能受损时，不要改变受伤者的姿势。

（6）进行头部损伤救护时，如果伤员神志清醒，呼吸脉搏正常，损伤不太严重，可进行伤部止血、包扎处理。若伤员出现昏迷，要保持呼吸道畅通，并密切注意其呼吸和脉搏。

3. 交通事故自救与救人

（1）汽车车祸自救与救人。

①若在车辆发生事故前的瞬间能发现险情，可以采取以下自救措施。紧紧握住面前的扶手、椅背，同时两腿微弯，用力向前蹬地。这样即使身体有被碰撞的可能，也可以缓解身体前冲的

速度，从而减轻受伤害的程度。如果车祸发生得十分突然，来不及做缓冲动作，可迅速抱住头部并缩身成球形，这样可以减少头部、胸部等受到撞击。

②车祸发生后应迅速检查车祸现场，积极寻找伤员，并对重伤员进行优先救助处理。

③对于呼吸、心搏骤停的伤员，应立即清理其上呼吸道，进行人工呼吸。

④对昏迷伤员，迅速解开其衣领，采取侧俯卧位。如遇伤员舌头后坠时，可将其舌尖牵出，也可将伤员的头部后仰，以保证呼吸道畅通，防止窒息。

⑤对于创伤出血的伤员，可临时采用指压止血法，也可利用身边现有材料如三角巾、手绢、布条等，折成条状缠绕在伤口上方，用力勒紧来止血。

⑥对于患骨关节伤、肢体挤压伤和大块软组织伤的伤员，应灵活采用木棍、树枝、玉米秆和铁锹等固定；对已离断的肢体应妥善包扎，送往医院以备再植。

⑦对于患大面积的烧伤的伤员，可用较清洁的衣服、雨衣、布单保护创面，粘在伤面上的衣服不可脱掉。

⑧运送伤员应力求迅速。受伤后至手术时所间隔的时间与死亡率成正比，对危重伤病员的抢救每延迟30分钟，死亡率就增加3倍。因此运送伤员应力求迅速。

（2）水上交通事故自救与救人。船舶在江河湖海里航行时，也存在安全隐患，如出现碰撞、火灾、爆炸、触礁、搁浅甚至翻沉等，乘客的安全都会受到严重的威胁。

①要做好自身保护。稳定情绪，寻找救生及漂浮工具，漂浮在水中不要轻易游动，除非是要接近附近的船只或可攀附的漂浮物。在水中采取正确的姿势对保存体能很重要，双腿并拢屈到胸部，两肘紧贴身旁，两臂交叉放在救生衣前，并使头部和颈部露出水面。坚持时间越长，获救机会越大。

②跳水逃生前不要慌张，要观察船只及周围情况，要避开水上漂流硬物。如果船只正在下沉，千万不要从倾倒的一侧下水，以防被船体压入水中难以逃生。

当船上发生火灾时，要用湿手巾或湿棉织品捂住口鼻，向起火的上风（即迎风）位置逃避烟火，在上风一侧下水逃生。如果遇到没有燃烧的漂油时，必须将头部高高仰出水面，紧闭嘴巴，防止油进入鼻口，同时还要注意不要让油进入眼内。

落水后往下沉时要保持镇静，紧闭嘴唇，咬紧牙齿，憋住气，不要在水中拼命挣扎，应仰起头使身体倾斜，保持这种姿态就可以慢慢浮出水面。

③要确定船舶出事的准确位置，并通过各种方式（呼喊或摇动色彩鲜艳物等）发出求救信号。

④对于海上求生者来说，千万不要喝海水。海水含盐量比淡水大很多，饮用海水反而使身体失水更快，更易感到口渴，严重的甚至会出现腹胀、幻觉、神智昏迷、精神错乱等症状。同时在求生过程中要尽量节省食物，在没有充足淡水供应时，更应注意少进食或尽可能不进食，以免大量消耗体内水分。

⑤解救水上交通事故中的溺水人员，可采取以下方法。

用救生圈：在救生圈上系一根绳子，将救生圈掷给溺水者，将他拖至船边或岸边。如果绳不够长或无长绳时，应先将救生圈抛给溺水者（有明显水流的情况下，应抛向溺水者的上游处），接着迅速跳入水中游向溺水者，帮助其抓住救生圈，然后拖拉着溺水者游向岸边或船边。

用竹竿：在溺水者离船（或岸）较近时，可用竹竿将其拖近施救。

用绳索：先在绳索一端系一鲜明漂浮物，另一端结一个套握在手上，然后将绳子掷在溺水者前方，以便溺水者抓住将其拉回。

用木板：在无其他救生器材的情况下，可将木板抛给溺水者，也可挟扶木板游向溺水者，将其拖带上船（或上岸）。

（3）火车事故自救。有时乘坐火车也会出现意外事故，如火车出轨、起火等。尽管这些情况的出现是极少数的，但也应引起注意。火车出事前通常没有什么迹象，不过有时旅客会察觉到一些异常现象（如紧急刹车），这时应充分利用出事前短短几分钟或几秒钟的时间，采取一些自救的措施。

①离开门窗或趴下来抓住牢固的物体，以防碰撞或被抛出车厢。

②身体紧靠在牢固的物体上，低下头，下巴紧贴胸前，以防头部受伤。

③如果座位不靠门窗，则应留在原位保持不动；若接近门窗就应尽快离开。

火车出轨向前时，不要尝试跳车，否则身体会以全部冲力撞向路轨，还可能发生其他危险，如碰到通电流的路轨、飞脱的零件，或掉到火车蓄电池破裂而出的残液上。

火车停下来后，要看清周围环境，如果环境允许则在原地不动，等待救援人员到来。此外不论情况如何，都要大声呼救，想办法尽快将遇险的信息传递出去。

第四节　交通安全常识

> **案例**
>
> 　　2020年12月，在郑州市一国道和相济路交叉口附近，一辆在国道东半幅由北向南逆向行驶、载有10人的面包车与一辆运土的无号牌自卸货车相撞，造成5人当场死亡，5人被送往医院救治，随后其中1人不治身亡，死者中2人为某职业技术学院女生。
>
> （资料来源：作者根据相关资料整理）
>
> **点评**
>
> 　　逆向行驶或驾驶无牌无证车辆均属违章驾驶行为，惨案的发生系由驾驶员主观违章导致。大学生在乘坐汽车的过程中，如发现驾驶员出现逆向行驶等错误驾驶行为，应主动制止或要求下车，以避免悲剧的发生。

一、交通安全基本常识

（一）交通信号灯识别

1. 机动车信号灯和非机动车信号灯

绿灯亮时，准许车辆通行，但转弯车辆不准妨碍直行的车辆和被放行的行人通行。

黄灯亮时，已越过停止线的车辆可以继续通行。

红灯亮时，禁止车辆通行。在未设置非机动车信号灯和人行横道信号灯的路口，非机动车和行人应当按照机动车信号灯的标示通行。右转弯的车辆,在不妨碍被放行的车辆行人通行的情况下,可以通行。

2. 车道信号灯

绿色箭头灯亮时,允许本车道车辆按指示方向通行。

红色叉形灯或者箭头灯亮时,禁止本车道车辆通行。

3. 人行横道信号灯

绿灯亮时,准许行人通过人行横道。

绿灯闪烁时,禁止行人进入人行横道,但已进入人行横道的可以继续通过,或者在道路中心线处停留等候。

(二)交通标线

马路上,用漆画的各种各样的颜色线条是交通标线。

车道中心线指的是道路中间长长的黄色或白色直线,它用来分隔来往车辆,使车辆互不干扰。

车道分界线指的是中心线两侧的白色虚线,它规定机动车在机动车道上行驶,非机动车在非机动车道上行驶。

停止线指的是在路口四周的一根白线。红灯亮时,各种车辆应该停在这条线内。

人行横道线指的是马路上像斑马纹那样的白色平行线,行人在这里过马路比较安全。

(三)隔离设施

交通隔离设施主要有行人护栏和隔离墩或绿化隔离带。

行人护栏是用来保护行人安全,防止行人横穿马路走机动车道和防止车辆驶入人行道的。

隔离墩或绿化隔离带是设置在车行道上用来隔离机动车与非机动车或来往车辆的。

(四)汽车的大光灯与刹车灯

汽车前面的两只"大眼睛"称为"大光灯"。夜幕降临,司机打开"大光灯"就能照亮道路。汽车尾部有两只"红色的眼睛"称为"刹车灯"。当驾驶员刹车时,这两只"红色的眼睛"立刻发亮,它告诉行驶在后面的车辆,注意保持距离。此外,汽车尾部还有两只"白色的眼睛",叫"倒车灯",汽车倒车时会发出白色光线,有的还会发出"倒车,请注意"的声音,提醒人们要及时避让。

(五)让特种车辆先行

特种车辆担负着特殊的紧急任务。交通法规规定,一切车辆和行人都必须让执行任务的警车、消防车、救护车和抢险车先行。

二、行路的安全常识

行路是人类最基本的、一种比较自由安全的交通方式,但绝不能麻痹大意,忽视它不安全的一面。行路时要集中精力,避免发生意外事故。交通法规对行人做出了不少保护性的规定,但同时也要求行人履行一定的交通义务。

（1）行人横过车行道时，如果没有人行横道、过街天桥或地道的，须在保证安全的前提下直行通过，不准在车辆临近时突然横穿。

（2）行人不得进入高速公路。高速公路是专供机动车高速行驶的公路，行人进入高速公路极易被高速行驶的车辆撞伤或撞死。为此，高速公路外围都会设置严密的隔离设施，防止行人进入。

（3）行人在道路上行走时，有人行道的要走人行道；没有人行道的要走非机动车道；人行道和非机动车道都没有的，要紧靠道路的右侧行走。没有人行道的路段，行人以能安全通行的空间为准，一般指从道路边缘（含路肩）算起往路中不超过1米的范围内，车辆在此空间内通行遇行人时不得侵犯行人的安全通行空间。列队通行道路时，每横列不得超过2人，须紧靠车行道右边行进。通过没有交通信号控制的人行横道时须注意车辆，在保证安全的前提下直行通过，不准追逐、猛跑。

（4）行人横穿道路时，要在划定的人行横道区域内通行。在通过有交通信号的人行横道时，要按信号行进，不能闯红灯。在没有人行横道的道路上横穿时，要注意观察左右来往车辆，在确认安全的情况下快步直行，不要斜行慢走或猛跑猛停，不要在车辆临近时突然横穿马路。有人行过街天桥或地下人行通道的，行人须走人行过街天桥或地下人行通道。在马路上行走不要边走路边看书或手机，要注意观察行车情况。

（5）在有隔离护栏、花圃的路段，行人只能在指定通过处横穿，不要钻跨、倚坐隔离护栏或踩踏花园。

（6）行人通过铁道路口时，要遵守道口信号指示，听从看守人指挥。铁道护栏关闭、红灯亮、音响器发出报警时，行人必须停在停车线以外，无停车线要停在距离铁轨5米以外的地方。通过无人看守的道口，须停步张望，在确认安全后方可通行。

（7）行人要遵守交通标志、标线的规定，行经设有禁止行人进入的交通标志的路段时，应严格遵守规定不得进入。

（8）行人不要在公路上扒车、追车、强行拦车或扔东西砸车，也不能在马路上打球、溜冰和嬉戏等。

（9）行人在雾天、阴雨天行路时要格外小心，最好穿颜色鲜艳的衣服或雨衣。夜间行走时最好准备一个手电筒用于照明。

（10）滑板、旱冰鞋等滑行工具难以掌握方向和紧急制动，因此，不得在道路上使用滑板、旱冰鞋等滑行工具。

三、乘车、飞机和船的安全常识

（一）乘坐汽车的安全常识

在日常生活中，人人离不开交通工具，便利的交通工具在给人们提供快捷、舒适的同时，对人的生命财产也造成了威胁。特别是城市人多拥挤，各种车辆来往频繁，停停开开，且速度变换快，所以在乘坐交通工具时应注意以下问题。

（1）乘坐公共汽车、电车和长途汽车须在站台或指定地点依次候车，待车停稳后，先下后上；在道路上搭乘机动车，应当从车身右侧上车，不得强行上下或者攀爬行驶中的车辆；乘车时要注意文明礼貌，谦和文雅，自觉购票，避免因拥挤、上下车等事与人争吵摩擦。

（2）不在车行道上或交叉路口处招呼出租汽车，应当在非交叉路口处的人行道上招呼出租车。

（3）不携带易燃、易爆危险物品乘车。

（4）车辆行驶中，乘车人不能将身体的任何部位伸出车外，更不能跳车。

（5）乘坐货车时，不站立，不坐在车厢、栏板上。

（6）车辆行驶中，不与驾驶员闲谈或者有做出妨碍驾驶员安全操作的其他行为。

（7）车辆在高速公路行驶时，乘车人不能站立，不能随便向车外抛物品，前排乘车人应系安全带。

（8）高速公路上，车辆因故障不能离开车道或者发生交通事故时，乘车人必须迅速转移到右侧路边上。除执行任务的交通警察外，任何人不得在高速公路上拦截车辆。

（二）乘飞机的安全常识

飞机开始迫降或紧急着陆时，乘客应采取以下措施。

（1）迅速取下身上的尖锐物品（如假牙、眼镜、高跟鞋等），并将其放在前排座椅背后的口袋中，以免身体受撞击时造成意外伤害。

（2）保持正确坐姿。臀部紧贴椅面，两脚紧贴地板，背前弓，双手在膝下握住，头贴住膝盖。

（3）如有软垫物，应充分利用。可将枕头垫在下腹部，将充气救生衣围在头四周，用毛毯包头，人盘坐在椅子里，以避免或减轻夹撞引起的伤害。

（4）在工作人员的组织下，从紧急出口处用坐姿跳到充气逃生滑梯上，迅速离开。

（5）如果飞机迫降在海面上，应迅速穿上救生衣。飞机上的其他软垫物，如座椅、充气逃生滑梯，可当作救生物使用。

（6）如果飞机迫降在地面时没有起火、爆炸的危险，不要离开飞机。因为飞机比人的目标大，容易被营救人员发现，且飞机也是不错的藏身、栖身之地。

（7）如果机舱内氧气不足或气压调节装置发生故障，应立即戴上氧气罩。

（8）如果舱内出现烟雾，应立即用湿毛巾或湿手帕捂住鼻子和嘴巴，并听从乘务员的统一指挥。

（三）乘船的安全常识

（1）首先要了解备用救生衣（具）的存放位置，熟悉安全通道及通往甲板的最近逃生口。

（2）遇到危险时要做好自我保护，稳定情绪，寻找救生工具。

（3）一旦落水要保持体能，可双腿并拢屈到胸部，两肘紧贴身旁，两臂交叉放在救生圈前，使头部和颈部露出水面，并及时呼救。

四、骑车的安全常识

（一）骑自行车的安全常识

骑自行车"十不准"。

（1）不准双手离把、撑伞骑车。

（2）不准互相追逐、扶肩并行。
（3）不准转头猛拐、曲线竞驶。
（4）不准与机动车抢道。
（5）不准在马路上、人行道上学骑自行车。
（6）不准在马路上表现车技。
（7）不准攀扶机动车辆。
（8）不准闯红灯。
（9）不准逆向行驶。
（10）不准乱停自行车。

（二）驾驶摩托车的安全常识

（1）驾驶摩托车前一定要仔细查看车况，不骑有问题的车。
（2）要戴好安全头盔，不穿肥大的衣服。
（3）严禁无证驾驶和酒后驾驶，身体不适时或吃药后不要驾驶摩托车。
（4）驾车时要集中精力，保持良好心情，不开"怄气车"。
（5）驾车时要靠右行驶，尽可能保持匀速，减少急加速和突然停车，预防突发事件。
（6）遇到交叉路口一定要换挡减速慢行，确保安全后通过，遇弯路时减速慢行，防止侧滑（此时禁止使用前刹车，否则车辆容易失控飞出）。
（7）超车时一定要开转向灯，不要紧贴被超越车辆。
（8）雨雪天气时，地面摩擦阻力小，制动距离相对要长，一定要减速慢行，制动操作要柔和，避免急刹车。
（9）夜晚行车一定要打开夜间灯，减速慢行。
（10）行车中感觉摩托车有异常时，马上停车检查。停车后要检查车灯、发动机等有无渗油或异常声音。关闭油箱开关，远离火源，不要靠近摩托车点火吸烟。

五、驾车的安全常识

（1）系好安全带。在车祸事故中，因没有系安全带而造成的死亡要比系安全带的死亡概率高出数倍。
（2）驾驶车辆注意力要集中。不要被身旁的乘客干扰，或被路边的景物分散注意力，同时要避免疲劳驾驶。
（3）不要盲目地跟随路面标志及标线。在弯道或上下坡路段要更小心谨慎，来车往往是在视线看不见的另一边。
（4）保持安全跟车距离，尤其不要紧跟在大型车辆后面。距前车越近，越看不到前方的路况，遇到突发状况时就难以躲闪。
（5）不要只将视线盯着前车的尾巴。随时观察前面的道路状况，遇到危险时才能有时间与空间采取更好的躲避措施。
（6）定期检查轮胎老旧磨损情况。因为在湿滑路面，磨损轮胎的防滑能力大打折扣。
（7）经常查看后视镜。在改变行进路线或超车时，这是一定要有的动作。

（8）不要占用非机动车道。即使保持在安全限速范围内，在拥挤的非机动车道也容易发生意想不到的状况。

（9）夜间行驶要特别小心。在没有路灯的路段，往往会有猫狗之类的动物突然跑出来，而引发司机下意识的躲避反应。

（10）"十次车祸九次快"，所以开车一定不要超速。

（11）切忌酒后驾车。

（12）在高速路上行驶的车辆需要停车排除故障时，驾驶人应立即开启危险报警闪光灯，将车辆移至不妨碍交通的地方停放；车辆难以移动时，应当继续开启闪光灯。并将警告标志设置在事故车来车方向150米以外，车上人员应当迅速转移到右侧路面上或者应急车道内，并迅速报警。

小贴士

1. 有下列情况时不应乘车，以免发生危险

（1）发现车辆破损、声音异常时。

（2）发现驾驶员精神状态不佳、酒后驾车时。

（3）发现车辆不正常运行、客货混载、违章超载时。

（4）发现客车有其他违反操作规程时。

（5）遇恶劣天气如大风、大雨、大雾、大雪时，不坐汽车长途跋涉。

（6）病中无人陪伴时不要乘车。

（7）"黑车"和非客运车不要乘坐。

2. 交通安全"十要诀"

（1）不准携带易燃易爆的危险物品乘车。

（2）维护乘车（船）秩序，不争先恐后。

（3）汽车行驶途中，不要将头、手伸出窗外。

（4）行驶途中，不要编结毛线。

（5）未停稳不要急于上、下车（船）。

（6）乘坐小客车、小轿车时，要系好安全带。

（7）乘坐飞机、轮船时，应了解紧急疏散通道（门）的位置，熟悉救生衣的使用方法。

（8）乘坐飞机时，要系好安全带；飞机起降时，不要使用无线电话。

（9）不要站在火车的车辆连接处或坐在船舷栏杆上。

（10）乘坐两轮摩托车时必须戴安全头盔，不准倒坐和侧坐。

第四章 公共卫生安全篇

第一节 饮食安全

一、饮水与健康

水是生命的源泉。人对水的需要仅次于氧气。水占成人体重的60%~70%，占儿童体重的80%以上。那么，水对于人体究竟有什么作用呢？水是人类机体赖以维持最基本生命活动的重要物质，与人们的身体健康息息相关。干净、安全、健康的饮用水是人体最廉价、最有效的保健品。它可以维持机体细胞的正常形态；参与体内一切物质的新陈代谢，帮助输送身体所需的营养物质，并将机体产生的代谢废物排出体外；参与机体的体温调节和润滑作用；等等。健康成人每天需要补充水分1 000~1 500毫升，因此，保证每天饮水的安全就显得十分重要。

饮用水的来源包括干净的井水、河水、湖水和天然泉水等，也包括经过处理的矿泉水、纯净水。加工过的饮用水有瓶装水、桶装水、管道直饮水等。人类许多疾病与饮水不当有关，科学正确地饮水是关系学生身心健康的重要环节。

1. 常见饮水误区

在日常生活中，人们存在许多饮用水误区，这些误区为人类健康埋下了隐患，下面就来了解一下日常生活中有哪些饮用水误区。

误区一：水越纯越好。长期饮用纯净水会导致身体营养失调。由于人体体液是弱碱性，而纯净水呈弱酸性，如果长期摄入弱酸性的纯净水，人体内环境将遭到破坏，从而降低人体的免疫力，容易产生疾病。

误区二：水中矿物质含量越高越好。许多人把矿泉水作为日常生活的饮用水，甚至认为水中矿物质含量越高越好。其实不然。当水中矿物含量超标时，会危害人体健康。例如，当饮用水中的碘化物含量在0.02~0.05毫克/升时，对人体有益，大于0.05毫克/升时则会引发碘中毒。

误区三：口渴时才喝水。补充足够水分的方式能够维持身体健康，由于水是人体细胞和体液的重要组成部分，一切细胞的新陈代谢都离不开水，只有让细胞喝足水，才能更好地进行新陈代谢，提高自身的抵抗力和免疫力。而那些总是等到口干舌燥的时候才饮水的人，可能身体已经明显缺乏水分提供，容易出现血液黏稠、循环代谢能力降低等情况。如果想要保护好身体，一定要重视合理的饮水，不要在明显口渴的时候才补充水分，否则身体有可能会受到伤害。

误区四：用喝饮料代替饮水。水和饮料在功能上并不能等同。由于饮料中含有糖和蛋白质，又添加了不少香精和色素，饮用后不易使人产生饥饿感，因此，不但起不到给身体"补水"的作用，还会降低食欲，影响消化和吸收。长期饮用含咖啡因的碳酸性饮料，会导致热量过剩，刺激血脂上升，增加心血管负担。咖啡因作为一种利尿剂，过量饮用会导致排尿过多，出现人体脱水现象。另外，对儿童来说，碳酸性饮料会破坏牙齿外层的珐琅质，引发龋齿。

误区五：把医疗用水当作饮用水。目前在市场上可以看到一些名为"电解水"和"富氧水"的饮用水，严格地说，这些都属于医疗用水，不能作为正常人群的饮用水。电解水就是通过电解作用，把水分解成阳离子水和阴离子水。阳离子水是医疗用水，必须在医生指导下饮用；阴离子水则常被用于消毒等方面。富氧水是指在纯净水里人为地加入更多的氧气，这种水中的氧分子到了体内，会破坏细胞的正常分裂作用，加速衰老。

误区六：剧烈运动和饭后立即喝水。这会加重肠胃负担，使胃液稀释，降低胃液的杀菌作用，妨碍对食物的消化。故运动后不可过量、过快饮水，更不宜喝冷饮，否则会影响体表的散热，从而引起感冒、腹痛或其他疾病。

2. 科学饮水

（1）定时饮水，主动饮水。不要在口渴时大量喝水（一次性超过500毫升以上），否则容易影响消化功能，增加心脏和肾脏负担，甚至导致细胞水中毒。同时，不要在口渴时随便喝两口水"止渴"了事，这样于缓解体内缺水状况无济于事，难以满足身体生理代谢需求，长此以往则严重影响人的身体健康。

（2）培养科学的饮水方法。少量、多次、慢饮是正确喝水的3条基本准则。正确的饮水方式是一次饮水150~200毫升，每日饮水5~8次，饮水时，把一口水含在嘴里，分几次徐徐下咽，这样才能充分滋润口腔黏膜，有效缓解口渴的感觉。

（3）在出汗多的情况下，应适当增加饮水量并补充电解质。夏天高温环境或剧烈运动后大量出汗会导致体内水和电解质成比例地丧失，此时若大量喝水会引起血钠降低，从而导致肌肉痉挛疼痛。此时，应适当补充一些淡盐水，保持机体水、电解质和酸碱平衡，可以有效避免肌肉痉挛疼痛等症状。

（4）最好喝温开水。饮用水的最适宜温度是10~30℃。摄入水温过低会使胃肠黏膜突然遇冷而使毛细血管收缩，平滑肌痉挛，从而引起胃肠不适或绞痛甚至是腹泻。相反，喝滚烫的水，会破坏食道黏膜和刺激黏膜增生，诱发食道癌。

（5）尽量别喝千滚水和隔夜茶。自来水应煮沸后再饮用。但若是反复加热已经煮沸的开水，就会导致水中营养成分大量流失，而且会出现某些重金属的沉积和亚硝酸盐物质的产生，后者进入体内后在胃液、食物的作用下还会生成具有致癌性的亚硝胺。喝隔夜的茶水也对健康不利，这主要是因为茶叶浸泡后的水会产生氨基酸等物质，时间一长易滋生微生物。因此长期饮用反复加热的水和喝隔夜茶对人体都是有害的。

（6）喝桶装水也应注意保质期。未开封的桶装水保质期一般为3个月，开封的桶装水最好在7天内喝完，否则应加热煮开再饮用。因为，桶装水打开时间久了，空气中微生物和灰尘就会从进气孔进入水桶中，从而造成污染。开封的桶装水如果放置超过半个月，虽然口感没有什么变化，但细菌数已经超标，所以人们喝的桶装水不宜放置时间太长。

二、养成良好的饮食习惯

食物是人们获得能量的主要来源。对于大学生而言，要保证每天的学习和生活能够顺利进行，养成良好的饮食习惯对于维护身体健康，促进身体发育，有着重要意义。但是，如何吃饭也是大有学问的。养成良好的饮食习惯要注意以下几个方面。

（1）合理膳食。合理膳食是指能提供充足的热量以满足人体生长发育和代谢需求，并且营养素搭配合理，荤素均衡，粗粮与细粮搭配，还需适当补充维生素、膳食纤维和微量元素等。成年人每日的食谱应包括五谷、奶类、肉类和蔬菜水果四大类。它们能为人体提供蛋白质、脂肪与碳水化合物等人体必需的营养素。一般来讲，蛋白质、脂肪与碳水化合物三种营养成分需按 1∶1∶4.5 的比例合理摄取。每日早、午、晚餐的热量分配为占总热量的 30%、40%、30% 为宜。

（2）三餐有别，科学进餐。早吃好，午吃饱，晚餐适量。早餐应吃一些营养价值高、少而精的食品。因为人经过一夜的睡眠，头一天晚上进食的营养已基本消耗完，早上只有及时地补充，才能满足上午工作、劳动、学习的精力需要。很多学生不吃早餐或早餐吃得不好，往往在上一段时间课后，就处于半饥饿状态，出现头晕、心慌、注意力不集中等现象，会影响学习的效果和身体健康。若长期不吃早餐，还易患胆结石。科学的早餐应以低脂、低糖富含蛋白质和丰富维生素饮食为主，选择鱼、肉、蛋、奶、谷物、面食为主，再辅以蔬菜、水果等。午餐应该丰盛，要保证充足的质与量。因为午餐具有承上启下的作用，既要补充上午的热量消耗，又要为下午的学习和活动做能量储备。因而，饮食的品质要高，量也相对要足。也就是说，午餐主食的量要大些，主食选择应多样化，适当增加粗粮的摄入，以增加饱腹感。副食的花样也要多些，可适当多吃一些鱼、肉类、豆类制品以及多种蔬菜等。晚餐应该清淡少食，以碳水化合物为佳。晚餐吃得过饱，多余的热量会转化为脂肪，使人发胖。同时，不能被消化吸收的蛋白质在肠道细菌的作用下，会产生一种有害物质，这些物质在肠道的停留时间过长易诱发大肠癌。此外，晚餐也不宜吃得太晚，在下午 6 时左右为宜。所以，同学们必须保证一日三餐按时进餐。

（3）定时定量，不暴饮暴食。规律进食能使胃肠道有规律地蠕动和休息，从而增加食物的消化吸收率，使胃肠道的功能保持良好状态，减少胃肠疾病的发生。每餐进食数量适中，以 8 分饱为好。有的学生不注意节制饮食，暴饮暴食，这样做就会引起胃、肠功能的紊乱，严重的还会引起胃扩张、急性胃肠炎、急性胰腺炎等严重疾病。需要强调的是，一定要科学控制饮食。目前很多为"美"而减食甚至是禁食的人，却走向了与健康目标相反的极端，甚至失去生命。

（4）细嚼慢咽，心情舒畅。细嚼可使食物磨碎成小块，并与唾液充分混合，以便吞咽和消化。同时，咀嚼还能反射性地引起唾液、胃液和胰液等消化液的分泌，为食物的进一步消化提供有利条件。在一般情况下，一口食物要保证咀嚼 10 次以上才能有利于消化和吸收。此外，如果吃饭时情绪好，食欲增强，血液循环良好，胃肠的消化功能强，免疫力则增强；如在吃饭时情绪压抑和郁闷，则会影响食欲，影响血液的正常循环，降低整个消化系统的功能，降低人的免疫力。

（5）不偏食，不挑食。有的同学有偏食、挑食的不良习惯，这样会造成身体内某些营养物质的缺乏而影响健康。如有的不喜欢吃蔬菜、水果和肉类，从而导致缺铁性贫血或某些维生素缺乏症等。因此，要纠正偏食、挑食和暴饮暴食等不良习惯。

（6）饭后不宜立即进行剧烈运动。因为人在运动过程中会做适应性调节，使肌肉的血液流量增大，而使流经消化器官的血液量减少，结果胃、肠蠕动减弱，消化腺的分泌能力降低，影响消化。经常这样做，会引起消化不良和胃、肠疾病。因此，一般饭后应休息半小时到一个小时再进行体育锻炼较为适宜。

（7）睡前两小时不要进食。许多人有吃宵夜或吃完东西就躺下来休息的不良习惯，年轻人尤为明显。就寝数小时前进食，食物可以在体内充分消化，胃部负担减轻，有助于良好的睡眠和休息。进食太晚或睡前进食，会使腹部肌肉过分紧张，当人已经睡着时体内的肠胃还在拼命地蠕动，这样既没有得到好的休息，又对胃肠造成了伤害，长此以往，消化功能将会受到极大损害。

三、食品安全

食品安全，指食品无毒、无害，符合应当有的营养要求，对人体健康不造成任何急性、亚急性或者慢性危害。食品（食物）的种植、养殖、加工、包装、储藏、运输、销售、消费等活动符合国家强制标准和要求，不存在可能损害或威胁人体健康的有毒有害物质以导致消费者病亡或者危及消费者及其后代的隐患。该概念表明，食品安全既包括生产安全，也包括经营安全、结果安全、过程安全；既包括现实安全，也包括未来安全。

（一）食物过敏

食物过敏，即食物变态反应，是指人体通过吸入、皮肤接触或食入某种食物蛋白，而引起的特异性的免疫反应。通俗地说，就是指某些人在吃了某种特定食物之后，引起身体某一组织、某一器官甚至全身的强烈反应，以致出现各种各样的功能障碍或组织损伤。食物过敏是国际公认的公共卫生问题。发达国家研究数据显示，近 20~30 年食物过敏患病率高达 10%，并呈显著上升趋势。我国儿童食物过敏患病率约为 6%，且呈现出与全球患病率一致的上升趋势。

过去，生活水平低，食物相对单一，食物过敏的发生较少，但现代生活的发展使人们的食物品种大为丰富，人们有机会接触到以往难以见到的食品；许多食物具有明显的地区性，而现在便利的交通条件早已打破了地区性；许多食物有特定的季节性，而现在饲养技术、栽培技术和储藏保鲜技术的进步不仅抹去了季节时限，而且也使可以储藏的东西越来越多。运输业的发达更使许多国外食物漂洋过海来到中国。各种各样的方便食品、人造食品也是层出不穷。由于目前广泛使用化肥、杀虫除草剂以及灌溉水源和作物生长环境污染，畜禽使用的混合饲料含较多的致敏物质等因素，使近年来食物所含过敏性物质成分增加，也增加了人群中发生食物过敏的机会。

引起过敏反应的主要物质是致敏原，致敏原是能够诱发机体发生过敏反应的抗原物质。世界上现在大约有 160 种食品含有可以导致过敏反应的食品过敏原，各国家、各地区的饮食习惯不同，机体对食物的适应性也就有相应的差异，因而致敏的食物也不同。我国国家标准《GB/T 23779—2009 预包装食品中的致敏原成分》将以下八大类识别为主要过敏原，包括奶制品、蛋类、水产品、甲壳类、坚果类、花生、小麦、大豆。这些食物占到了食物过敏反应的 90%，也是其他衍生成分的食品来源。

患者食入过敏原后感觉嘴麻、嗓子痒，这是最轻的表现；严重者会出现皮肤瘙痒、红斑、皮肤肿胀等皮肤表现；此外，还可出现鼻痒、流涕、打喷嚏、咳嗽等呼吸道症状；恶心、呕吐、腹泻等消化道症状；以及胸闷、心律不齐、血压降低、心跳加快等循环系统症状；最严重的可引起过敏性休克、急性哮喘、喉头水肿等能置人于死地的反应。由此看来，食物过敏不可小觑。那么，人们究竟该如何预防食物过敏，一旦发生食物过敏又该如何处理呢？大致方法如下。

（1）预防食物过敏最主要的办法就是避免食用已知的致敏食物，一旦确定了致敏食物应该严格避免再食。比如对牛奶过敏的人在平时要避免食用一切含有牛奶成分的食物，包括蛋糕、冰激凌、牛奶糖等。在购买预包装食品时，要仔细阅读标签选择食物；外出就餐时，应向食物供应者清楚说明自己的情况和需要。

（2）许多食品中具有光敏性物质，如我们常食的油菜、莴笋、小白菜、菠菜、芹菜、芥菜、苋菜等都属于光敏性蔬菜。特别是在5~8月，阳光强烈，若此时过多食用这些蔬菜，之后又接触过多阳光照射，可以出现过敏反应，对此人们也不应忽视。

（3）在出现食物过敏症状时，应立即停止摄入引起过敏的食物，出现食物过敏症状的人应该使用一些抗组胺药物进行治疗，皮肤瘙痒严重时，不能使用热水烫洗，也不能过度搔抓，可外涂一些皮炎平软膏和浓度为1%的氢化可的松软膏来止痒抗炎，如果症状比较严重和危急的患者，比如腹部疼痛、呼吸不畅、休克的患者，应该及时送医就诊治疗。

（二）酗酒和酒精中毒

酗酒是指无节制地过量饮酒。医学界将酗酒定义为：一次喝5瓶或5瓶以上啤酒，或者血液中的酒精含量达到或高于80毫克/100毫升。酗酒能使人不同程度地降低甚至丧失自控能力，实施某种有伤风化或违法犯罪的行为。急性酒精中毒是指由于短时间摄入大量酒精或含酒精饮料后出现的中枢神经系统功能紊乱状态。世界卫生组织一组数据显示，由酒精引起的死亡率和发病率，是麻疹和疟疾的总和，而且也高于吸烟引起的死亡率和发病率。在中国，每年有114 100人死于酒精中毒，占总死亡率的1.3%；致残2 737 000人，占总致残率的3.0%。

那么，饮酒对机体会产生哪些影响呢？

大量饮酒中毒可引起中枢神经系统抑制，症状与饮酒的量和血液浓度以及个人耐受性有关，中毒的表现大致可分为三期。

1. 兴奋期

血乙醇浓度达到50毫克/100毫升即可出现头痛、欣快、兴奋；血乙醇浓度超过75毫克/100毫升表现为轻微眩晕，语言增多，逞强好胜，口若悬河，夸夸其谈，举止轻浮，有的表现粗鲁无礼，感情用事，打人毁物，绝大多数人在此期间都自认没有醉，继续举杯，不知节制；血乙醇浓度达到100毫克/100毫升时，驾车易发生车祸。

2. 共济失调期

血乙醇浓度达到150毫克/100毫升时，运动协调性减弱、行动笨拙、视物模糊、步态不稳、语言含糊不清，其中任何一个障碍，都提示人体的暂时中毒，被称作急性酒精中毒或醉酒。这些影响在停止饮酒后几小时内逐渐消失。血液中的大量酒精能够损害脑功能，严重者导致意识丧失，极度过量则可使人死亡。

3. 昏迷期

血乙醇浓度达到250毫克/100毫升时进入昏迷期，表现为昏睡、瞳孔散大、皮肤湿冷；血乙醇浓度达到400毫克/100毫升时，进入严重昏迷状态，出现心跳加快，血压下降、呼吸缓慢而有鼾声，大小便失禁，可出现呼吸、循环衰竭死亡。

慢性酒精中毒是一种进行性的、潜在的可以致人死亡的疾病，其特征表现为对饮酒的强烈渴望、耐受性增加、依赖性增强和不加以控制。慢性酒精中毒能够导致许多疾病，包括低血糖、脂肪肝和肝硬化、脑和心脏损害、皮肤血管扩张、慢性胃炎和胰腺炎等。

引起人们酗酒的原因是多方面的，对于一个大学生来说，要特别注意以下糊涂观念和错误做法。

（1）"今朝有酒今朝醉""借酒浇愁"。这里表现的是逃避现实、自暴自弃的消极情绪。"药能医假病，酒不解真愁。"遇到问题应及时找人倾诉或坦然接受，而不是借酒浇愁。

（2）片面理解"酒逢知己千杯少"，认为交朋友离不开饮酒作乐。事实上"酒肉之交"未必靠得住。

（3）"男子汉天生应当会喝酒"。其实，用这种标准来衡量"男子汉"未免失之偏颇。"会酒未必真豪杰，忌酒如何不丈夫？"

（4）为达到预定目的而特地设酒摆宴，饮酒为名，实是交易。

（5）逢场作戏，为"助兴"而即席端杯，或出于好奇而涉足，这种人最容易成为被摆弄的对象。

（6）硬着头皮充好汉，在酒桌上"舍命陪君子""为知己即便是敌敌畏也喝下去""一醉方休"。这种人大多酒量并不大，总想博取他人心悦诚服，而最终往往授人以笑柄。

凡此种种，不一而足。其中不乏陈腐观念和陈规陋习，有些则是嗜酒者的自欺欺人的贪杯"口实"。当举起酒杯时，不妨思忖一番，是"为何而饮""为谁而饮""今朝饮酒又是为哪番"？

（三）食物中毒

食物中毒是由于进食被细菌及其毒素污染的食物，或摄食含有毒有害物质的食品后出现的急性、亚急性中毒性疾病。变质食品、污染水源是主要传染源，不洁手、餐具和带菌苍蝇是主要传播途径。

1. 食物中毒的特点

食物中毒的特点是潜伏期短，常集体发病，和食用某种食物有明显关系。主要表现为起病急骤，伴有腹痛、腹泻、呕吐等急性肠胃炎症状，常有畏寒、发热，严重吐泻可引起脱水、酸中毒和休克。由细菌引起的食物中毒占绝大多数。由细菌引起的食物中毒的食品主要是动物性食品（如肉类、鱼类、奶类和蛋类等）和植物性食品（如剩饭、发芽的马铃薯、豆制品等）。食用有毒动植物也可引起中毒，如食入未经妥善加工的河豚可使末梢神经和中枢神经发生麻痹，最后因呼吸中枢和血管运动麻痹而死亡。一些含一定量硝酸盐的蔬菜，储存过久或煮熟后放置时间太长，细菌大量繁殖会使硝酸盐变成亚硝酸盐，而亚硝酸盐进入人体后，可使血液中低铁血红蛋白氧化成高铁血红蛋白，失去输氧能力，造成组织缺氧，严重时可因呼吸衰竭而死亡。食入一些化学物质，如铅、汞、镉、氰化物及农药等化学毒品污染的食品，也可引起中毒。

2. 食物中毒的预防

在校大学生一般都在校内学生食堂进餐，饮食安全问题基本能得到保证。由于校园周边饭店、小吃店，尤其是个体流动商贩等，卫生指标难以达到标准要求，所以容易引起食物中毒的发生。作为大学生个体，要了解饮食卫生的基本知识。为了避免因为饮食卫生问题而造成伤害，要注意以下几点。

（1）注意饮食卫生，养成饭前便后洗手的良好习惯，尽量不要用手直接接触食物。不去路边摊点和卫生条件差的餐饮场所用餐，以防止食用病死、毒死或不明死因的畜禽为原料制作的食品。不食用半生不熟的烧烤类食品。

（2）购买食品时，注意食品的保质期，不食用过期食品、三无食品和劣质食品。储存成品要放在干燥、通风、温度较低的地方，搁置时间不能太长。熟食开封后要马上吃掉，不能过夜后再食，或者要注意开封食品的保质方法。不吃不新鲜的食物和变质食物。

（3）千万不要选择不新鲜食物。尤其是食用鱼、虾、肉、蛋、奶等食品，必须保证选料新鲜、干净，应高温加热后食用，制作凉菜必须非常新鲜、卫生。

（4）正确烹调、加工食品。动物性食品、生豆浆、豆角等豆类食品必须充分加热煮熟方可食用。

（5）做好食具、炊具的清洗消毒工作。储存和加工食品用具如砧板、刀具等应生食与熟食分开使用，并做好消毒工作，防止交叉污染。

（6）不自行采摘鲜蘑菇和其他不认识的食物食用，不要食用发芽的土豆、鲜黄花菜，避免生食鱼胆等。

（7）不要采摘和食用刚喷洒过农药的瓜果蔬菜。食用蔬菜水果前要用食盐水浸泡 10 分钟左右，除去果菜表面残留的农药后再食用。

（8）存放食品的容器要清洁无毒，食品特别是熟食要存放在清洁、干燥、通风条件好的地方，并要防止老鼠、蚊蝇、蟑螂等污染食品，此外还要避免化学药品与食物混放在一起。

3. 食物中毒的应急措施

据统计，食物中毒绝大多数发生在七、八、九三个月份。一旦发生食物中毒，千万不能惊慌失措，应冷静地分析发病的原因，针对引起中毒的食物以及服用的时间长短，及时采取如下应急措施。

（1）停食。立即停止食用可疑中毒食品。

（2）催吐。对神志清醒者可给予饮温水 300~500 毫升，然后用手指、压舌板、圆钝的勺柄等钝头物刺激舌根或咽后壁，引起反射性呕吐。需注意的是，催吐必须在患者清醒的状态下进行。如果中毒者已经昏迷，千万不要催吐，因为呕吐物有可能被吸入气道，造成患者窒息。

（3）补水。吐泻可造成脱水，要鼓励患者多饮淡盐水，以补充液体，有利尿液生成，促进毒素排泄的作用。病情严重者可暂时禁食。

（4）了解。了解与中毒者一起进餐的其他人有无异常。

（5）上报。及时报告当地的食品卫生监督检验部门，采取病人标本，以备送检。

（6）收集。封存中毒的食品或疑似中毒食品。收集残存毒物、呕吐物、容器等以便鉴定毒物类型。

（7）就医。初步处理后立即送医就诊以求进一步治疗，切不可抱有侥幸心理，因为有些毒物可以引起迟发反应和后续效应导致中毒症状加重或死亡。

（8）注意。反复呕吐和腹泻是机体排泄毒物的途径，所以在出现食物中毒症状 24 小时内，不要擅用止吐药或止泻药。

案例

2021年9月23日，某高校四名男同学因食用烧烤的肉串引起了食物中毒。随后，被紧急送往医院医治。他们的症状一模一样，都是呕吐、腹痛并伴有腹泻，有一名还出现了脱水和低血压等不良反应，医生初步诊断为老鼠药中毒。

点评

同学们在享受美食的同时，应该高度重视饮食卫生。很多校外快餐店、小吃摊，其加工场所简陋，环境卫生差，无防蝇售菜间，餐具未经消毒，粗加工与成品饭菜混放在一起，无专用卫生设施，未申请办理食品卫生许可证，无"三防"设施，产品原料也得不到保证。据调查这四名男生所吃的肉串是老鼠肉，因为老鼠吃了老鼠药，从而导致中毒。

案例

2021年6月12日，湖南省某高校同寝室的六名女生在食用大量的麻辣食品（其中一袋已经开封）后发生急性腹痛、腹泻，两名吃得较多的女生症状较重，除腹痛、腹泻外，还出现了频繁呕吐。医院诊断为食物中毒，经检验，她们食用的袋装食品微生物超标。

点评

该六名女生在高温季节食用已拆封数天的易变质包装食品，对身体健康的危害性是很大的。因为食品霉腐变质主要是由微生物的活动造成的，而大多数微生物如霉菌、酵母菌等的生存是需要氧气的，当有充足的氧气时，微生物的生长和繁殖速度就会急剧加快。

案例

2021年9月16日，某高校四名大学生相约到郊外烧烤。在山间游玩之际，他们随手采了几朵野蕈，清洗干净后与其他食物一起烧烤后食用。不久，吃得最多的小许开始呕吐、头晕、手脚酸软无力。其余三名同学立即将他送到医院，经抢救才化险为夷。

点评

小许因误食了有毒的野蕈而引起中毒。在生活中，食蘑菇中毒的事每年都有发生，一般而言，凡色彩鲜艳、有疣、斑、沟裂、生泡流浆，有蕈环、蕈托及呈奇形怪状的野蕈均有不同程度的毒性成分，如毒蕈碱、毒蕈溶血素、毒肽和毒伞肽等。其毒素都比较高，对人体往往也会有很大的伤害。

第二节　常见传染病的预防

传染病又称为感染性疾病，是由各种病原微生物（如细菌、病毒、支原体、螺旋体、真菌和朊毒体等）和寄生虫（原虫和蠕虫）感染人体后所引起的一组具有传染性的疾病。传染病对

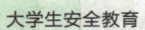

人类健康危害极大，近年来，在"预防为主"的卫生工作方针指导下，有些传染病如天花、脊髓灰质炎、白喉、百日咳等已被消灭或得到控制。但又有一些新的、危害严重的传染病不断出现，如艾滋病、传染性非典型肺炎、人感染高致病性禽流感等，其中艾滋病已成为严重威胁人类健康的传染病。高校作为人员高度聚集地区，是传染病多发场所，因此高校必须采取积极措施，尽可能地减少传染病给大学生造成的危害，维护校园和谐稳定，保证大学生健康学习、生活。

一、常见传染病的种类

《中华人民共和国传染病防治法》（2013年修订）规定，目前我国的法定传染病分为甲类、乙类和丙类三大类共39种。其中鼠疫、霍乱为甲类传染病；乙类传染病26种，包括传染性非典型肺炎、艾滋病、病毒性肝炎、脊髓灰质炎、人感染高致病性禽流感、麻疹、流行性出血热、狂犬病、流行性乙型脑炎、登革热、炭疽、细菌性和阿米巴性痢疾、肺结核、伤寒和副伤寒、流行性脑脊髓膜炎、百日咳、白喉、新生儿破伤风、猩红热、布鲁氏菌病、淋病、梅毒、钩端螺旋体病、血吸虫病、疟疾、甲型H1N1流感。丙类传染病11种，包括流行性感冒、流行性腮腺炎、风疹、急性出血性结膜炎、麻风病、手足口病、流行性和地方性斑疹伤寒、黑热病、包虫病、丝虫病，除霍乱、细菌性和阿米巴性痢疾、伤寒和副伤寒以外的感染性腹泻病。

二、常见传染病的预防

（一）流行性感冒

流行性感冒简称流感，是由流感病毒引起的急性呼吸道传染病。其特征是季节性强、传播快、传染性强，所以极易发生流行，甚至是大流行，传播速度和广度与人口密度有关。流感病毒根据其内部及外部抗原结构不同，分甲、乙、丙三型。特别是甲型流感病毒易发生变异，已多次引起世界范围的大流行。

1. 流行性感冒

流感患者和流感病毒的携带者都是流感的传染源，一些家畜，如狗、牛、猪等，也可以传播流感病毒。

2. 传播途径

流感病毒主要通过呼吸道传播。流感病毒常温下在空气中能维持生存30分钟。流行性感冒患者和病毒携带者的分泌物（唾液、鼻涕）中含有流感病毒，在咳嗽、打喷嚏、面对面讲话时随空气飞沫传播，易感人群接触后就可能会感染，尤其是儿童、免疫力弱的人最容易感染。另外，接触流感患者使用过的茶具、食具、毛巾等也可能会感染。流感发病后1~7天传染性强，尤其是病初2~3天的传染性最强。

3. 临床表现

典型流感发病比较快，病毒的潜伏期在数小时内，发病后表现为高热，体温可达到40℃

左右，怕冷，病情一般要延续3天左右。一般流感发病平缓，潜伏期1~3天，发病后表现为畏寒、高热，伴有头疼、乏力、干咳、肌肉关节酸痛、咽喉疼痛、眼结膜充血，部分患者还会出现鼻塞、流涕，伴有恶心、脑膜炎、腹泻、食欲减退等症状，部分免疫力弱的儿童、老年人还会出现肺炎症状，胸片提示两肺有散在的絮状阴影，可因呼吸循环衰竭而死亡，病死率高。

4. 预防措施

（1）控制传染源。流行性病毒的病原体一直处于变化之中，经常会有新的变体出现，因此高校要加强对流感的监控，掌握新近出现的流感病毒，并采取有效预防措施，做到"早发现、早报告、早隔离、早治疗"。

（2）广泛宣传疾病预防知识，加强公共环境通风、消毒措施。注意环境和个人卫生，常晒衣服、晒被褥、晒太阳，常开窗通风。

（3）预防流感的基本措施是接种疫苗。因流感病毒变异性大，故应根据流行病学调查结果，补充或更换疫苗的抗原组成，在流感流行季节之前对人群进行流感疫苗预防接种。

（4）体弱者做好自我保护，如外出时戴口罩等。中医学中的一些中药方剂也可用于预防流感，提高机体免疫能力，能有效控制病毒对人体的侵害。

（5）及时干预治疗。对已经感染流感的患者要及时采取措施隔离和治疗，就近设立流感诊室，及时隔离。流行期间避免大型集会和活动，易感人群尽量减少外出，房间要注意通风，保持空气新鲜，及时消毒。

（6）保证充足的睡眠；保持良好的饮食习惯，注意多饮水；保持适当运动，提高抵抗力，运动后注意保暖以防着凉。

（二）人感染高致病性禽流感

人感染高致病性禽流感，主要是由禽流感病毒的H5N1、H7N7等毒株引起的人类急性呼吸道感染疾病。其中以H5N1引起的临床症状重，对人危害大，病情进展快，可引起呼吸系统和全身多脏器功能衰竭，病死率高。我国将其列为乙类传染病，并实行甲类传染病的防治管理措施。

1. 传染源

人感染高致病性禽流感的传染源主要为患禽流感或携带禽流感病毒的鸡、鸭、鹅等禽类。野禽在禽流感的自然传播中扮演了重要角色。

2. 传播途径

禽流感主要经呼吸道传播，也可通过接触感染的禽类及其分泌物、排泄物、受病毒污染的水等，以及直接接触病毒毒株被感染。在感染水禽的粪便中含有高浓度的病毒，并通过污染的水源由粪—口途径传播流感病毒。目前还未发现人感染的隐性带毒者，尚无人与人之间传播的确切证据。

3. 临床表现

人感染高致病性禽流感，会出现不同的临床症状。根据临床观察，感染H9N2亚型的禽流感病毒患者一般表现为轻微的上呼吸道感染症状,大部分患者没有特殊的感觉;而相对于H9N2亚型的禽流感病毒,H7N7亚型的禽流感病毒患者主要表现为结膜炎;比较严重的禽流感病毒主要是由H5N1亚型的禽流感病毒造成的,患者主要表现为全身发烧发热,同时还可能出现流鼻涕、鼻塞、轻度咳嗽、咽喉疼痛、头痛、抽搐、全身肌肉酸痛不适等症状。有些患者还可能出现呕吐、腹部疼痛、腹泻等消化道异常情况。严重时还可能出现晕厥、急躁、语无伦次等精神异常情况。特别严重时还可出现高烧、昏迷等危及生命的情况。临床观察发现所有感染禽流感的患者都存在明显的肺炎、咳嗽,并出现肺功能损伤、急性呼吸窘迫综合征、肺出血、胸腔积液、全血细胞减少、多脏器功能衰竭、休克及瑞氏综合征等多种并发症,可继发细菌感染,引发败血症等。治疗过程应坚持"及时隔离,积极治疗,因病用药,抗病毒治疗"原则。

4. 预防措施

防治人感染高致病性禽流感关键要做到"早发现、早报告、早隔离、早治疗"。"早发现",是指当发现自己或周围同学出现肺炎、发热、咳嗽、呼吸困难等症状时,应立即到医院就医,减少传播,降低发病率。"早报告",是指当发现人群中出现不明原因的发热、肺炎等疑似禽流感症状的患者时,要及时将该情况向学校或当地主管疾病预防的部门报告,及时备案,组织专家排查。"早隔离",是指对人感染禽流感病例或疑似感染禽流感病例要及时隔离,对密切接触者也要进行隔离观察,控制禽流感病毒的传染,防止蔓延。"早治疗",是指对已经确诊为感染者的,要及时采取正确措施开展治疗,有效防止病情的恶化,减少损失。

(三)肺结核

肺结核是由结核分枝杆菌引起的慢性呼吸道传染病。结核杆菌可引起肺部组织产生炎症、坏死和液化,也可产生结核结节。当机体免疫力提高特别是经有效治疗后病变可吸收好转,也可纤维化,坏死组织可钙化。当机体免疫力下降时,病灶坏死液化加重、结核菌在肺内或全身播散,钙化灶重新活动。

1. 传染源

排菌的肺结核病人(尤其是痰涂片阳性,未经治疗者)为主要传染源。

2. 传播途径

结核杆菌在干燥、寒冷的尘埃中可以存活8~10天,日光照射下仅存活数小时,但在痰液内可以存活6~8个月,因此呼吸道传播是最主要的传播途径。结核患者通过咳嗽和讲话时的飞沫,把携带结核杆菌的飞沫核传播到周围空气中,悬浮的飞沫核被健康人吸入造成感染;咳出的痰干燥后结核菌随尘埃飞扬,一旦被健康人吸入人体,也可能造成感染。此外,结核杆菌也可以通过消化道传播、皮肤创口传播和经胎盘的母婴传播。

3. 主要症状

肺结核患者有全身中毒症状和呼吸系统症状。全身中毒症状主要有以午后低热、夜间盗汗、乏力、食欲减退、消瘦等,若病灶急剧进展或播散时,可有寒战、高热的表现。呼吸系统症状有咳嗽、咳痰、咯血、胸痛和气急等。

4. 预防措施

大学生应注意养成良好的生活和学习习惯，注意营养和休息，不熬夜，适当加强体育锻炼，增强机体免疫能力；讲究社会公德，注意个人卫生，严禁随地吐痰；加强预防接种，按时进行卡介苗接种；加强对结核患者的管理，患者打喷嚏或咳嗽时避免面对他人，咳嗽时应以手帕或双层纸巾遮住口鼻，将痰吐在纸上，然后焚烧；实行分餐制，同桌共餐时应使用公筷；餐具、水杯要煮沸消毒。

（四）细菌性痢疾

细菌性痢疾简称菌痢，是由痢疾杆菌引起的常见急性肠道传染病。细菌侵犯结肠黏膜，引起肠黏膜的炎症反应，导致肠黏膜细胞变性、坏死，然后可形成小而浅的溃疡。严重的中毒性菌痢，由细菌毒素引起的全身中毒症状，严重可导致重要器官功能衰竭。

1. 传染源

细菌性痢疾传染源是患者和带菌者。其中，症状不典型的急性患者和慢性隐匿性菌痢患者由于症状轻或无症状而易被忽略。因此，在日常生活中要注意卫生，做到饭前便后认真洗手。

2. 传播途径

菌痢主要是经粪—口途径传播。患者及带菌者的粪便中含大量痢疾杆菌，粪便直接或间接污染食物、饮水和手等，经口进入肠道而感染。日常生活接触则是散发病例的主要传播途径。苍蝇、蟑螂等污染食物通过间接方式传播，引起感染。

3. 主要症状

细菌性痢疾主要临床表现为畏寒、发热、腹痛、腹泻、脓血便和里急后重。腹泻每天可达10~20次，大便量少，呈糊状或为典型的黏液脓血便。中毒性菌痢起病急骤，病势凶险，体温高达40℃以上，伴精神萎靡、昏迷及惊厥，可迅速发生循环衰竭和呼吸衰竭。

4. 预防措施

加强饮食、饮水卫生，做好粪便的卫生管理及防蝇灭蝇工作，改善环境卫生条件。养成良好的个人卫生习惯，餐前便后洗手，不饮生水，不要吃生菜和不洁的瓜果；熟食和瓜果不要在冰箱中放置过久，取出后先加热消毒再食用，把住"病从口入"关。在痢疾流行期间，易感者可口服多价痢疾减毒活菌苗，提高机体免疫力，口服大蒜、黄连有一定的预防作用。此外，大学生还要加强体育锻炼，保持生活规律，增强机体抗病能力。

（五）狂犬病

狂犬病是由狂犬病毒所致，以侵犯中枢神经系统为主的急性人兽共患传染病。人狂犬病通常首先由病兽以咬伤方式传给人，带病毒的犬类是人狂犬病的主要传染源。其次是猫、猪、牛、马等家畜，近年来有多起报道人被"健康"的犬、猫抓咬后而患病。

1. 传染源

带狂犬病毒动物是本病的传染源，在我国传染源主要是病犬，其次为猫及其他家养动物（如猪、牛、马）等，野生动物（如狐狸、狼、臭鼬、浣熊、吸血蝙蝠）是发达国家和基本控制了狂犬病地区的主要传染源。

2. 传播途径

狂犬病毒主要存在于病犬、病畜的唾液内。本病主要通过咬伤传播，也可由带病毒的唾液经伤口、抓伤、舔伤的黏膜和皮肤侵入，少数可通过对病犬宰杀而感染。偶尔可以通过蝙蝠群居洞穴中含病毒气溶胶经呼吸道传播。

3. 主要症状

狂犬病临床表现为特有的恐水、怕风、恐惧不安、发作性咽肌痉挛、进行性瘫痪等。逐渐进入昏迷状态，最后因呼吸循环衰竭而死亡。病程一般不超过6天。一旦发病，病死率几乎100%。

4. 预防措施

宣传狂犬病对人的严重危害和预防措施，加强对犬的管理。被狂犬咬伤后，立即、彻底进行伤口处理及注射狂犬病疫苗可明显降低狂犬病发病率。被咬伤后，应立即用20%肥皂水用流动的清水冲洗伤口至少半小时，伤口深时要尽量将伤口打开并反复冲洗，力求除去狗涎。冲洗后用50%~70%酒精或3%~5%碘酒反复涂擦。在无大出血情况下，伤口不予止血、不缝合不包扎，以便排血引流。伤口处理后，应尽快就医，在医务人员指导下分别在0、3、7、14、30天各肌肉注射一针狂犬疫苗；遇有创伤严重或创伤发生在头面、手、颈等处，咬人动物又确有狂犬病可能时，还需在48小时内注射抗狂犬病毒免疫球蛋白或抗狂犬病毒免疫血清。接触狂犬病的工作人员、兽医、山洞探险者、动物管理人员等高危人群暴露前需要进行疫苗接种，于暴露前第0、7、21天接种3次，每次2毫升肌注；2~3年加强注射1次。

（六）艾滋病

艾滋病又称获得性免疫缺陷综合征（AIDS），由人免疫缺陷病毒（HIV，又称艾滋病病毒）引起的慢性传染病。病人和无症状病毒携带者是本病的传染源。自1981年美国首次报道艾滋病以来，至少199个国家和地区发现艾滋病病毒感染者。我国于1985年发现首例艾滋病病人，现流行进入快速增长期，艾滋病正由高危人群向普通人群传播。本病传播迅速、发病缓慢，目前无特效治疗，病死率极高，以预防为主。

1. 传染源

病人和无症状病毒携带者是本病的传染源。病人的传染性最强，但无症状病毒携带者更具有流行病学的意义。

2. 传播途径

艾滋病主要通过性接触、血液传播及母婴传播。性接触是主要传播途径，共用针具注射或输注含病毒的血液及血制品也可传播，感染病毒的孕妇可通过胎盘、产道及产后血性分泌物和哺乳传给婴儿。此外，接受病毒感染者的器官移植或人工授精，被污染的针头刺伤或破损皮肤意外也可造成感染。而握手、拥抱、共用办公用具、共用卧具及浴池等不会传播艾滋病。

3. 主要症状

艾滋病潜伏期短至数月，长者达十余年。HIV主要侵犯、破坏$CD4^+$ T淋巴细胞，导致机体细胞免疫功能严重缺陷，早期表现为无症状病毒感染者，继而发展为持续性全身淋巴结肿大综合征和艾滋病相关综合征，最后并发各种严重机会性感染或恶性肿瘤，成为艾滋病。

4. 预防措施

应避免不安全性行为；不要与他人共用注射器、剃须刀、指甲刀、牙刷、手帕等，日常生活用品应单独使用并定期消毒。要洁身自爱，远离毒品、杜绝不洁注射；被病人用过的针头或器械刺伤应立即就诊，并进行不少于4周的预防性治疗。告知一般的社交活动如握手、共同进餐、共用办公用品、共用浴室（游泳池）、礼节性的接吻，以及空气、水、食物、昆虫叮咬等不会传播本病。

第三节　求医用药安全

吃五谷，生百病。生病对于人们来说是再正常不过的事了，一旦生病，就得求医用药。但医疗用药也存在安全问题，大学生在医疗用药的过程中应注意合理就医和用药，处理不当的话则会造成"一病再病"。

一、就医安全

随着人们物质生活水平的提高，对健康的品质要求也越来越高，安全就医用药也成为人们关注的热点问题。作为在校大学生，往往缺少各种医药常识，导致一些安全问题。就医安全需要注意以下几点。

（一）看证件，选择合法医疗机构

就医要到正规的医疗机构，不应贪图方便和便宜而到一些私人诊所看病治疗。合法医疗机构是指经各级卫生行政部门批准设立并登记注册，领取了由卫生行政部门核发的《医疗机构执业许可证》的机构。患者就诊前应留意医疗机构是否在醒目位置悬挂了《医疗机构执业许可证》，注意证件是否过期，并仔细查看证件上标注的允许开展的诊疗科目。不要到无证或超范围诊疗的医疗机构看病。

（二）防医托，当心"温柔"陷阱

千万不要轻信车站、大医院门口的医托。医托往往会假装热情地列举一大堆"实际"例子，用花言巧语向患者极力推荐某医疗机构或某位特定的医生。专家提醒，就医前要选择好就医的单位，直接到正规的医疗机构就医问药。如对医疗机构及其医务人员的执业资格有怀疑，可拨打市、区卫生局医政科的电话进行咨询。

（三）要注意，保存好医疗凭证

患者就医后要妥善保存相关医疗凭证，包括门诊病历、各种检查和化验报告、收费票据等。一旦权益受到侵害，可凭这些凭证通过相关途径维护自己的合法权益。有些医疗机构拒绝向患者提供以上凭证，患者应积极索取，发现问题及时向卫生监督部门举报。

（四）防上当，留心街头"义诊"

按照相关规定，组织义诊活动的主体必须是合法的医疗机构，义诊活动要在批准的时间、地点开展，参加义诊的医务人员应佩戴医疗机构统一印制的胸卡，且在义诊活动中不允许有销售、推销等行为存在。对在街头或居民区开展流动性免费量血压、诊断心脑血管等疾病的流动性医务人员，要留意其是否为了推销产品，并注意鉴别其是否有行医执照，谨防上当。

（五）要细心，辨别真假医疗广告

正确辨别医疗广告。切勿轻信无证、违规医疗广告宣传。按照有关规定，发布医疗广告的主体必须是正规医疗机构，没有取得《医疗机构执业许可证》的单位一律不得发布医疗广告。此外，在发布广告内容的同时，还要刊登出医疗广告的批准文号，并且不得有保证治愈或者隐含保证治愈等内容。

二、用药安全

药品是一种特殊的商品，其质量的优劣，用法是否科学合理，直接影响人们的身体健康和生命安全。因人的病情和病原是多变的，故绝对的合理用药是难以达到的，一般所指的合理用药是相对的，它包括安全、有效、经济与适当这四个基本要素。

用药首先强调的是安全性，只有在这个前提下才能谈合理用药。安全的意义在于用最小的治疗风险让患者获得最大的治疗效果。

其次是药物的有效性，这是使用药物的关键。如果没有疗效，就失去了药物本身的意义。临床上不同的药物其有效性在程度上有很大的差别，如根除病源治愈疾病、延缓疾病进程、缓解临床症状、预防疾病发生、避免不良反应、调节人体生理机能等方面都存在差别。

再次，在药物使用安全有效过程中，还应该考虑是否经济，患者能否承受得起。如果一种药品既安全又有效但价格昂贵，患者承受不起，也谈不上合理。

最后是适当，适当包括七个方面。第一，适当的药物。了解药物的性质、特点、适应证、不良反应等，根据患者的身体状况，在同类药物中，要选用疗效好、毒性低的最为适当的药物，在需要多种药物联合作用的情况下，还必须注意适当地合并用药。第二，适当的剂量。严格遵照医嘱或说明书规定的剂量服药，不要凭自我感觉随意增减药物剂量。第三，适当的时间。根据药物在体内作用的规律，设计给药时间和间隔。最合理的给药方案是设计出适当的剂量和间隔时间。如果不遵守服用方法，随意服用，就会影响效果或对胃造成刺激。第四，适当的途径。主要是指综合考虑用药的目的、药物性质、病人身体状况以及安全、经济、简便等因素。患者适合用口服的药物，就尽量不要采用静脉给药。现在提倡一种序贯疗法，即输液控制症状之后，改换口服药物进行巩固治疗。第五，适当的病人。同样一种病发生在两个人身上，由于个体间的差异，即使适用同一种药物，也要进行全面权衡，一个治疗方案不可能适用于所有的人。第六，适当的疗程。延长给药时间，容易产生蓄积中毒、细菌耐药性、药物依赖性等不良反应的出现；而症状得到控制就停药，往往又不能彻底治愈疾病，只有把握好周期，才能取得事半功倍的疗效。第七，适当的治疗目标。病人往往希望药到病除，彻底根治，或者不切实际地要求使用没有不良作用的药物。医患双方要根据具体情况，采取积极、正确、客观的态度，达成共识。

总之，唯有形成安全用药意识，人们才能真正达到用最小的治疗风险获得最大治疗效果的目的。

第四节 自觉抵制"黄、赌、毒"

所谓"黄"，是指淫秽物品，即具体描绘性行为或者露骨宣扬色情淫秽内容的书刊、图片或音像资料等。"赌"即赌博，是指利用赌具，以钱财作为赌注，以占有他人利益为目的的违法犯罪行为。"毒"即毒品，是指鸦片、海洛因、吗啡、大麻、可卡因以及国家规定管制的其他能够使人形成瘾癖的麻醉药品和精神药品。作为一名大学生，应该远离"黄、赌、毒"。

一、拒绝赌博

赌博是以现金或其他物品为赌注，以占有他人利益为目的的违法犯罪行为。赌博是一种丑恶的社会现象，和吸毒一样具有成瘾性症。参与赌博的原因，从心理学角度分析包括以下几个方面。一是为了寻求刺激和满足感，赌博能给人带来物质和精神的双重刺激，这种金钱上和心理上的满足会强化赌徒们的赌博行为。二是娱乐和消遣心理，赌博丰富的内容和形式以及强烈的竞争性和独特的随机性，能满足人们不同层次、不同类型的心理需要。或是为了放松身心，娱性怡情；或在激烈的竞争中获得快感；或追求"寂静"，求得精神慰藉。然而发展的最终结果大都与娱乐和消遣心理相背离，达到不可收拾的程度。三是投机与侥幸心理。由于赌博的胜负是不规则的，带有极大的随机性和偶然性，迎合了人们以较少博多，甚至不劳而获的投机与侥幸取胜心理。赌博的输赢结果，对赌徒是一个强化刺激，使人失去自制力，欲罢不能，至死不悔。四是贪欲与冒险心理。在拜金主义思潮影响下，不少人急功近利，追求快速致富，占有财富的欲望恶性膨胀，当无法通过正当途径满足其欲望时，赌博这种冒险手段就成为他们通向发财之路的阶梯。

大学生赌博的种类有很多，除了大学校园周边的游戏机室，"老虎机"、二十一点机、轮盘机等存在赌博现象之外，有的还通过麻将、扑克、台球、打气球、斗蟋蟀、摆象棋残局、玩电子游戏、猜号码等娱乐方式来赌博。此外，时时彩、百家乐、轮盘赌、体育赛事、电子竞技等，既有线上也有线下赌博，其中又以网络赌博为主。大学生社会经验贫乏，易受赌博诱惑，因此要提高辨别能力，自觉抵制赌博活动。

赌博的危害是多方面的，主要表现在以下几点。

（1）荒废学业。大学生参与赌博或变相赌博，容易对学习失去兴趣，平时作业不做，更无心钻研。头脑里所想的是怎样去赢钱，通常通宵达旦、夜以继日地打牌、玩麻将、泡网吧。长此以往，浪费大量学习时间，造成考试不及格、留级、退学，不能达到学业要求和获得相应学位。

（2）毒害心灵，扭曲价值观。赌博，是一种比输赢的游戏。在赌博过程中，体验着情感和情绪跌宕起伏的愉悦，赌博者，都有"输了要翻本，赢了要再赢"的心理，易形成贪婪和投机取巧的心理，滋长不劳而获的堕落思想，久而久之会逐渐陷入享乐主义的泥潭，形成不良心理品质。

（3）损害身心健康。科学研究显示，参与赌博者精神过分紧张，长期处于此种状态会造成免疫机能下降。经常参与赌博者，生物钟紊乱，作息时间不合理，容易导致精神衰弱和甲状腺亢奋，抑制大脑的活性分子，出现反应迟钝、抑郁失眠、精神恍惚、记忆力下降、早衰等症状。

（4）引发犯罪，危害社会。参与赌博往往是赢家有了钱，随心所欲挥霍无度，输家耗尽钱财，债台高筑，为了还赌博之债，有的甚至铤而走险去诈骗、偷窃。严重的还可能会酿成伤害、凶杀等犯罪案件。据有关部门统计资料表明，高校学生中因赌博被学校给予开除学籍、留校察看之事时有发生，而因赌博走上违法犯罪的现象屡见不鲜。

> **案例**
>
> 某大学同宿舍的四名男生刚入学时成绩在班上名列前茅。可是，在打麻将上瘾以后，他们经常赌博到凌晨两三点钟，有时还通宵达旦。上课时间到了，经常来不及洗漱，空着肚子，慌慌张张、恍恍惚惚走进教室，在课堂上打瞌睡，甚至鼾声大作。由于长时间沉溺于赌博，四人成绩全面下降，最终全部留级。
>
> **点评**
>
> 这四名男生是典型的因沉迷赌博，从而导致学业荒废。

> **案例**
>
> 2021年2月17日，攀枝花市某高校的大三学生何某因抢劫罪，判处有期徒刑5年6个月。何某于2020年10月17日、19日，连续两次在凌晨实施持刀抢劫，抢得现金780多元以及两部手机。何某说，大学期间，他沉迷于网络赌博，不仅学费被输光，而且网上贷款的数万元也无法偿还，他不敢再向家里要钱，于是产生了抢劫犯罪的念头。
>
> **点评**
>
> 校园贷是大学生赌资的最重要来源之一。他一边借贷，一边不断赌博。不过手气却越来越糟糕。这些大学生赌徒的经历都很相似：从随便玩玩，到借贷赌博，再到最后无法自拔。何某是因赌博走上了抢劫犯罪的道路，作为当代大学生一定要引以为戒，防止掉入赌博陷阱。

> **案例**
>
> 2021年10月9日，广西南宁某高校的一名大二学生小陆突然在自己的QQ空间上宣称，因为赌博把从同学那里借来的巨款以及家里的积蓄全部输光，只好以命抵债，"这次真的是要自杀离开了！"所有认识他的人都感到十分震惊，警方随后出具的死亡证明让大家很快相信，这一切都是真的。他死后，大家通过建微信群才发现，借钱给他的至少有86人，金额将近160万元。小陆借钱的理由几乎一样：投资、做生意等，但所有人都不知道，他借钱的真正目的其实是赌博。

> **点评**
>
> 大学生因无力归还高额赌债而自杀，这绝不是第一例。一个大学生这样就轻而易举放弃了自己年轻鲜活的生命，青春可以轻狂，但却不可以疯狂，不理智、不负责任、缺少自制力的青春注定会产生无可挽回的悲剧。

二、远离毒品

毒品是指鸦片、海洛因（白粉）、甲基苯丙胺（冰毒）、吗啡、大麻、可卡因、摇头丸、K粉等以及国家规定管制的其他能够使人形成瘾癖的麻醉药品和精神药品。联合国麻醉药品委员会将毒品分为六大类：吗啡型药物、可卡因和可卡叶、大麻、安非他明等人工合成兴奋剂、安眠镇静剂、精神药物。

据统计，目前全国登记在册的吸毒人员已经超过105万，其中72.2%是青少年。毒品对他们身体和心灵的伤害可以说是罄竹难书。大多数吸毒成瘾的人，一开始都是由于好奇而吸第一口的，而一旦上了瘾，就很难摆脱毒品的诱惑。某省有关部门调查发现，未成年人贩毒案件的绝对数虽然不多，但其增长幅度非常快。吸食（包括注射）毒品或欺骗、容留、强迫他人吸食毒品，以及非法从事制造、贩毒已成为全世界的社会公害，每个大学生都不可染指，要充分认识其危害。

吸毒的危害有如下几点。

（1）摧残意志和精神，学业荒废。吸食毒品使人逐渐懒惰无力，意志衰退，智力和主动性降低，记忆力减退，致使学业荒废。

（2）摧残身体健康，促进死亡。吸食毒品成瘾癖后会产生强烈的病态反应，如烦躁不安、失眠、疲乏、精神不振、腹痛、腹泻、呕吐、性欲减退或丧失。人体内的毒品达到一定剂量后会刺激脊髓，造成惊厥，乃至神经系统抑制，引起呼吸衰竭而死亡。

（3）传染各种疾病，危害他人。静脉注射毒品又是传染肝炎、肺炎、性病及艾滋病等多种传染病的重要途径。

（4）丧失理智和人格，诱发刑事犯罪。吸毒耗资巨大，诱发吸毒者为解决毒资铤而走险，走上了盗窃、抢劫、诈骗、杀人、贪污、受贿、卖淫等犯罪道路，有些吸毒者以贩养吸、从害己转为既害己又害人。

> **案例**
>
> 张某和袁某是因吸毒而贩毒的未成年犯人，他们原本知道一些传统毒品的危害性，但对摇头丸这些新型毒品认识不够。他们第一次吸食毒品都是从吃摇头丸开始，而后来就转向了吸食白粉，最后走上贩毒的道路。
>
> **点评**
>
> 一提到毒品，人们就会想到"虎门销烟""湄公河惨案"。实际上人们离毒品并没有想象的那么远，毒品不只存在于电影和历史资料中，而有些"毒品"早已变身，以意想不到的方式混迹于人们身边。其实有些聚会是不能去的，因为灯红酒绿中、觥筹交错间，没法

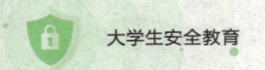

确定你的酒杯里有没有特殊"加料",隐秘聚会中花花绿绿的小包神秘物体很可能是毒品。警方曾查获各种伪装成"跳跳糖""橙汁"冲剂的新型毒品,迷惑性极强,必须高度警惕。

案例

2021年6月26日夜晚至27日凌晨,马某两次吸食毒品,致使其精神恍惚,持尖刀捅刺舅母数刀(重伤),后又将其姨妈肩膀刺伤(轻微伤),接着持刀逼迫一司机拉载他并行刺(轻微伤),而后再向一路人连捅数刀(重伤)。最终被法院以危害公共安全罪判处有期徒刑10年6个月,剥夺政治权利2年。

点评

人在吸食过量毒品后容易产生致幻作用,行为不受控制。美国也曾经报道一名20岁少女因吸食毒品过量产生幻觉,竟徒手挖出自己的眼球的悲惨事件。案例中马某伤人也是因为毒品的致幻作用所致。

案例

2022年1月,重庆市某艺术院校学生杨某在接到黄某在"陌陌"上发来的求购大麻叶信息后,邀约某职业院校学生张某共同前往江北区观音桥某KTV与黄某交易大麻。张某按照杨某的安排将黄某带至洗手间处,杨某在此将净重15.04克的大麻以1 700元价格贩卖给黄某,交易完成时被民警当场抓获。

点评

《全国人民代表大会常务委员会关于禁毒的决定》第三条规定:"禁止任何人非法持有毒品。非法持有鸦片一千克以上、海洛因五十克以上或者其他毒品数量大的,处七年以上有期徒刑或者无期徒刑,并处罚金……非法持有鸦片不满二百克、海洛因不满十克或者其他少量毒品的,依照第八条第一款的规定处罚。"第八条第一款规定:"吸食、注射毒品的,由公安机关处十五日以下拘留,可以单处或者并处二千元以下罚款,并没收毒品和吸食、注射器具。"无论是吸毒、贩毒,买卖毒品都属于违法行为。

案例

2021年5月18日,2001年出生的拜某通过加入一微信群,与网友联系好带货,并谈好了酬金1.5万元,毒品吞食小的每个200元,大的每个2 000元。5月20日,他吞食了72个小的、2个大的,总共74个毒品。拜某于5月23日辗转到贵阳,在从贵阳乘坐列车前往长沙时被抓获。他以运输毒品罪,判处有期徒刑15年,并处没收个人财产5万元。

点评

近年来,25岁以下青少年代为运输毒品的案例屡见不鲜。这体现了刚步入社会的青年人法律意识淡薄,在高额金钱的诱惑下触犯刑法都将付出巨大的代价。

三、抵制色情

"黄"是一种侵蚀心灵的东西，它侵蚀着看"黄"之人的心灵，就像幽灵一样盘旋在人们的心中，它能激发人内心深处的欲望，很多人因深陷其中而走上犯罪的道路。其中大多数是年轻人，大学生处在青春期，会产生一些对性的好奇和向往，这是正常的生理反应。大学生作为社会群体中的一分子，难免会受到社会上各种现象的影响。例如，社会上存在色情场所就是一种极其丑恶的现象。大学生若不自觉抵制色情诱惑，将会极大地破坏大学生的形象，影响身心健康，走向犯罪的深渊。因此，大学生要坚决抵制黄色淫秽制品。

淫秽、色情出版物及网络色情对青年学生的危害有：误导青年学生的性观念，扭曲他们的性心理；影响学生的身心健康发展；诱导青少年实施性犯罪。网络色情内容是一种精神毒品，大学生很容易沉迷其中，受到毒害。

> **案例**
>
> 小许来自鲁西南的一个贫困农村家庭，2019年考上某所高校。入校不久，他谈起了恋爱，与女友发生了性关系，但几个月后，两人就分手了。小许尝过"禁果"的滋味，失去女友后很是失落，于是经常去网吧，他不玩游戏，不聊天，只上黄色网站，越陷越深。虽然他每次上黄色网站后都非常自责，害怕被人发现，但很快又会去看。后来，小许回忆那段时间，他的脑子里全是色情内容，走在大街上，只要看到年轻漂亮的女性，心里就会产生占有的想法；坐公交车，他喜欢挨着女性，内心充满色情想法。暑假期间，小许花几百块钱买了一台二手计算机，每天在家上网浏览色情网站，以此来自慰。逐渐地，他的健康状况出现了问题，心理上也变得敏感、自卑。
>
> **点评**
>
> 大学生正处于生理成熟的初级阶段，对自身和异性都有很多神秘感。由于我国在性教育方面还存在很大不足，大学生对生理方面的认识程度有很大欠缺，又由于青年大学生具有接受新奇事物的天性，对出现在其视野内的异性产生极大兴趣，所以会乐此不疲地追求这方面的事物，希望能探其究竟，愈久弥深。大学生自觉不自觉地受到黄色淫秽物品的毒害，轻则精神萎靡，产生性幻想，荒废学业，重则效仿淫秽图书、图片或录像中的内容实施，触犯法律。大学生应坚决抵制色情诱惑，对黄色淫秽物品要坚决做到不看、不传，更不能走私、制作和贩卖。要洁身自爱，读好书，结好友，积极参加有益健康的文娱活动；树立正确的人生观，培养高尚的道德情操，做"四有"新人。

> **案例**
>
> 广东省某高校一名大学生冯某，从2020年1月起，利用郑州市商都信息港提供的免费个人空间建立了一个色情主页，并且把该主页与其所在地在某信息网的主页链接。截至2021年3月该色情网页被查封时，一共有10万余人次浏览。2021年9月，冯某因利用网络传播淫秽物品牟利案，被判处有期徒刑10年，并处罚金2万元。

点评

　　计算机和互联网普及后,黄色淫秽物品的传播也更为迅速。利用黄色淫秽物品谋取利益者,则更是法律所不容。正是由于这些"病毒"的存在,导致尚在成长发育阶段的大学生容易被感染,做出与身份、道德和法律不相符的行为举止。观看、传播淫秽物品,也都是违法行为,最终害人害己。

第五章 财产安全篇

第一节　防盗常识

一、校园盗窃现象概述

> **案例**
>
> 2021年3月11日12时,某大学一学生宿舍被盗4台笔记本电脑、3台相机和现金600元。
>
> 同日15时,该大学一办公楼发生入室盗窃案,办公室柜子被撬,3台笔记本电脑、1台投影仪及现金39 000元被盗。
>
> （资料来源：作者根据相关资料整理）
>
> **点评**
>
> 由以上案例可知,高校许多师生对贵重物品保管不周,易蒙受经济损失。

随着人民生活水平的提高,学生随身携带的贵重物品也随之增多。随着高校招生规模的扩大,在校大学生的数量逐年上升,校园受到大社会的影响,治安问题变得日趋严重。然而,在校大学生的防盗意识不强,对盗窃行为不够警惕,也没有相应的思想准备。因此,给不少盗窃团伙和盗窃分子以可乘之机。与此同时,有些学生也沾染了偷窃的恶习,盗窃同学的贵重物品和现金,致使高校盗窃案频繁发生,严重影响了大学生的学习和生活。

（一）盗窃的概念

盗窃,是指一种以非法占有为目的,秘密窃取数额较大的公私财物或者多次窃取公私财物的行为。

盗窃是一种最常见的违法犯罪行为。据有关统计,盗窃罪属于常见高发罪,是目前国内刑事犯罪案件中数量最多的一种罪,约占80%。全国1985年以来的重大、特大刑事案件中,盗窃案的数量约占50%。在高校发生的各类案件中,盗窃案的数量约占90%。盗窃案件的频繁发生,不仅给学校及师生造成了大量的财物损失,而且严重影响了师生的正常工作、学习和生活秩序。

我国刑法规定,盗窃数额较大的(1 000~3 000元为起点),判处3年以下有期徒刑、拘役、管制,单处或并处罚金;数额巨大的(3万~10万元为起点),判处3年以上10年以下有期徒刑,并处罚金;数额特别巨大的(30万~50万元为起点),判处10年以上有期徒刑,并处罚金。

（二）高校易发生盗窃案件的时间和场所

1. 校园容易发生盗窃案件的时间

（1）一年中易发生盗窃案件的时期。

①新生开学期间。学校外来人员多,人员混杂,而新生人生地不熟,从家里带来的贵重物品未能及时妥善管理。加上缺乏生活经验,对陌生人来寝室警惕性不高,往往不加盘问,这给作案分子以可乘之机。

②毕业离校期间。毕业生由于很快就要离开母校,要办理的手续众多,东西杂乱,宿舍内

进进出出的人较多，学生忙于离校，放松了警惕，容易被盗。

③寒暑假、"五一""十一"等假期。校园内人员稀少，教学楼、实验楼、图书馆、学生公寓容易发生盗窃案件。

④夏秋季节。天气炎热，学生开门开窗休息，缺乏防范，容易发生盗窃案件。同时，经过一天的学习、活动，大家都比较疲惫，而且学校一般都有规定的熄灯时间，所以上床后很快入睡。有利于盗窃分子趁夜深人静、室内人员熟睡之际入室行窃。

⑤新生军训、运动会等大型活动期间。因学生集中外出，学生公寓楼内容易发生盗窃案件。

（2）一天中容易发生盗窃案件的时间。

①上课时间。学生上课或晚自习时，特别是在8:30~9:30、15:00~16:00和20:00~21:00。上课时间学生和老师通常都在教室或者办公室，宿舍一般很少有人，大家习惯将钱包和手机等放在寝室里，而此时没有课的同学一般也都在熟睡当中。这给了盗窃分子作案的机会，常见的"溜门作案"便是利用这个时间。

②早操时间。早操期间，很多宿舍没有锁门的习惯，给溜门盗窃分子提供了可乘之机。

③课间时间。课间休息仅10分钟，学生在下课后一般都会走出教室放松，很少有同学回寝室，作案分子特别是内盗作案人员会利用此时机，在盗窃得手后继续回教室上课，给人以没有作案时间的假象。

④食堂就餐时间。学生打饭时，喜欢把书包随便放在桌子上便去排队买饭，容易丢失书包和书籍等物品；饭堂打饭人员较多，鱼龙混杂，不少同学喜欢把手机钱包等放在衣服口袋里，盗窃分子趁人多时，顺势把手机、钱包等贵重物品扒走。

⑤晚上学生睡觉时间。由于一些寝室的学生安全防范意识差，晚上睡觉不关门或寝室门虚掩。贵重物品随手乱放，给盗窃分子以可乘之机。一般凌晨2点至4点是大多数人深度睡眠时间，不容易被吵醒，是盗窃分子作案的高发时间。

2. 校园容易发生盗窃案件的场所

（1）学生宿舍。学生的贵重物品、生活用品、学习用品主要放在宿舍里，所以宿舍被盗次数在高校一直占有很高的比例。

（2）教室。许多学生将装有贵重物品的书包放在教室里自习，自己出去办事或者上厕所时容易造成物品丢失。

（3）图书馆阅览室。图书馆阅览室一般都不允许将自己的书包带入，大多数学校是在门口放一个书架或者书柜供学生存放书包。有的同学警惕心较差，没有及时上锁，致使个别人偷拿别人书包的现象时有发生。

（4）操场、运动场。许多同学将书包和衣服随意放在操场边或是运动场上后锻炼身体，造成现金、贵重物品及衣物的丢失。

（5）澡堂。部分学校的澡堂没有配备带锁的衣柜箱，因而造成学生衣服兜内现金或贵重物品丢失。

（6）停车地。乱停乱放在学生公寓楼、教学楼、图书馆等较为空旷的停车场的机动车、电动车及自行车容易被盗。

（7）自租房。有的学生为图生活方便，私自在校外租房，由于房屋简陋、偏僻且人员混杂，常常发生盗窃案件。

（三）高校盗窃案件的成因

近年来高校盗窃案件逐年增多，分析高校盗窃案件增多的原因主要有以下几个方面。

1. 主观方面的原因

（1）制度不严，管理松懈。学校安全管理制度不健全、管理不到位、重要场所无人值班，或值班人员责任心不强、工作不认真、麻痹大意，易被盗贼乘虚而入。

（2）缺乏警惕，防范意识差。主要表现在以下几方面。

①贵重物品随意乱放。有的大学生对手机、笔记本电脑、钱包等贵重物品保管不严，随意搁置，造成被盗。

②不注意个人信息保密。有的同学的银行卡、信用卡的密码设置简单，且随意告诉他人，容易造成财物或存折被盗取。

③寝室门窗忘记关锁或有意敞开。往往一间寝室住五六位同学，经常进进出出，出现不关窗、不锁门的现象，尤其在夏、秋季节学生喜欢开窗、敞门睡觉。有的同学认为洗脸、上厕所时间短，将手机等贵重物品放在开门且无人的寝室内问题不大，从而造成失窃。

④寝室钥匙保管不当。一些同学随意丢放寝室钥匙或交给他人保管，有意行窃者容易取得钥匙，在私自配好钥匙后，开门入室盗窃。

⑤显财露富，引贼入室。有的同学虚荣心强，故意在人多场合吹嘘自己的财富，炫耀自己的贵重物品，这必将引起有意行窃者的注意，造成失窃。

2. 客观方面的原因

（1）校园安全设施不健全。近年来，一些高校在校学生人数几乎翻了几倍，学校在进行经费预算时，由于要让位于学科建设、基础设施建设，往往对安全防范经费投入不足，导致高校的一些要害部位防范设施欠缺，有的甚至无任何防范设施，给犯罪分子以可乘之机。比如，有的贵重物品存放处没有特制的安全防护设施，有的公寓外围围墙低矮易翻越等。

（2）人们的贵重物品增多。由于生活条件的改善和科学技术的发展，师生个人拥有体积小、价值高、易携带、易销赃的高科技产品越来越多，如笔记本电脑、手机、快译通、相机、摄像机等，这些物品客观上促进了作案者到高校盗窃的欲望。

（3）校园周边环境复杂，人员流动频繁。校园周边环境复杂，学校大门对外开放，外来闲杂人员以种种理由随便进出学校，使得门卫管理难度加大，校园内外的治安环境受到危害，为犯罪分子提供了有利环境。人们常说"铁打的营盘，流水的兵"，高校也是如此。高校用人制度的改革，使教职工经常流动，特别是高校后勤大量用工，客观上造成高校居住成员复杂、流动频繁，易被盗窃者钻空子。如果学校的防盗警报系统不够完善，就会增加案件发生的概率，也增加了案件破获的难度。

3. 内盗行窃者的特殊心理原因

（1）侥幸心理。有的学生缺乏法律常识，抱着试一试的念头进行盗窃，一旦取得成功便难以及时罢手，这种侥幸心理使他们在盗窃行为上越陷越深，无法自拔。

（2）虚荣心理。有的学生在日常生活中为了引起别人关注，在物质上讲排场、搞攀比，而家庭条件又不允许，为了不丢面子，便采用行窃的手段来满足自己的虚荣心。

（3）嫉妒心理。一部分家庭条件好的学生不注意自身言行，过度炫耀高档贵重物品，可能会对一些家庭条件差的同学产生刺激，由此造成嫉妒心理，导致少数行为过激的同学乘机行窃。

（4）报复心理。有的同学被盗以后，由于内盗案件不能及时侦破，于是妄定盗窃嫌疑对象，相互猜忌，造成同学之间不和，甚至产生"你偷，我也偷"的报复心理。

（5）心理障碍。个别学生人格缺失，有心理疾病，尽管不缺少钱物，但有"顺手牵羊"的习惯或盗窃的嗜好。

> **小贴士**
>
> **哪些学生宿舍容易被盗**
>
> （1）居住成员混杂，搬动次数频繁。
> （2）制度不严，管理松懈。
> （3）无人值班或值班人员无责任心。
> （4）缺乏警惕性，互不关心。有的同学看到陌生人在宿舍里乱窜，缺乏警觉或唯恐惹火烧身而不闻不问；有的宿舍无人时不锁门。
> （5）门窗缺乏安全设施。

二、常见被盗方式及特点

> **案例**
>
> 2021年3月，徐州警方破获横跨苏皖两省的系列校园盗窃案，抓获涉嫌盗窃的犯罪嫌疑人吕某及涉嫌收赃的犯罪嫌疑人陈某两人，缴获不明来历的手机50余部，涉案赃款1万余元。据吕某交代，自2020年9月以来，他曾多次潜入苏皖两省的多所高校进行盗窃。吕某称，他一般都选择在早上7点钟左右，学生出操或上课时作案，打扮成学生模样，潜入高校校园实施盗窃。
>
> （资料来源：作者根据相关资料整理）
>
> **点评**
>
> 随着教育体制的改革，大学环境日渐开放，闲杂人等容易进入校园。许多盗窃者较容易通过假扮学生或推销产品的名义查看宿舍的财物情况，并在宿舍无人时行窃。而遇到当时没有人在的寝室，则顺手牵羊，将学生贵重、易携带的物品拿走。这个案例告诫大学生，一定要加强警惕和防范意识，接待外来推销人员时，千万别轻易"露财"；有事外出时，记得关好宿舍门窗。

> **案例**
>
> 某大学生张某自入学后近一年的时间开始，以配钥匙开锁、乘虚而入、顺手牵羊等手段，先后在同年级宿舍盗窃近20次。盗窃物品小到洗发水、电脑配件，大到手机、手提

电脑等财物，价值3 000余元。某日早上7时许，张某趁宿舍同学外出做早操之际，盗窃同宿舍同学黄某放在学习桌上的电脑配件2个（价值700余元），后被校保卫处查获。因张某被查获后，主动交代盗窃事实，认错态度较好，并积极退回赃物，挽回损失，学校未将其移交司法部门，但对其做出勒令退学处理。

（资料来源：作者根据相关资料整理）

点评

防盗难防"内贼"。一些法律意识淡薄的大学生，利用作案环境的方便偷取同学的财物，从而耽误了大好前途。

盗窃分子往往针对不同的环境和地点，选择对自己较为有利的作案手段，以获得更大的利益。在高校发生的盗窃案件中，作案者所采取的手法主要包括无目标的随机盗窃、有目标的准确盗窃和智能化盗窃三种。

多年来，尽管公安机关采取严厉措施一次次坚决打击，但校内仍时有盗窃案件的发生。为了做好防盗工作，有必要了解小偷行窃的惯用手法。

（一）校园盗窃案的常见方式

1. 无目标的随机盗窃手法

（1）顺手牵羊。盗窃作案者利用主人的不备，将放在床铺上、桌上、走廊、阳台等处的钱物随手拿走，占为己有。碰到有机可乘的机会，如看见别人的摩托车、自行车没锁，便顺手盗走。

（2）溜门串户。作案者首先会摸清情况，包括时间、地点、治安防范措施等，往往以找同学、找老乡、找亲朋、推销为借口，登门入室，发现宿舍无人或是发现同学在室内洗澡、睡觉或上网时没关门，便趁机入室行窃。作案人清楚，宿舍门未锁，主人必定离开不远，随时可能回来，故作案时间很短。

（3）乘虚而入。作案分子常趁主人不在或房门抽屉未锁之机入室行窃。为防范这类盗贼，同学们一定要养成外出时上锁、关好窗户、拉上窗帘的好习惯。

（4）调虎离山。作案者故意提供虚假"信息"诱主人离开宿舍，然后趁室内无人行窃。

（5）内贼难防。此种盗窃在校园盗窃案件中所占比例最大，且大多发生在学生寝室，并多数为本寝室或本班同学所为。

（6）浑水摸鱼。当宿舍内外发生意外情况或学校组织大型活动时，大部分学生因想看热闹外出而忘记关门上锁，作案者趁机行窃。

2. 有目标的准确盗窃手法

（1）撬锁入室。作案者在基本摸清主人财物的价值、存放地点后，采用踢、撞、顶、撬等方法弄开大门，入室后作案人又用同样的方法撬开抽屉、箱柜等行窃。使用此法的盗窃分子胆大、下手狠，现场翻动较大，作案目标以现金和价值高、便于携带的物品为主。

（2）翻窗入室。作案者在基本摸清主人财物的价值、存放地点后，乘主人不关窗户或关窗未插插销，翻越窗户入室行窃；或撬开防盗窗，爬入室内，进行盗窃。在窃得钱物后，又堂而皇之地从大门离去或原路翻越而出。

（3）窗外钓鱼。作案者乘室内无人或室内人员睡觉之际，从窗户外用竹竿、木棍、铁丝等，将晾晒的衣物和放在桌子、床、凳子上的衣服、皮包等物钩出室外，再将有价值的物品盗走。还有的甚至利用钩到的钥匙开门入室进行盗窃。因此，住在一楼或其他楼层靠近走廊、窗户的同学，如果缺乏警惕，其财物很容易被盗。

（4）留宿盗窃。作案者利用个别学生警惕性不高、纪律性不强的弱点，借用朋友、老乡、同学等关系，留宿寝室，乘主人上课或外出活动时，盗窃室内的手机、现金、照相机、电脑等。

（5）钥匙开门。作案者用同学随手乱扔的钥匙，秘密配置相同的钥匙（门钥匙或橱柜钥匙），伺机作案行窃。有的甚至直接用同学的钥匙打开橱柜窃得财物。所以，因住宿人员变动，锁芯没有换和钥匙丢失后没有及时换锁的学生寝室，必须高度重视，别让窃贼在钥匙上钻了空子。

（6）换锁盗窃。换锁盗窃常发生在用明锁的学生寝室，由于有的学生怕麻烦，回到寝室后将打开的锁挂在门扣上。作案者趁学生不注意，用另一把相同型号的锁换下，等到该室学生都出去后，从容将其打开，入室盗窃，得手后再将锁换回。

（7）内外勾结。校内个别教职工或在校学生，勾结社会上的窃贼，利用熟悉校内情况的特点，内外串通，私自配制钥匙交给窃贼，在学生上课时或学校放假期间实施盗窃。

3. 智能化盗窃手法

作案者利用自己的计算机知识，破译他人的网络账户及密码；或偷记他人的网络账户、银行卡号及密码并伺机到银行等地盗取现金；或利用新生领取学校发放的校园卡后没有及时更改密码之机，盗取他人的存款。这类手法常见于内盗案件，并且以关系相好的同室或"朋友"作案较多。

（二）高校盗窃案件的特点

1. 作案流动性大，难以侦破

校园盗窃案件大多发生在学生寝室或者教室没人时，瞄准目标，下手准确，所以此类案件具有作案手法简单、现场遗留痕迹和物证少、作案时间短、隐蔽性强的特点，而且校园里人来人往，作案人员趁乱混入人群，方便转移。正是由于上述情况，使校园盗窃案件的破获受到了很多限制。

2. 作案时间具有选择性，以深夜为主

校园内被盗窃的目标多为学生和住在教师宿舍、家属楼的教师及家属。一般学生和教师在正常上课期间，其宿舍多为无人状态，极容易作案。所以，作案首选时间便是上课期间。而作案者容易得手是在人们熟睡时。人进入深度睡眠时没有防御能力和警惕性，学生寝室习惯开门开窗睡觉的、教师家属楼没有安装防盗网的，都极易成为作案的目标。

3. 内盗案件突出，难以防范

近年来各大高校对于校园盗窃案的统计结果显示，近70%的盗窃案属于内盗。所谓内盗就是作案者为同学、老乡或者在校内务工的人员。财会室、计算机室等在什么位置，作案人掌

握得一清二楚；哪个学生有钱或贵重物品常放在什么地方、有没有锁在箱子中或柜子里、钥匙放在何处，作案分子也基本了解。不动手便罢，一旦动手，常是十拿九稳。

4. 内外结伙盗窃，损失惨重

内外结伙盗窃，是指校内居住人员与校外人员结伙在校园盗窃。作案主体主要是某些校内人员家属子弟与社会上的无业人员。这类人员从小就养成了不良习惯，不求上进，滋生了不劳而获、贪图享受的思想。为了满足欲望，他们往往利用熟悉校园环境和住户情况的便利条件进行盗窃。因为有校内熟悉校园环境的熟人帮忙，盗窃者往往能较为顺利地偷取财物，造成被害人损失惨重。

5. 作案手法多样，防不胜防

作案分子为了准确地选择盗窃目标，在作案前常以某些身份作掩护，对作案目标进行暗中观察。他们通常采用顺手牵羊、溜门串户、撬门盗锁等方法行窃。由于作案分子的作案手法多样，尤其是趁被害者不注意时伺机作案，让人防不胜防。

6. 作案具有连续性，屡屡作案

基于以上特点，作案人在第一次作案后很容易得手。"首战告捷"以后，作案人往往容易产生侥幸心理，加之报案及破案的滞后，作案人极易屡屡作案而形成一定的连续性。

> **小贴士**
>
> **盗窃分子是如何行窃和逃逸的**
>
> 盗窃分子进入学生宿舍作案，首要目标是现金、银行卡（有的盗窃后立即去银行取款）；其次是手机、笔记本电脑、照相机等价值较高又便于携带的物品；再次是价值较高的衣物。因为大部分学生喜欢将贵重物品放在抽屉、柜子、被子底下。因此，盗窃分子入室后，往往先是开抽屉，越是上锁的，被撬的可能性越大，其次是开箱子，再次是翻褥子枕头。一些老练的盗贼搜寻既快又细，即使是放在枕芯里、褥子下、盒子里的现金，也难逃其"毒手"。
>
> 盗窃分子被同学发现后，一是骗，一般会搪塞说是找人的，或说是外系的，如同学信以为真，不认真盘问，就可能被其蒙混过关；二是逃，趁只有一两人发现，还未对其形成合围之势，立即逃之夭夭；三是混，有些盗窃分子因深入宿舍作案，一时逃不出去，往往先逃出发现者的视线，再躲入厕所、空房、阳台等处，待无人时再从容离去；四是求，装出一副可怜模样，哀求私了或放过他（她）；五是铤而走险，掏出凶器威胁，这种情况虽不经常发生，但同学们在捉拿盗贼时对这一招也应有必要的思想准备，防止发生意外。

三、被盗后如何处置

> **案例**
>
> 2021 年 4 月 27 日晚上 7 时许，大学生李某趁学生宿舍熄灯无人之机，从其居住的宿

舍阳台攀爬到相邻宿舍的阳台，然后进入该宿舍，将事主魏某放在宿舍内的一台手提电脑盗走，得手后携带赃物原路返回宿舍。4月30日下午3时多，事主魏某与该校物管保安员到宿舍寻找失物，犯罪嫌疑人李某将所盗的手提电脑藏在该宿舍入门第一张床（同学梁某所睡）的被子下面。后被事主寻获并报警，民警将嫌疑人李某传唤至派出所。

（资料来源：作者根据相关资料整理）

点评

许多学生因为缺乏防范意识，将手机、笔记本电脑、相机等贵重物品随便放在寝室的桌子上或是床上，容易导致盗窃案件的发生。需要注意的是，发生盗窃案件时，一定要学会使用法律武器维护自己的权益及时跟学校的保卫处联系，报告被盗情况，联系警察缉拿窃贼，以避免更多盗窃案的发生。

由案例可知，法网恢恢，疏而不漏。盗窃属于犯罪行为，再猖獗的窃贼最终都会被绳之以法。

"害人之心不可有，防人之心不可无"，针对目前校园的治安状况，大学生一定要保持良好的防护习惯，认真观察身边的人与事，及时规避针对自己的财产侵害。发现财物被侵时，要快速、准确、实事求是地报警求助。坚持用法律维护自己的财物安全，面对暴力侵财，在积极采取正当防卫的同时，要注意保护好自身安全。要做到联防联治，共同营造文明、和谐、有序的校园环境。

（一）发生盗窃案件后的基本应对措施

一旦发生盗窃案件，一定要冷静应对，注意做好以下几个方面的工作。

1. 及时报告，保护现场

发现被盗，应立即报告院（系）有关领导、学校保卫部门或当地派出所，并保护现场。安排人专门负责，不准任何人进入犯罪现场，不要翻动现场的物品，不能急急忙忙地去查看自己的物品是否丢失。万一进入现场后才发现被盗，应马上撤离现场，切忌翻动现场物品查看损失情况。封锁和保护现场是判断犯罪分子进行犯罪活动的依据。

2. 发现窃贼，防其逃跑

发现嫌疑人后应立即组织学生进行堵截，进行堵截时需要注意以下几个方面。

（1）随机应变，注意安全。即使明知其是窃贼，也可以故作轻松，故意误认为他是其他同学的亲友，和他随便交谈以拖延时间，等待其他同学的到来。在援助人员未到之前，要和盗贼保持一定距离，谨防其狗急跳墙行凶伤人。万一窃贼逃窜，应大声呼叫，以引起校园师生注意并协助抓获。

（2）保持冷静，急而不乱。面对窃贼逃跑，同学们应紧紧跟上，并利用熟悉的地形，分头守住楼梯口或大门出口，同时报告宿舍管理部门和学校保卫部门处理。窃贼在逃跑的过程中，往往都会在厕所、阳台、水房等处躲藏，这时要守住出口，有组织地认真盘查。

（3）依靠集体的力量控制窃贼。如果发现宿舍有正在行窃的窃贼，可以大声招呼住在周围的同学和宿舍管理人员，一起来控制窃贼，防止其逃跑。校园内师生员工众多，只要一喊，许多师生都会上来帮忙的。

3. 协助调查，如实回答

公安部门和保卫人员来调查问题时应该据实回答，一要实事求是地回答公安部门和保卫人员提出的问题，积极主动地提供线索，不凭想象推测，不隐瞒情况。二要认真回忆，力求全面准确，对事不对人。三要发现线索，积极主动地向学校保卫部门或院系组织汇报。必要时，可以请求有关部门予以保密，公安机关和保卫部门都有义务和责任为提供情况的同学保密。

4. 及时挂失，补办证件

发现银行卡、存折、校园卡等丢失，应在第一时间到银行去办理挂失并补办证件，防止盗窃者非法使用。

（二）发生盗窃案的具体处置方法

1. 银行卡被盗的处置方法

银行卡被盗，应第一时间带有效证件到银行办理挂失登记手续，接着到学校保卫部门报案。盗窃分子在盗取了银行卡后，凭借之前盗取的密码，往往会迅速支取卡内资金，所以当发现银行卡内的资金被盗取后，要第一时间向公安部门报案。因为现在的提款机已经安装了摄像头，警察调取视频资料，可以较好地识别盗窃者的样貌和身形，给案件的侦破提供直接线索，挽回部分损失。

2. 手机被盗后的处置方法

许多窃贼偷取手机后，常常通过手机上的号码簿查到失主的至亲，或是朋友进行诈骗，通过假扮失主，并以微信或QQ、短信的形式，以自己生病、需要借钱等借口骗取失主的至亲或是朋友的财物。因此，手机丢失后，需第一时间告知自己的家人和朋友。勿相信任何需要汇钱的信息，平时也需要注意：存自己家人微信或QQ号码时，勿用"爸爸""妈妈"等通用称呼。

3. 汽车、摩托车、自行车丢失后的处置方法

首先要及时向学校保卫部门报案、备案，讲清楚汽车、摩托车、自行车的车牌号码、车型、颜色等可辨别的特征。如果发现自行车刚刚丢失，首先要发动同学在存放地点附近寻找，因为小偷一般不在第一现场撬锁，而是把车转移到人少或者僻静的地方撬锁；如遇到窃贼正在撬锁，千万别惊动窃贼，可通过拍照等方式获取证据，同时立即通知学校保卫部门，力争抓获现行。

> 💡 **小贴士**
>
> **如何保管好自己的现金和贵重物品**
>
> （1）保管现金最好的方法是将其存入银行，并设置密码，密码不要告诉他人。银行卡与身份证要分开存放，这样即使存折被盗，也不用担心被人冒领。
>
> （2）贵重物品不用时最好锁在抽屉、柜子里，以防被顺手牵羊、乘虚而入者盗走。放长假前，最好将贵重物品带走或交给可靠的人保管，不要留在宿舍。
>
> （3）住一楼的同学，睡觉时应注意将衣物放在远离窗户的地方，防止被人"钩走"。

（4）宿舍钥匙不要随便借给他人或乱扔乱放。

（5）对贵重物品，最好有意识地做一些特殊的记号。即便被盗走，将来找回的可能性也要大些。

突遇盗贼怎么办

（1）保持警惕，头脑冷静，急而不乱。必要的警惕性不可少，如进行必要的盘问、找借口拖延时间等。

（2）发挥集体力量。在绝大多数情况下，宿舍内总留有一部分同学，不管是否认识，只要听说宿舍里进来了小偷，大多都会挺身而出的。

（3）以正压邪。如撞见盗贼正在作案，应尽快拿起手边可用以自卫的工具，再大声呵斥，对其形成威慑，同时大喊"抓贼"招呼同学。

（4）随机应变，注意安全。在援兵未到之前，要和盗贼保持一定的距离，与其周旋，要防止其行凶伤人，以能控制盗贼防其逃窜为目的。

（5）如有两个窃贼，同学们人数不够时，应集中力量抓住其中一人。

（6）抓获窃贼后，应将其强制控制，并通知或扭送至公安、保卫部门。

（7）万一无法抓住窃贼，应记住窃贼的特征，如年龄、性别、身高、体态、相貌、衣着、口音及其他比较明显的特征，以便向公安机关提供破案线索。

四、防盗的基本措施与技巧

案例

2021年8月，李某窜至山东多所大学的食堂和体育场，趁其他同学排队买饭、观看比赛之机，将放在座位、餐桌和看台座位上的背包窃走，共窃得笔记本电脑、手机、数码相机、银行卡、医保卡、公交卡等物品，总计价值近3万元人民币。

（资料来源：作者根据相关资料整理）

点评

目前，校园内偷盗案件时有发生，这给在校学生的学习和生活造成了极大的影响。这些案件发生的主要原因多是学生安全防范意识不强。随手将贵重物品放在没有防盗措施的宿舍、课桌和公共场所，客观上吸引了不法分子作案。高校内部盗窃案占有相当高的比例，作案者往往就是自己身边的同学，破案非常困难。

在高校，提高防范意识和提高防盗水平尤其重要，应养成随手锁门、关窗的习惯。妥善保管自己的钱财、贵重物品及钥匙等重要物件，以尽量避免盗窃案件的发生和财产的损失。

（一）校园防盗的基本预防措施

盗窃的基本防范方法有人防、物防和技防三种。其中，人防是预防和制止盗窃犯罪最可靠的方法。人防首先表现为自防，很多作案者都是利用人们防范意识差和麻痹大意的特点进行盗窃的。学校要经常对师生进行防盗和法制教育，不断提高学生的防范意识和法制观念，形成人人能自防、人人都能防的氛围。其次表现为专职人员的专防,由校园各类门卫、特殊场所的专职保安对校园进行定点安全管理和治安巡逻的方法。物防是一种应用最为广泛的基础防护措施。技防是能即时发现入侵,能替代人员守护,长时间处于戒备状态,且不会疲劳、懈怠和更加隐蔽的一种方法。对学生来说,最重要的是做好自防,增强安全防盗意识,提高警惕,不给作案者可乘之机,以有效遏制盗窃案件的发生。

1. 学校需采取的预防措施

(1)制订严格的学生行为规范条例并加强教育。学校需制定严格的行为规范条例,并进行学生行为规范教育,使学生明确自身的权利和义务,加强法律意识,规范学生的行为,通过管理制度来保障学生的人身、财产安全。

(2)建立宿舍安全管理制度并严格执行。为了保证正常的教学秩序和生活秩序,各高等学校都制定了一整套管理制度,同时,对宿舍值班人员的管理也必须到位且严格,特殊情况下应该对外来人员进行详细的登记排查,限定离校时间,并最终确定外来人员是否离开及离开的具体时间。此外,不应该跟学生打"感情牌",不能让学生随便跟管理人员简单沟通便可把外来人员带入寝室甚至长期居住。对于以推销、找人等借口要求进入寝室的外来人员应一律拒绝。

(3)建立盗窃案发的应急机制。学校应加强校园安全设施的建设,对宿舍、图书馆、教学楼等加大安全防范设备的建设,如在一楼安装防盗网、护栏,及时维修损坏的门或窗等;对发生盗窃案后的报案途径和方法进行简化;学校保卫部门需对盗窃案引起足够的重视,集中力量缉拿窃贼,以保护大学生的物资财产和人身安全。

2. 个人需注意的防范措施

(1)加强自身的防范意识。学生应该加强自身的防范意识,妥善保管好个人财务,贵重物品应锁起来或者随身携带。很多盗窃案发的根本原因在于大学生防范意识的缺失给了盗窃者以可乘之机。

(2)严格遵守学校的规章制度。现实中,很多学生不把学校的规章制度当回事,尤其是不遵守学生宿舍管理条例,有些人常常明知故犯。作为学生,自己首先要严格遵守宿舍楼的管理制度,杜绝留宿外来人员且不登记等情况的发生,以此来维护个人及其他人的权益。

(3)养成随手关门、关窗的习惯。大学生一定要养成随手关灯、关窗、锁门的习惯,以防盗窃罪犯乘虚而入。室内无人或者睡觉期间一定要关好门窗。另外,要把自己的随身物品放到安全的地方。比如,睡觉时最好把钱包和手机放在自己的枕头底下,不给作案者下手的机会。寝室人多时也要把自己的东西放好,免得被人顺手牵羊。最后离开教室或宿舍的同学,一定要将门、窗关好,千万不要怕麻烦,要养成人走门锁的习惯。

(4)贵重物品保存在安全的地方。大学生的现金尽量存进银行,不要使用生日作为存折和银行卡密码,密码不要告诉其他人,取钱时如果有人在身边,要保证密码不被人看到。此外,卡和身份证应分开存放。很多学生把银行卡、身份证和其他所有学校证件都放在一个包里随身携带,一旦发生被扒窃的情况就会导致所有的证件丢失,给学生本人造成麻烦。而如果恰巧使用生日作为银行卡密码的话,作案者利用身份证上的信息很容易盗取钱财。妥善保管好各类钥匙，包括宿舍、橱柜、抽屉等处的各种钥匙，不能随便借给他人或乱丢乱放，以防别有用心的人复制。钥匙一旦丢失，须马上更换门锁，切不可私自借配。

（5）外出时妥善保管好钱物。外出时，大学生要妥善保管好自己的钱物，不要将手机、钱包等物品随便放。衣服如果脱下，要检查里面的贵重物品并搁置好。外出不要带太多的财物，注意不要让陌生人靠近。

（二）校园防盗的具体预防技巧

1. 学生宿舍的防盗技巧

宿舍成员集体防范，才能有效防盗。因为大学生宿舍多为集体宿舍，多人同住，每个人都有活动自由和私人空间，出入难以同步。只有大家都关心全宿舍乃至整层、整栋学生宿舍的财物安全，人人提高警惕，大家对陌生人、可疑人都过问，大家都关心所住房间门窗是否上锁、关牢，互相关心财物安全，才能形成防范环境，使盗贼无空可钻、无机可乘。大学生除了做好以上所述的个人防范措施外，还应做好以下工作。

（1）做好宿舍的坚壁工作。门窗检查是宿舍防盗不可缺少的一环，如发现有破损或其他漏洞，应马上通知管理人员进行维修。

（2）切忌留宿他人。要遵守学校的有关规定，对要求入住学生宿舍的外来人员一律拒绝，如发现有随意留宿的人员，要报告值班人员或老师及时处理。留宿外来人员，一方面给自己和同学带来不便；另一方面，如果外来人员品德、动机不良，可能给同学或自己造成损失。

（3）保管好宿舍钥匙，不要随便借给他人。注意保管好自己的钥匙，包括寝室、箱包、抽屉等处的各种钥匙，不能随意借给他人或乱丢乱放。宿舍钥匙关系到整个宿舍的安全，如果随便借给他人，就有可能被人利用，拿去配置，然后入室行窃。要将宿舍钥匙与其他（如自行车）钥匙区别放置，同时要随身携带。如有丢失则要告知同宿舍其他同学，必要时要更换门锁。

（4）发现可疑人员，要进行盘查诘问。发现形迹可疑的人进入学生宿舍，要提高警惕，多加注意。如发现来人疑点甚多、答非所问、神色慌张、左顾右望，大学生应主动上前询问，并请其出示相关证件，交由值班人员记录。如果来人神色慌张或闪烁其词，可派人与其交谈，同时抓紧时间报告宿舍管理部门或学校保卫部门。

与此同时，要通知各楼层同学检查宿舍是否被盗。此时，既要提防疑犯狗急跳墙，行凶逃跑，又要保持头脑冷静，不可随意搜查人身，更不要动手打人。

2. 校园内公共场所的防盗技巧

（1）在图书馆的防盗技巧。

①严格遵守图书馆的规章制度。现在各高校图书馆都制定有内部规定或专门的防盗制度（如财物保管制度等），遵守图书馆的规章制度，有利于保持图书馆的有序、整洁，对于预防盗窃也有着重要的作用。

②衣服不能随意搭在椅子上，特别是装有贵重物品时，更加应该注意，以防盗贼顺手牵羊。

③在公共阅览室里，切不可将贵重物品随意放在桌子和椅子上，要做到贵重物品不离身。

④需暂时离开时，应将贵重物品带走或交同伴代管，且离开的时间不宜过长。

⑤不要用书包、手提包、衣物或其他贵重物品"占位"，这既有违公德，也使盗贼有机可乘。

（2）在运动场所的防盗技巧。

①尽可能不携带过多贵重物品，这样做可以避免和减少损失。

②有保管处的，应将物品交由保管处保管；若无保管处，则应集中置于显眼处，由专人看管或轮流看管，不能随意乱放。

③对形迹可疑的人应提高警惕。对于那些东张西望或只注意别人物品或在物品周围徘徊的人，要特别注意，必要时可上前询问，但态度应热情。

④离开前应清点物品。这样不仅可以避免物品遗漏，还可以在物品被盗或者丢失时，能及时报告保卫部门，有利于保卫部门迅速组织人员进行围堵，捉获盗贼，找回被盗物品。

（3）在食堂的防盗技巧。

①排队（特别是刷卡）时，应注意周边环境，提高警惕。背着书包的同学尤其应注意身后的变化，以防有人浑水摸鱼。最好和同学一起结伴就餐，互相看包，互相照应。

②随身物品不能随意置于身旁、身后，离开时应把物品带走。

③饭卡一次性不要充入太多钱，不能随手置于桌上，同时最好加上密码，有必要时设立一次最高消费额。

④若发现饭卡丢失，应立即到发卡部门办理挂失手续。

（4）在教室的防盗技巧。

①学习时最好结伴而行，应尽量避免单独行动。学习时，将自己的书包和贵重物品放在自己能够时刻看到或是触及的安全范围之内，切忌用自己的书包占座。

②长时间离开教室时，书包及其他物品一定要随身携带，尤其是现金和贵重物品。千万不要存侥幸心理，否则很容易被盗窃分子顺手牵羊。

③离开固定上课的教室时最好不要放贵重物品，最后走的同学一定要检查门窗是否已关好，教室的钥匙也要严加管理，严防外借和丢失。

④无论是自习、做实验或上网，单独去教室时最好不要携带贵重物品，以免丢失。

⑤不要随意将手机、平板电脑等贵重物品放在教室，课间休息也要随身携带，以防被盗。

（三）校园外的防盗技巧

1. 旅途防盗技巧

（1）结伴而行。外出活动，特别是长途旅游，最好结伴出行，便于相互照看财物。

（2）不要露财。露财易招贼。人多混杂的场所内，不要戴金银首饰，不要暴露信用卡及贵重的电子设备等，以免被盗贼盯上，招致财物损失。

（3）重要证件随身带。重要证件不要放在包中，揣在隐蔽的衣兜中较为保险。保证在紧急避险时，即使背包、手提包及行李丢失，也不会陷入困境。睡觉时要把贵重物品放在妥善之处，如放在贴身处或压于身下。

（4）不要凑热闹。外出活动，常常会遇上意想不到的各种新鲜事。这时，不要上前凑热闹。因为人多拥挤，加上注意力分散，疏于警惕，会给盗贼以可乘之机。

（5）遇到人多拥挤时要提高警惕。人多拥挤时，扒手最易浑水摸鱼，如果遇到有人故意冲撞、推拉、遮挡视线时，更要特别注意，提高警惕。如发现自己或同伴被扒手盯上了，此时要相互告诫一声，保管好自己的财物，以防被窃。

2. 住宿宾馆、旅店的防盗技巧

（1）将贵重财物寄存服务台。住宿宾馆、旅店时，不要怕麻烦，不要有侥幸心理，要将所携带的贵重财物交宾馆、旅店服务台保管，并妥善保存记录清单。

（2）先看房，后办住宿手续。住宿宾馆、旅馆，最好也"房比三家"。在办理入住手续前，最好让服务员带领到客房实地考察，看看其防盗及其他安全设施是否齐备，然后再做决定。

（3）夜晚睡觉时要给门上闩，关好窗。住宿宾馆、旅店，要保证个人财物安全，关键在于自己是否有足够的防范意识。千万不要因为宾馆、旅店门前有保安，服务台有服务员，就麻痹大意，放松警惕。特别是睡觉前要做足安全防范工作，不但要将门反锁，还要上闩，同时关好窗户。

3. 逛街购物防盗技巧

（1）不要将背包和手袋背在背后。

（2）试衣时，一定要将背包和手袋交同伴照管或拿在自己手中。

（3）在超市购物时，不要将包或衣物放在手推车或篮子里，以防不注意时包被偷走。

（4）在外就餐时，将背包和手袋放在自己能照看得到的地方。

（5）遇到热闹时，不要光看热闹而疏忽了自己的钱物。

（6）避开老黏在身边的陌生人，如果在街上不小心被人撞了，则要及时查看钱物。

（7）女生背包在途经偏僻和复杂地段时，要提高防盗的警惕性。

4. 汽车上的防盗技巧

（1）不要挤在车门口，注意碰撞自己的人及周围紧贴自己的人。

（2）坐在双人座上，要注意同座位或后面人的"第三只手"。

（3）站在车厢内最好一只手扶横杆，另一只手注意保护好随身携带的提包或背包。

5. 火车上的防盗技巧

（1）上车勿在门口拥挤。在始发站或经过大站时，挤在车门口的旅客较多，上下车十分拥挤，可能给装扮成旅客的不法分子以可乘之机。

（2）车厢内勿挂贵重物品。有些旅客喜欢将装有贵重物品的衣服挂在衣帽钩上，过后却发现衣服里的贵重物品不翼而飞。

（3）乘车勿与陌生人聊天。列车上的人员相对复杂，不法分子经常装扮成旅客与人主动攀亲结友，请人吃、喝东西或抽烟，伺机作案。

（4）夜晚困乏时轮流睡。在后半夜，不法分子常会对熟睡的旅客实施盗窃。他们常购短途票上车，先踩点后作案，作案后迅速下车逃窜。在乘坐火车前，应休息半天，最好有同伴同行，轮流休息，千万不要都睡觉。

（5）到站前20分钟要警惕。列车上作案的不法分子常常盯住旅客所挂衣物或行李架上的物品，在到站前约20分钟作案。在列车到站前要提前收拾好自己的行李物品，即使不下车，也应加倍警惕，防止不法分子趁人多顺手牵羊。

6. 在银行的防盗技巧

（1）最好能与人同去，一个人在柜台前办理存取钱手续，其他人要在后面照应。

（2）取钱时，遇到不明白的事情，应向银行人员询问，尽量避免与周围的陌生人搭讪。

（3）输入密码时，要用手臂等部位挡住他人的视线。

> **小贴士**
>
> 银行卡的密码如何保密
>
> （1）要将记有密码的函件或纸条放在旁人不易发现、不易找到的隐蔽处，不要随手乱放在桌子上或不上锁的抽屉内，最好是及时修改初始密码、销毁密码纸。只要密码不泄露，在一定程度上是可以有效地保证存款安全的。
>
> （2）平时去银行或在ATM机上取款时，应单独进行，以免将自己的密码泄露给他人；即使是要好的朋友，也要注意防范。
>
> （3）不要以出生年月、身份证号、家里电话号码等容易泄密的号码作为密码，不要多张卡使用同一密码。
>
> （4）如果密码有可能已泄露，应立即修改，并注意新密码的保密，以确保存款安全。

第二节 防诈骗常识

一、校园诈骗现象概述

> **案例**
>
> 某同学在厕所看到一则小广告，称可提供自考及电大考试答案，该同学按广告信息联系对方，索要答案，并按对方要求汇出500元，对方承诺事后通过微信告诉该同学答案。然而到约定时间再联系时，对方手机已停机。
>
> （资料来源：作者根据相关资料整理）
>
> **点评**
>
> 近年来，以大学生为对象的诈骗案件逐年上升。作案人主要利用大学生善良的同情心或少数同学贪图小利的心理，使用花样百出的诈骗手段，骗取他们的信任和好感，使一些大学生言听计从，慷慨解囊，有的女生甚至因此失身，教训极为惨痛。

随着社会的发展和高校办学体制改革的深入，高校校园也日益社会化。交流更加频繁，社会上的一些不法分子也乘虚而入，将诈骗作案目标定位在高校大学生身上，使得诈骗案件在高校内时有发生。诈骗案件已经成为高校案件中仅次于盗窃案件的多发性案件。校园内的诈骗行为严重地损害了在校大学生的合法权益和人身安全，同时也影响了正常的校园秩序。

（一）诈骗的概念

诈骗是指以非法占有为目的，用虚构事实或隐瞒真相的方法，骗取款额较大的公私财物的行为。由于诈骗案件一般不具有暴力性，是在"平静"甚至"愉快"的气氛下进行的，大学生往往容易上当。

诈骗案件的行为特征是犯罪分子采取欺骗的方法。从其作案的手段看，它属于智能型犯罪，其犯罪目的是骗取公私财物归为己有；从犯罪类型看，它属于侵犯财产罪，同时兼有多种犯罪。诈骗案件的一般特点是犯罪分子冒充身份，编造谎言，流窜犯罪，重复作案。诈骗分子容易在大学生身上打主意，骗取财物。

《中华人民共和国刑法》第二百六十六条规定："诈骗公私财物，数额较大的，处三年以下有期徒刑、拘役或者管制，并处或者单处罚金；数额巨大或者有其他严重情节的，处三年以上十年以下有期徒刑，并处罚金；数额特别巨大或者有其他特别严重情节的，处十年以上有期徒刑或者无期徒刑，并处罚金或者没收财产。"

（二）大学生容易上当受骗的心理因素

大学生之所以容易上当受骗，究其原因有下面几点。

1. 广泛交友，不加防范

目前高校的大学生大部分是独生子女，社会生活经验匮乏，辨别能力差，来到人员构成较为复杂的大学，大多数人喜欢结交朋友，当遇到一些来访的老乡、熟人、同学，或同学的同学、老乡的老乡、朋友的朋友之类的人时，在不辨真伪的情况下宁可信其有而不信其无，给骗子以可乘之机。大学生的善良正是诈骗分子屡次得手的根本原因。一些诈骗案件的作案人深知这一点，把自己打扮成本校或外校的大学生，利用同乡关系（有的纯粹是编造出来的）与大学生交往，以获取信任。作案人最初不提出财物请求，待打得火热时，再制造借口，请求"帮助"，进行诈骗。

2. 同情怜悯，错误判断

初涉世事的大学生，对社会有着较高的责任感和正义感，对社会弱势群体和落难的个人充满同情心。诈骗案件的作案人往往利用大学生单纯善良、乐于助人、缺乏处事经验、防范能力差等特点，编造出许许多多"落难"的动人故事，为博取大学生的同情，以达到诈骗的目的。

3. 经商助学，轻信他人

目前许多大学的学费较贵，而很多大学生的家庭经济条件较差，迫使相当一部分学生加入兼职的行列。他们不仅忙于学习，而且忙于校内校外的各类兼职，为找工作，不少大学生被骗。另外，为了毕业后能够留在大城市，为了能够找到一份理想的工作，也有不少大学生经常糊里糊涂地交钱、签合同，上当受骗是可想而知的了。

4. 有求于人，办事轻率

常言道："人在屋檐下，不得不低头。"每个人都免不了有求于人的时候，高校大学生涉世不深，冷静、理智往往被轻率、鲁莽所取代，为了办事而轻率交友行事，导致上当受骗。

5. 爱慕虚荣，无意戒备

有些学生在与社会人员的密切来往中，形成了爱慕虚荣的心理，虚荣心常常使他们陶醉在自我欣赏中，对周围的"朋友"毫无防备。正是在这些鱼目混珠的"朋友"中，有人窥测方向，暗藏杀机，一旦时机成熟，就对大学生进行诈骗。

6. 急功近利，贪图小利

在进行社会性交往的过程中，少数大学生存在急功近利、贪图小利的心理，忽略了对交往方深入细致地分析和考察。诈骗案件的作案人常常利用大学生这种心理，以介绍出国、联系工作、招聘雇员等名义骗取大学生的信任，向受骗人投以小利，以提起受骗人的兴趣，进而提出获得更大利益的办法，使受骗人在利益的驱使下，一步步进入其设置好的圈套。

提防和惩治诈骗分子，除需要依靠社会的力量和法治以外，更主要的还是依靠大学生自身掌握相关知识，提高自身的谨慎防范能力，形成正确的世界观、人生观、价值观，认清诈骗分子的惯用伎俩，以防止上当受骗。

（三）诈骗案频发的原因

1. 社会因素的诱发

当前受多种因素影响，确实存在分配不公、收入悬殊、贫富差距加大等社会现象，致使部分人心理失衡，致富观念扭曲。加之自控能力较差，法制观念淡薄，在一定条件下便选择行骗敛财的违法犯罪途径。

2. 诈骗行为成本低、风险小，获利丰厚

行骗是非暴力手段违法犯罪行为，不需像其他侵财犯罪，如盗窃、抢劫行为那样有爬窗、撬门、动武行凶等较大肢体行动，犯罪分子通过花言巧语或布下陷阱，使受害人"自愿"出钱，容易得手，作案风险小，且行骗成功后的获利往往较大，很容易刺激行骗人员的作案动机。

3. 侦破案件难度大

一方面，因诈骗流窜性、突发性强，侵害目标、作案手段和地点不确定，很难发现破案线索，难以进行超前预测。另一方面，由于此类案件除当事人口供外，很难有其他证据可利用，使办案民警难以发现有价值的线索。此外，有的犯罪分子还是异地、网上作案，给民警抓获现行和固定证据带来更大困难。

4. 受害人对亲人、朋友等熟人的防范心理非常弱

犯罪分子通过巧妙设置的诈骗环节，让受害者迅速认为对方就是自己的好朋友、亲人，降低受害人对犯罪分子的警惕性，并以此实施诈骗。

5. 大部分受害人存在"天上石头砸不中我"的心理

很多人即使知道诈骗是客观存在的事实，却并不相信事实会发生在自己的身上。例如，媒体大量宣传的电信诈骗、中奖诈骗案件，很多受害人都很了解，但不相信会发生在自己身上，导致被骗时的戒备心不强。

6. 受害人对网络安全知识不够了解

受害人对网络购物中网站的真伪、发布信息的真伪及合法操作规程等的识别能力差，很容易被犯罪分子从正规购物流程诱导到非法、不可监管的购物通道中。

> 💡 **小贴士**
>
> **女大学生为何更易受骗**
>
> 在市场经济飞速发展的今天，一些精明的骗子越来越多地把目标锁定在年轻的女大学生身上，且屡屡得手，主要有以下原因。
>
> （1）女大学生大多珍视感情且富有同情心，易对别人产生信任感和依赖感。一些人正是看准了女性的这一特点而更多地对女性行骗。
>
> （2）女大学生大多爱面子，容易迁就对方。女性常常碍于情面，对应该认真的事却羞于表达，违背了自己意愿的事又不忍拒绝，所以导致骗子得寸进尺。
>
> （3）有的女大学生急于求成，容易被一时之利诱惑。现实生活中有些女大学生仅仅因为对方的一两句"我爱你""说话算数"，便很快对其形成了"讲信用、靠得住"的"良好"印象。一旦对方再施以小恩小惠，就很容易放松警惕，让骗子牵着鼻子走。

二、诈骗手法及特点

> **案例**
>
> 某校应届毕业生董某，为了进入心仪的工作单位，四处托人，后来结识了自称与该单位领导的儿子是好朋友的胡某。胡某声称只要给他800元介绍费，工作没有问题。董某写信向父母要来800元介绍费，交给胡某。可钱一到手，胡某就再也没了踪影。
>
> （资料来源：作者根据相关资料整理）
>
> **点评**
>
> 在犯罪形式上，诈骗分子一般不使用暴力，而是设计陷阱或圈套，让受害人"自投罗网"。虽然诈骗作案的形式多种多样，作案手段花样翻新，但仔细研究，也能找出其中的规律。把握这些规律和特征，并加以防范，是完全可能避免落入圈套的。

诈骗分子的手段花样百出，让人难以防范。作为大学生，十分有必要了解诈骗分子的诈骗手段和特点，提高警惕，谨防被骗。

（一）诈骗的主要手法

随着社会治安情况日趋复杂，形形色色的违法犯罪分子往往在思想单纯的大学生身上打主意，借结交之际或推销之名施展骗术，引其上当。

1. 校园诈骗的类型

（1）伪造身份，流窜作案。诈骗分子利用身份效应和大学生容易轻信和羡慕的心理，将自己伪造成名人或老乡、同学、亲戚等身份，利用假名片、假身份证骗取大学生的信任，采用游击方式流窜作案，财物到手后即刻逃离。有的以骗到的钱财、名片、身份证、信誉等为资本，再去诈骗他人，重复作案。

（2）骗取信任，借钱不还。诈骗分子利用大学生单纯、善良的特点，骗取大学生的信任，然后向大学生借钱借物行骗。

（3）以次充好，以假乱真。一些诈骗分子利用教师、学生不"识货"，经验少，又苛求物美价廉的特点，上门推销各种假冒劣质产品而使师生上当受骗。他们一般采取用真品给客户鉴定或检查，而在包装购买的东西或趁客户注意力不集中时用假货调换。更有一些到办公室、学生宿舍推销产品的人，一旦发现室内无人，就会顺手牵羊，然后溜之大吉。

（4）招聘为名，设置圈套。诈骗分子利用当前就业形势严峻，大学生找工作难的特点，用招聘的名义对一些学生设置骗局，骗取介绍费、押金、报名费等。

（5）投其所好，引诱上钩。一些诈骗分子往往利用大学生的各种需求心理，例如，安排工作、办理出国手续、帮助赚钱等，投其所好、应其所急地施展诡计，骗取财物。

（6）租房为假，骗钱为真。诈骗分子通过短期租赁取得房屋的居住权，再假冒房主，将此房以一年期或更长期租给其他租房者，骗取租金。

2. 网上诈骗的类型

（1）劳务诈骗。例如，某外国语学院余某学习之余一直想做兼职，一次在网上看到一则招聘广告招翻译员，她发信息应聘，对方先发来一篇文章让她翻译，随后就"正式录用"了。双方通过网络传递文件，约定每月底按工作量付酬。于是余某为对方翻译了不少文件及技术资料，但到了该结算酬劳时，对方却迟迟不将钱汇入她提供的账号。余某发信去询问也再没答复，这才知道是白干了。

（2）情感诈骗。中国人有扶危救难的传统，一方有难，总会有八方来支援。可惜这良好的传统也正在被某些网上诈骗分子利用。他们往往会写一封感人至深的求助信，虚构一个如急需援助的白血病小女孩的故事，有时甚至专门建立一个主页或专题报道这件事，把故事编得好像真的一样。善良的人们往往不加防备，纷纷慷慨解囊，不料却中了诈骗分子的圈套。

（3）交友诈骗。不少人喜欢在网上交友、聊天。一些诈骗分子经过精心包装，在网上大行其道。这些人在网上专门盯着那些"菜鸟"下手，他们会利用自己的才学、风趣，把"菜鸟"玩弄于股掌之中，等到时机成熟，再骗取钱色。

（4）传销诈骗。诈骗分子把传销的把戏搬到了网上，经过重新包装后，以所谓网络营销的模式来骗钱。通过发电子邮件等方式，介绍他们公司新推出的产品，声称高质量、零风险、包退包换。

（5）出书诈骗。例如，你是一个网上文学爱好者，经常在网络论坛和某些文学网站上发表文章。也许有一天，你会接到这样一封信。信上说，他们是某某编纂委员会的工作人员，目前在编纂《中国网络文学精品选》并将在全国发行，你只要汇几百块钱，购买10套书进行分销，就能让你的作品登进文选。

（6）广告诈骗。网上有很多付费广告，一些个人网站就是靠这些广告收入维生的。但是这些广告的点击率通常不高，于是这些网站的站长便把广告的链接改成某些吸引人的文字，以E-mail的形式发到网友的信箱。如果网友想看看这些链接到底是什么，那么就被骗去替他点击广告了。

（7）"枪手"诈骗。不论是大学英语四级、六级，还是微软认证、托福，只要出一定的价钱，在网上都有人可代考、替写论文。不少诈骗分子通过在各个网站上留言，凭借其三寸不烂之舌，骗取别人的信任把钱骗到手，再到考场转一圈就走人。

（8）购物诈骗。

①利用钓鱼网站诈骗。诈骗分子在淘宝等品牌网站上发布低价购物信息后，诱骗买家登录陷阱网页，骗取买家银行账号和密码。

②利用品牌网站诈骗。诈骗分子在淘宝等品牌网站上发布低价购物信息后，诱骗买家绕过有交易保障的网络支付系统（如支付宝），通过传统网银或者ATM机转账。

③网上订、退票诈骗。诈骗分子在网上发布可订、退飞机、火车票的虚假信息，并留下咨询电话，以绑定银行卡为由诱骗受害人通过网银、ATM机转账。

④网络游戏代练诈骗。诈骗分子以公司的名义在自设网站、网络游戏论坛、QQ群、百度贴吧等处发布网络游戏角色升级代练的消息，诱骗受害人通过网银转账，骗取升级代练金。

⑤盗取密码，冒充好友诈骗。诈骗分子先利用黑客软件盗取他人的在线游戏、QQ、MSN等账号的密码，然后从中物色被骗对象，锁定对象后，冒充账号主人与被骗对象聊天，然后以各种理由诱骗对方汇款到指定账户或进行网上购物。在行骗过程中，有些诈骗分子甚至能够播放被盗账号主人的视频、音频资料。

3. 电话诈骗的类型

（1）谎称在外地上学的孩子生病，连续多次诈骗钱财。例如，某学院毕业班的几名学生家长先后接到"××学院教育科"打来的电话，对方称学生发生车祸，正在留医治疗，要求家长即刻汇款至指定账户。有的诈骗分子事先多次拨打学生的手机，直至学生厌烦关掉手机，有的直接以"公安机关办案"名义要求学生关机，有的谎称"移动或联通"等公司搞测试，要求学生关机，随即拨打其家长电话行骗。家长接到诈骗电话后无法与学生取得联系，感到恐慌，个别家长还因此上当受骗。

（2）冒充政府机关、政府下设机构或是电信部门的人员诈骗钱财。例如，某大学教师李某在家中接到一个自称电信工作人员打来的电话，称其固话欠费3 000元。对方解释道，李某的身份证被人在江苏无锡办了个座机产生了欠费；另外还有人利用她的身份证办理了银行卡，该卡欠费20万元。当她表示质疑时，对方又将电话转入所谓的公安局，一名自称是"警察"的男子，称李某卷入一起银行工作人员利用职务诈骗的犯罪团伙案件中，要求其将名下的资金转入公安部门安全账号。所谓的"公安人员"还说，由于所涉经济案件重大，正在侦查中，要求李某不要告诉其他人，包括家人。李某相信了"公安人员"的话，随即到银行向对方指定账号汇款20余万元。

（3）以电话招揽客人从事非法"六合彩"活动。此种情况一般是屡次听到铃声，但一接电话又挂断。按照号码回拨，对方的录音提示："欢迎致电香港六合彩，香港中信为广大彩民爱好者提供信息，透露特码。联系电话13×××××××××。"该活动以非法"六合彩"为噱头招揽客人，回拨电话既可能损失话费又容易上当受骗。

（4）冒充熟人打电话。诈骗分子主动拨打事主电话，并让事主凭听到的声音猜测他（她）是事主某位朋友或亲属，常说的话是"猜猜我是谁？"取得事主信任后，诈骗分子以其遭遇意外或者家人生病急需用钱为名，让事主汇钱到其指定的账号。例如，刘某接到一名男子打来的电话，称要到北京看望刘某，因对方说的是香港地区的普通话，刘某误认为是自己在香港的朋友赵某。次日上午，该男子再次打来电话，称在天津因嫖娼被抓了，需要用钱保释，向刘某借钱。刘某向该男子提供的银行账号汇款30 000元，后发觉被骗。

（5）打电话进行恐吓。作案手法与冒充熟人诈骗基本相似，诈骗分子通过拨打事主手机，称事主得罪他人并以要对事主进行人身伤害相威胁的方式进行敲诈。例如，孟某接到一个恐吓电话，对方称其与他人有矛盾，将5 000元钱汇入指定的账户中摆平此事，不然就砍断其胳膊、腿，他的家人也不会好过。

4. 信息诈骗的类型

（1）提供账号汇款型。例如，群发"我手机没电了（卡坏了），速把款打入×××账号，开户行是×××，户名是×××。"或直接发送"请把钱打入×××账户"等手机短信。采用"全面撒网，重点捕鱼"的手法，面对不特定对象大面积群发诈骗短信，总有个别群众因不了解诈骗手法或缺少防范意识而上当受骗。

（2）找亲友救急型。例如，发送"爸妈（老友），我的钱包手机被偷了（我出了点意外现在在医院），等钱急用，请速汇×元到我朋友账号为×××的卡上，一定要快"等短信进行诈骗，有儿女在外读书、工作的父母容易成为此类短信的受害人。有些群众手机被盗，诈骗分子用盗得的手机发送短信给手机通信录内的联系人，骗取对方话费。例如，"×××，我现在在外地出差，手机快没钱了，麻烦帮我买张充值卡，再用短信告知卡号和密码。"

（3）信用卡遭遇盗卡消费型。例如，发送"尊敬的信用卡用户，您于×月×日在某商场刷卡消费×元，将在您的账户中扣除，如有疑问请咨询银联中心×××。"当有些心急的人误认为自己的银行卡被人盗用而拨打短信提示的电话咨询时，极易被冒充银联中心、公安经侦部门工作人员的诈骗分子连环设套，被要求将银行卡中的钱款转入所谓的"安全账户"或被套取账号、密码，遭受损失。

（4）高薪招聘型。例如，发送"某公司招专职员工，性别不限，体健貌端，年龄18~45岁，月薪过万元。"当一些急于找工作的人打电话咨询时，诈骗分子常以预收服装费、面试费、保证金等名义要求其往某账户打入一定款项，随后"人间蒸发"。此外，还出现以高薪招聘"公关先生"为幌子，要求受害人到指定酒店面试。当受害人到达指定酒店再次拨打电话联系时，诈骗分子并不露面，声称受害人已通过面试，向指定账户汇入培训、服装等费用后即可上班。

（5）抽中奖型。例如，发送"某公司举行手机号码抽奖活动，您的号码已获得二等奖，请致电×××与领奖处某小姐联系。"当短信接收者拨打指定电话询问时，对方要求需预先支付个人所得税、公证费、手续费等费用后才能领奖，一步步将受害人引入圈套。此类短信，利用少数人贪小便宜的心理实施诈骗。

5. 求职受骗的类型

（1）白辛苦型。一些学生被个人或流动服务公司雇用，讲好以月为单位领取工钱，但雇主往往找个借口拖延，拖到学生开学时就消失得无影无踪。

（2）先付押金型。这类骗局通常在招工广告上称有文秘、主播、公关等轻松、体面的工作，求职者只需缴纳一定的保证金即可上班。但往往是学生付钱以后，招聘单位又推说职位暂时已满，要学生听候消息，接下来便石沉大海。

（3）直销、传销型。学生本是来应聘销售人员的，但到公司后却被连哄带骗地先买下一大批货品，然后公司再让应聘者如法炮制去哄骗他人，并用高回扣作诱饵。学生一旦上当往往是白搭上一笔钱，甚至失去人身自由。

（4）模特、特种行业型。这类招工通常以招模特或歌星、影星、主播培训班为名，要学生花大价钱照艺术照参加速选，最后再借口应聘者条件欠缺，予以拒绝。也有的以娱乐场所特种行业的高薪来吸引求职者，甚至让她们从事色情交易，误入歧途。

（二）高校常见诈骗案件的特点

1. 作案上的流窜性
诈骗分子的活动规律是流窜犯罪，往往跨地区作案，难以确定其所在位置。

2. 手段上的智能性
诈骗分子在高校行骗时，一般都是利用丰富的知识、技能、经验，经过精心策划，设置诱饵，使受害人落入圈套。常常使用科技性高（比如互联网）、迷惑性强（摸准大学生的个人心理）的手法提高诱骗效果。

3. 方式上的多样性
校园诈骗案件的方式是多种多样的。诈骗分子会根据不同的情况，使用不同的方式进行诈骗。

4. 目标上的选择性
诈骗分子常选择以下人员作为作案对象。
（1）求人帮忙、轻率行事的。
（2）疏于防范、感情用事的。
（3）贪图便宜、财迷心窍的。
（4）思想单纯、防范意识较差的。
（5）贪图虚荣、遇事不够理智的。
（6）急功近利的。

5. 案件上的遮掩性
校园诈骗案的受害人大多是文化层次较高的大学生，他们由于轻信谎言而上当受骗，一旦醒悟过来就懊悔不已。一部分人为了顾全名誉不愿报案。正是因为很多人存在这种消极心理，所以骗子才能故伎重演、反复作案而不被揭露，长期逍遥法外。

> **小贴士**
>
> **大学生与人交往时应注意什么**
>
> （1）具备法律意识。大学生不仅要知法，更要学会用法，明白罪与非罪。在涉及具体的合作事项上，不仅是在事后知道要运用法律，更重要的是应将法律意识贯穿于事前和事中。事前要履行完备的书面法律手续，不做口头协议，书面手续要力求明细化。
>
> （2）在与人交往中，对陌生人要时刻保持警惕，对其提出的问题或允诺不要轻易相信。不能把自己的身份、联系方式等轻易告诉他人，更不能随人独往。

(3)当面对诱惑时,千万不要急功近利。任何时候都得想一想:人家凭什么给我这么多好处?这样做是否符合常理?天上不会掉馅饼,要注意分析对方许诺的利益,与自己能创造的价值做个对比,就会得出比较客观的结论。

(4)有很多不法之徒专以"交友""恋爱""求助"为名,利用大学生的爱心和情感行骗。要当心甜言蜜语或"慷慨义举"背后隐藏的欺诈。

三、防骗常识

(一)诈骗分子的特征

1. 诈骗分子的表情特点

(1)诈骗分子说的是假话,做的是假事,必然做贼心虚、提心吊胆,这样会引起其生理机制发生变化,如血压升高、心跳加速、呼吸急促,有的会面红耳赤、肌肉紧张。

(2)由于诈骗分子行骗时的情绪波动引起的变化,如在初次见面谈话和急于求成时,往往语音短促、声调低沉,发出轻微的不易觉察的异音。

(3)诈骗分子在谈笑时,由于面部肌肉紧张,笑容不自然,表现出皮笑肉不笑的神态。

(4)在对方产生怀疑和不信任时,诈骗分子往往还会表现出焦躁不安和恐慌的神色。

2. 诈骗分子的语言特点

(1)诈骗分子表达能力往往比较强,口齿伶俐,能说会道。

(2)诈骗分子为了取得人们的好感,往往甜言蜜语,阿谀奉承。

(3)诈骗分子为了显示自己的身份,他们往往自吹自擂,夸夸其谈。

(4)诈骗分子为了让人相信他们所办的事是真的,往往说得绘声绘色,表现得十分肯定。

(5)当别人对诈骗分子有所察觉和怀疑时,他们往往巧圆其说,假作镇定。

(6)当被别人看出破绽时,诈骗分子就表现得吞吞吐吐,回答问题词不达意、拐弯抹角,企图蒙混过关。

(二)防骗的基本要点

1. 树立防骗意识,学会自我保护

目前校园的诈骗案件日益增多,作为大学生,必须时时提高警惕,增强防范意识,学会自我保护。

诈骗分子行骗的过程可分为两个阶段:一是博得信任,二是骗取对方财物。对于诈骗分子和受害者,第一阶段是最重要的,也是诈骗分子行为表现得最为突出的阶段。虽然行骗手段多种多样,但树立较强的防范意识,对于问题保持应有的清醒,做到"三思而后行,三查而后行",是可以做到不上当受骗的。

2. 服从校园管理,自觉遵守校纪校规

为了加强校园管理,学校制定了一系列管理制度和规定。制度在执行的过程中可能会带来一些不便,但大多数校园管理制度是为控制闲杂人员和犯罪分子混入校园作案,为维护学生正

当权益和校园秩序而制定的。因此，应认真执行有关规定，自觉遵守校纪校规，服从校园管理，预防心怀不轨的外来人员进入，减小受骗的可能性。

3. 加强学习和交流，加深对社会的认识

多学习、多观察，加深对社会的认识。通过电视、网络等媒体，了解千变万化的世界；通过学校组织的安全防范教育活动，可以了解相关的案例，掌握更多的防范知识；通过学习和交流，能加深对社会的了解和认识，有助于提高分辨是非、善恶的能力。

4. 加强个人修养，克服不良心理

不良心理的存在是大学生上当受骗的重要原因之一，拥有一个健康而理性的心理是大学生预防诈骗案件的重要手段，应做到以下几点。

（1）不贪私利，不图虚荣。作为大学生，要自觉拒绝金钱、名利的诱惑，增强抵御诱惑的能力。

（2）要拥有爱心、乐于助人，但不被利用。

（3）在与同学、老乡、朋友的交往中，既要懂得尊重他人，又要强调自立意识。

（4）不投机取巧、贪图便宜，用平常心与人交往。

总之，要加强个人修养，树立正确的世界观、人生观、价值观，时刻加强自身理想、道德、情操的陶冶。

5. 慎重交友，不感情用事

交往要有选择，要谨慎。相互了解需要时间，信任要逐渐积累。要冷静甄别，避免以感情代替理智。如果只凭感情用事，一味"跟着感觉走"，往往容易上当受骗。

交友的基本原则有两条：一是择其善者而从之，真正的友情应该建立在志同道合、高尚的道德情操基础之上，是真诚的感情交流而不是简单的利益关系；二是严格做到"三戒"，即戒交挥金如土之流，戒交吃喝嫖赌之徒，戒交游手好闲之人。与人交往要区别对待，保持应有的理智。

6. 及时与同学和老师沟通

班级是校园中最基本的组织形式。拿不定主意时，最好与同学、老师交流。特别是在觉得可能会吃亏上当时，要与同学、老师沟通，这样能够及时避免诈骗案件的发生。

7. 慎重对待他人的财物请求

人人都需要别人的帮助，同学、老乡、朋友之间因一时急需，相互借钱是正常的，也较为安全，但应当考虑其信誉和偿还能力，三思而行。出于同情解决不认识的人的燃眉之急，却很可能得不到偿还。

8. 掌握法律常识，维护合法权益

要掌握法律常识，尽量走正常渠道，办正常手续，托人"走后门"容易被骗去钱物。尤其是涉及经济活动的法律法规，一定要掌握了解，防止诈骗分子利用同学们对相关规定的不了解或是利用法律的漏洞进行诈骗。

通过学习法律，可以了解国家对某一具体违法行为的规定，知道哪些合法权利受到侵害后，通过何种途径维护自己的合法权益和人身安全。

（三）校园常见诈骗案的预防

1."来客"诈骗的防范

对于熟人或朋友介绍的人，要注意观察，学会"听其言，观其色，辨其行"，而不能简单地认为"朋友的朋友就是朋友"。

对于初识的朋友，不要轻易"掏心窝子"，更不能言听计从，受其摆布。

对于表面讲"感情""哥们义气"的诈骗分子（特别是遭受不幸的"落难者"及新认识的"朋友""老乡"），若提出钱财方面的要求，切不可被感情的表象所蒙蔽，要懂得用理智去分析问题。如认为对方的钱财要求不合实际或超乎常理时，应及时向老师或保卫部门反映，避免不应有的损失。

对于那些"来如风雨，去如微尘"的上门客，态度要热情，处置要小心，尽量不为他们提供单独行动的时间和空间，以避免给犯罪分子创造作案条件。

对过于夸大自身"本事"或"能耐"的人，或者过于热情主动"帮助"解决困难的人，要特别注意。因为这个"能人"，很可能是一个诈骗分子，正以此试图取得信任。

总之，应从以下几个方面来防范"来客"的行骗。

（1）对于"陌生的客人"，要详细询问，了解其基本情况。

（2）在谈话和交往的过程中，注意其行为举止及言语方面有无异常。

（3）谢绝"陌生客人"的"热心"帮助，不要让陌生人带走现金和贵重物品。

2. 对购物诈骗的防范

在校大学生因为没有经济来源，加上社会阅历浅、法律意识淡薄、虚荣心强等原因，以低价购买了假冒的手机、计算机、自行车等贵重物品而受骗的情况时有发生。因此，要注意以下几点。

（1）贵重物品应在正规营业场所购买，并保存好发票。明显低于市场价格的商品多半是赃物或是伪劣产品，不应购买。

（2）验证卖方物品的真实价值。对于不了解或无正规发票的物品，不可交易。

（3）购买的物品要检验能否使用，以防诈骗分子调包。

（4）购买进口物品，特别是大件进口物品，需有国家有关部门的手续，不需办理手续的物品也要查验其所有权的证明、证据，防止购入赃物。

3. 对信息诈骗的防范

对信息诈骗的防范措施包括在任何时间、任何地点，对任何人都不要同时说出自己的身份证号码、银行卡号码、银行卡密码。当不能辨别信息的真假时，要在第一时间拨打银行进行查询，而不要拨打信息中所留的电话。对于一些根本无法鉴别的陌生信息，最好的做法是置之不理，如果已经上当，应立即报案。

俗话说"天上不会掉馅饼"，遇到类似情况时要做到"四不"，即不相信、不理睬、不回信、不汇钱，这就是对付诈骗信息的绝招。

4. 对网络诈骗的防范

面对网络犯罪日益呈现出智能化、多元化、复杂化的状况，要小心识别，切莫陷入网络陷阱。在网上购物时一定要保持健康的消费心态，克服贪小便宜的心理；应通过多种方式调查其真实性；不在公共场合使用公用计算机进行网上购物、支付等操作；登录网上银行时，要注意核对网址，留意核对所登录的网址与协议书中的法定网址是否相符；在网上交友一定要慎重，要多加了解；不要在网上泄露自己的个人信息，尤其是手机号码和身份证号码；如果发现可疑网站，要及时向有关部门举报；最后要提醒的是对杀毒软件定期升级，以便及时查杀新型病毒，并且建立防火墙。

5. 对招聘诈骗的防范

为了丰富社会实践经验和缓解经济压力，许多在校大学生选择了兼职工作。但有些同学在求职过程中，求职心切，思想单纯，缺乏经验，安全防范意识较差，容易掉进诈骗分子的陷阱。

大学生找兼职时要尽量从正规渠道获取信息。最好是通过学校勤工助学中心推荐，教师、同学或是熟人介绍，或者通过有资质、正规的中介来找合适的兼职。一般正规的中介都有税务登记证、经营许可证、收费许可证和营业执照，最好不要在网络上直接公开自己的联系方式，以防被诈骗分子利用。

6. 对假币诈骗的防范

目前出现的假币有机制、复印、拓印、石刻、木刻、手工描绘等多种类型。识别假币有多种方法，一般采用比较法。

（1）比较纸张。人民币的制造要求使用专用印纸，主要成分是棉短绒和高质量木浆，具有耐磨、挺括、不易折断、有韧度、抖动时声音发脆等特点。而假币纸张绵软、韧性差、易折断、抖动时声音发闷。

（2）比较水印的真假。人民币水印是在造纸中通过采用特殊工艺，使纸纤维堆积形成的暗记，分满版和固定水印两种。如现行人民币1元、5元均为满版水印暗记，10元、50元、100元为固定人头像水印暗记。其特点是层次分明、立体感强、透光观察清晰。而假币水印模糊、无立体感、变形较大，用浅色油墨加印在纸张正面和背面，不需迎光透视就能看到。

（3）辨别凹印技术。真币的图像层次清晰，色泽鲜艳浓郁，立体感强，触摸有凹凸感，如1元、5元、10元纸币在人物、字体、国徽、盲文点等处都采用了这一技术。而假币图案平淡、手感平滑、花纹图案较模糊，并由网点组成。

（4）观看安全线。真币的安全线是立体实物，与钞纸融为一体，有凸起的手感。而假币中如果加入立体实物，会出现与票面分离的现象。

（5）用仪器识别。可以借助紫外光、放大镜等简便仪器进行多种检测。例如，用紫光灯测无色荧光图纹，看纸张有无荧光反应，看50元、100元币有无荧光油墨文字；用磁性仪检测磁性印记，主要看50元、100元纸币有无磁性油墨；用放大镜检测图案印刷的接线技术及底纹线条；用仪器检测纸币的大小等。

（四）受骗后的处置方法

1. 平静心态，及时报案

受害人无论是否因为自己的过错（如贪财、无知、轻信、粗心大意）而受骗，都要保持积极的心态，从受骗的噩梦中回到现实，吸取教训及时向有关部门报告，切勿"哑巴吃黄连，有苦肚里咽"。

如果在校内受骗，则应向校保卫处报案；在校外受骗，可向公安部门、工商管理部门报案。

2. 提供线索，配合调查

已经被骗并向有关部门报告的，要注意对诈骗分子遗留下来的文字资料、身份证件、电话号码等证据予以保留，并积极向学校保卫处和公安机关提供诈骗分子的各类线索，配合调查、追缴被骗的财物。

报案时要向接报人员讲明以下一些情况。

（1）受骗的时间、地点、过程。
（2）诈骗分子使用的姓名及其年龄、体貌特征、衣着、口音。
（3）诈骗手法、骗取的赃物及赃物的名称、数量、特征。
（4）诈骗分子与之谈话的内容、暴露的社会关系。

同时应将诈骗分子使用的犯罪工具（如工作证、介绍信等）及遗留物（如向受害人馈赠的和忘记带走的某些物品，骗取物品留下的字条、收条、单据、信件等）提交给公安机关，并协助公安机关在诈骗分子可能出没的地点进行秘密寻找和辨认。一旦发现，要将其汇报公安机关。

3. 吸取教训，现身说法

受骗大学生应该从上当受骗的事件中吸取教训，也可以现身说法，不仅自己今后避免上当受骗，也让别的学生能够提高警惕。

> 💡 **小贴士**
>
> **遇到可疑情况，请记住各种大众服务电话**
>
> 如果有通信方面的问题，可拨打各大通信公司的固定客户服务电话；遇到可疑电话和短信，请及时将电话和短信转发至短信报警专号"12110＋区号"或拨打"110"电话报警。
>
> 各大通信公司24小时客户服务电话分别如下。
>
> 移动：10086　　联通：10010　　电信：10000
>
> 如有银行方面的问题和疑问，请与各大银行24小时固定客户服务电话联系。部分银行24小时客服热线电话分别如下。
>
> 工商银行：95588　　农业银行：95599　　中国银行：95566
> 建设银行：95533　　兴业银行：95561　　民生银行：95568
> 交通银行：95559　　招商银行：95555　　光大银行：95595
> 邮政储蓄：95580　　华夏银行：95577　　银　　联：95516

第三节　防扒、防抢常识

一、扒窃犯罪的常见手法及特点

> **案例**
>
> 2022年7月，公安民警在沈阳某商厦走访巡查时，发现一对情侣行迹比较可疑。他们徘徊在商场的入口处，而且总是在入口处人多时随着人流进进出出，于是民警对他们进行了秘密跟踪。在跟踪时民警发现，男子趁人不备，偷出了一部手机，随后放进了女伴的背包内，两人急匆匆向外走去。民警立刻对两人进行盘查，在女子的包内，有他们的身份证和3部没有手机卡的手机。当民警询问手机来历时，两人说不出话来。
>
> 经过讯问，两人交代他们是从外地来沈阳实施扒窃的。扒窃的主要地点是人流比较密集的商场，作案目标主要以女性为主，通过掏衣兜、挎包等来偷取受害者的财物，并在得手后立即将手机中的电话卡扔掉。
>
> （资料来源：作者根据相关资料整理）
>
> **点评**
>
> 扒窃分子无处不在，加上扒窃分子手段的高明，造成了许多受害者的财产损失。而扒窃分子的目标就是盗取钱包或是手机等易携带的贵重物品。所以同学们在校内校外均需提高警惕，注意妥善保管和保护好自己的财物。

（一）扒窃犯罪的常用手法

（1）拥门。公交车进站，扒窃分子在车门处挤却不上车，瞄准乘客的衣袋、裤袋和挎包，扒窃钱包和手机等财物。

（2）设计。四至五人同时上车，由同伙先去用身体等撞人，同伙乘机扒窃。

（3）双簧。例如，在人比较多的地方，一个扒窃分子用烟头往受害人胳膊等处捅，然后假装急着为受害人拍打烟灰，转移受害人的注意力，另一个扒窃分子趁机下手扒窃。

（4）伪装。扒窃分子西装革履，全身名牌，拿着公事包，白领打扮，以迷惑旁人，降低他人的防范心理。

（5）贴身。扒窃分子先选好目标，后尾随受害人同车贴靠，伺机扒窃。

（6）障眼。扒窃分子一只手抓着车顶吊环，手臂弯曲，以挡住受害人的视线，另一只手悄悄扒窃。

（7）刀割。扒窃分子用钞票包着刀片或是在指甲内藏小刀片，专割受害人的提包和衣、裤袋，将里面的财物窃走。

（8）漏底。扒窃分子穿的衣服多为西装和夹克，手揣在衣袋时，衣袋是假的，漏底的，手可以从底下伸出来进行扒窃。

（9）坐掏。扒窃分子坐在受害人的座位后面，乘其不备，从椅子空隙下手。

（10）反掏。扒窃分子与人背靠背，将手伸到后面扒窃裤袋、提包里的财物。

（11）掀门帘。受害人冬季进入商场时，在抬手掀门帘进入的一瞬间，尾随其后的扒手顺势将其口袋内的手机或钱财偷走。由于冬季穿衣厚，受害人一般感觉不到。

（12）端包。扒窃分子趁人不注意将放在一旁的包偷走，这种情况多发生在商场试鞋、试衣、付款时。

（13）调包。用空包调换受害人装钱物的包。

（14）骗扒。扒窃分子往往借助种种欺骗手段，主动引开受害人的注意力，然后进行扒窃作案。

（二）扒窃犯罪的作案特点

掌握扒窃犯罪的作案特点可增强防范意识，扒窃分子的作案特点有如下几种。

1. 时间上的选择性

扒窃分子一般选择以下时间盗窃。

（1）每年春、秋两季及重大节假日、双休日。此时客流量大幅上升，人流拥挤，为扒窃犯罪提供了隐蔽贴身条件。

（2）平常工作日中的上、下班时间段。此时人们为了赶时间往往比较匆忙，且人群拥挤，人员流动集中，扒窃分子易于作案。

（3）上公交车、地铁时。公交车、地铁到了站台，人们都习惯拥挤到车门处准备上车，这时人们的注意力都在上车上，几乎忽视了防范，给扒窃分子提供了机会。

（4）车、船始发或终到站时刻。此时大批旅客拥挤在车站、码头，人群集结，秩序相对较乱，那些始发车站、码头的车船更是拥挤，这都给扒窃分子提供了盗窃的条件。

2. 人流量大的场所高发性

扒窃分子一般在以下处所作案。

（1）贴身扒窃一般在车站、码头、商场、医院、饭店、电子游戏厅、集贸市场等地，这些地方人员流动量大，出口四通八达，作案后易于逃脱。其他非贴身扒窃因其方式不同而各异。拎包作案的，扒窃分子常常选择商场、集贸市场、热闹的餐厅，利用人们集中注意力挑选商品、试穿衣服、埋头就餐等机会下手。

（2）流窜扒窃一般在公交车、地铁、长途客车、火车、轮渡等交通工具上进行。其中市区内的公交车、地铁和可以当天往返的中短途客车上多是本地的扒窃团伙所为，而长途客车、火车、轮渡上多是流窜扒窃团伙所为。专门进行"车扒"的扒窃团伙，常常以某一条线路的公交车、地铁或火车作为固定的作案目标，自称是"吃路车"的或"跑线"的，将其作为自己的势力范围，不容许其他团伙染指。因此，常引发扒窃团伙之间为争抢地盘火拼。他们在扒窃作案被人发现时，常常采用暴力手段，使扒窃转化为抢劫、伤害等恶性案件。

3. 作案时的掩护性

扒窃分子的目标主要集中在人们的衣、裤口袋、背包和手提包等。在白天及大庭广众之下，扒窃别人袋内的财务是有风险的，所以扒窃分子为防止暴露，使用各种有利于掏兜而不容易被察觉的方法做掩护。

（1）利用自己身体的某一部位做掩护，在受害人正面、侧面和身后作案。

（2）利用身边人群的身体做掩护。如公交车靠站时，扒窃分子便借助周围人群的身体做掩护进行扒窃。另外，如果是两人或两人以上结伙作案，扒窃分子则会利用同案犯的身体做掩护。

（3）利用随身携带的，如衣物、帽子、手套、围巾等物品做掩护。

（4）扒窃分子佯装将手放在自己事先剪开的上衣两侧口袋，发现可偷钱物时，便靠近受害者，将手从自己的"漏兜"伸进受害人的衣兜行窃。

（5）利用小孩做掩护。

4. 作案的单一型和团伙型

扒窃分子作案大体可分为单一型和团伙型。

单一型，即扒窃分子一人独来独往，不与任何扒窃分子搭伙。一旦发现目标并有机可乘，便毫不犹豫地采取掏兜、割包、拉包等方法作案。

团伙型扒窃一般是两人以上组成团伙，严格分工，在瞄准目标后，其中一人以问路、借火抽烟等为借口，转移受害人的视线，另一人则迅速窃走受害人的财物，然后递给第三人。整个作案过程在短短十几秒钟内完成，当受害人发现箱、包不见时，第四人主动上前挡住受害人视线，指着反方向说："有人提着箱子朝那儿逃走了。"这样的案件在各地区已发生多次，且涉案金额均较大。

小贴士

如何识别扒窃分子

识别扒窃分子，有"三看一听"，如下所示。

1. 看神色

扒窃分子寻找行窃目标时，两眼总是注视别人的衣兜、皮包、背包，特别留心外地人、妇女、老年人，选准目标后，一般环顾四周，若无他人注意便迅速下手，此时因精神比较紧张，往往有两眼发直、发呆、脸色时红时白等神情。

2. 看行为

扒窃分子选择目标时，往往会在人群中窜动，选定目标后即咬住不放，紧紧尾随，趁拥挤或车体晃动的机会，用胳膊和手背试探其衣兜。扒窃分子常用衣服、毛巾等掩护作案。

3. 听行话

扒窃分子之间为了方便联系，常常使用"黑话"与隐语。他们把掏包称为"背壳子""找光阴"；他们互称"匠人""钳工"；把上车行窃称为"上车找光阴"；把上衣兜称为"天窗"，下衣口袋称为"平台"，裤兜称为"地道"；把妇女的裤兜称为"二夹皮"；行动称为"开工"；把扒到钱了称为"下货了"或"上市了"等。

4. 看动作

扒窃分子在动手作案时，一般借车体运行晃动或乘客（顾客）拥挤的机会，紧贴受害人的身体，利用他人或同伙做掩护或用自己的胳膊、提包、衣服等遮住受害人的视线。作案得手后，离开失主，快速逃离现场。

二、防扒常识

> **案例**
>
> 早高峰时候等车的人较多，见到公交车进站后，人们一拥而上，争先恐后地上了车，小王上车后被人群拥挤到了车的中间。这时他看到一个男子将手慢慢地伸向左前方一位女子的包中。小王急中生智，大声对那个女子喊道："张姐，怎么在这见到你了？"那女子扭头打量了一番，表情很茫然，小王赶紧说："对不起，我认错人了。"当小王再去寻找那个男子时，发现那人已经向车的后面走去，并很快下了车。当小王将刚才的一幕对那位女子说明后，这名女子才如梦初醒。
>
> （资料来源：作者根据相关资料整理）
>
> **点评**
>
> 从案例可知，许多扒窃分子一般是趁受害者不注意时，用"神不知鬼不觉"的手法偷取钱物。而扒窃分子的目标一般是易携带、体积小的贵重物品，比如手机、钱包、电脑等。因此，同学们要加强防范，妥善保管好自己的贵重物品，不要"露财""显富"，应将贵重物品放在较为隐蔽的地方，千万不要放在宽松外衣两侧的口袋，不要给扒窃分子以可乘之机。

（一）对扒窃的基本防范方法

1. 加强防范意识，保管好财物

在商店、车站、码头、影剧院售票口、交通工具上等人多易于发生拥挤的场所，扒窃分子很可能混迹其中。最好不要把贵重物品放在外衣口袋里，如果拥挤异常最好离开队伍，或转到拥挤圈的外围观察。

2. 不要随意"露财""显财"

在公众场合，不要拿着贵重物品随处乱晃，或是炫耀自己的高端手机、高档手表、项链等贵重物品，否则会引起扒窃分子的关注。

3. 时刻留意自己的口袋和提包

外出时，应随时注意自己的贵重物品是否在身边。在旅行、逛街、购物时，需要随时确保自己的钱包、手机等贵重物品在视线范围之内，应注意尽量避免出现人包分离的现象。若不得不人包分开，也不要将其交给不相识的人看守。

4. 突遭陌生人搭讪或撞击，应提高警惕

如果突然遭受陌生人挤碰、撞击，或是遇到陌生人主动搭讪时，立即观察其相貌特征并检查口袋或提包是否失窃。扒窃分子团伙作案时，一般是一个人负责引开注意力，另一个人负责扒窃。因此，遇到突发的事件时，应提高警惕。

5. 不要下意识抚摸放贵重物品的地方

平时不要用手下意识地随便抚摸放贵重物品的部位，更不要在公共场所随便翻弄贵重物品。特别要注意：不要将贵重物品放在外衣下兜和裤子的侧兜及后兜内，因为放在这些部位的

财物极容易被窃。

（二）对扒窃犯罪的具体防范

1. 乘坐公交车、地铁时如何防扒

（1）提前准备好公交IC卡、手机，事先将其放在不易失落的位置，如内衣口袋、皮包内层等，尽量不要在上衣两侧的口袋中放置财物。上车前要检查口袋的纽扣或拉链，手机要放入包内，或握在手中。

（2）上、下车时将背包或贵重物品放在胸前。在公交车、地铁上，女士的挎包不可用手挽，背挎包一侧肩的手不可去拉扶手，使挎包处于自由状态。在整个乘车过程中，一定要用手抓住挎包拉链的中间部位，以牢牢控制住挎包口。同时，将挎包尽量拉到身体前面，使整个挎包一直处于视野范围中，特别要注意旁边三番五次挤碰的人。

（3）要注意周围小区域内人员的动作反应，如果有人在车厢内前后走动，要留意其行动方向、动作幅度是否有主动接近自己的意思；同时，对手拿雨伞、塑料袋等物品，且多次重复上下车、行为反常的人要特别注意。

（4）不要让别人用身体、胳膊或所携带的提兜、衣物等挡住自己的视线，在车门、座位处拥挤时，要注意对存放贵重物品部位的特别保护，防止贵重物品外露。

（5）乘客在乘车时尽量不要打瞌睡，尤其在往返于市郊的公交车、地铁上更不能放松警惕。一旦发现手机失窃，立即借手机拨打自己的手机。

（6）尽量不在公共场所佩戴贵重首饰。车厢里发生哄闹，要有意识地防护随身佩戴的金银首饰。不要在繁华场所中露财，行车时有意识地用手护住钱包、手机等贵重财物。发现自己的财物被盗，应立即请司乘人员关闭车门，以防小偷逃离现场，并立即向警方报案。

2. 乘坐火车时如何防扒

（1）事先将零星物品集中打包，形成一定的体积，放在座位底下或行李架上，由于目标大，扒窃分子不太好盗取。冬季可将财物放在内衣口袋内，夏季可放进随身携带的皮包内层。

（2）衣物脱挂于衣帽钩上时，应将衣服中的财物转移。不要让别人的衣帽与自己的同挂一个衣帽钩上，防止扒窃分子借机偷走自己衣服内的财物。

（3）中途离开座位、铺位时，贵重物品随身携带，并注意留心自己物品的放置情况，以便返回时加以观察比较。

（4）途中防止打瞌睡，同时应将贵重财物置于自身较敏感的部位。

（5）到站时，不要轻易离开自己的位置，密切注意自己的财物，防止有人乘机偷包。下车前应先清点物品，检查一下贵重财物存放的情况，做好下车过程中的安全准备。

3. 在商店、超市如何防扒

（1）事先要将贵重物品放在不易失落的部位，如内衣口袋、皮包内层等。

（2）在拥挤的柜台前要特别对存放财物的部位进行有意保护（如将皮包置于身体前侧，并用手加以防护）。

（3）在选购物品付款后，一定要将财物仍放回不易被扒窃部位，尽可能不让人发觉放置位置，以不暴露目标为好。

（4）在购物过程中，注意观察周围有无不买东西但专往人堆中挤或向掏钱的人身边靠的人，对这种可疑对象应时刻注意其动向，防止其下手。

4. 如何防止行李被调包

扒窃分子拎包，多见于车上、轮船、车站和码头。由于旅客各自携带的包裹数量多且形状相近，所以在搭乘火车、轮船或滞留在车站、码头时要特别留意自己的包裹。

（1）在码头、车上、船上要设法将包裹相对集中存放，并尽快固定在车、船的某一位置，而后再处理其他事项。

（2）如果无固定设施，应将包裹放置于自己座位底下，或留于视线能顾及的范围内，并不时检点查看。

（3）包裹尽量不要和别人的颜色相近或式样相同的包裹混放一处。

（4）车、船停靠车站或码头时，要注意观察自己的包裹，防止被人故意提走或无意搞错。

（5）下车、船时应兼顾自己的各个包裹，切不可分批、零散地转移物件，以免被其他乘客"顺手牵羊"。

5. 如何防止划包偷窃

划包案件是扒窃作案的一种形式。这种行窃方法技术性较强，偷窃财物数量多，危害性大。为了预防划包案件的发生，外出时应注意以下几点。

（1）增强提包的厚度或强度，有条件的可使用手提式保险箱，或者选择一些质料比较厚的皮包装载贵重物品，或者使用双层提包装载法，将贵重物品放在里面的小包内。这样即使碰上罪犯划包作案，扒窃分子也很难一下子划破两层提包外壳偷取财物。

（2）在人多拥挤的场合，应该设法将包置于自己的腹部，用手护着，这也可防止扒窃分子划包作案。

（3）财物最好随身携带，如果放包里应和其他物品混杂放置，不要将财物放在包内的小袋、边角和底部位置。

> 💡 **小贴士**
>
> **在公交车上遭遇扒窃时该怎么办**
>
> 如果钱物被扒窃，但尚未发现扒窃分子时，先不要声张，可悄悄与驾驶员联系，将车开到公安机关，请民警破案。
>
> 若发现扒窃分子有同伙时，要防止其中途从车门或车窗逃跑，还要防止扒窃分子将赃物丢弃，应要求驾驶员将车开到附近的公安机关，以便人赃俱获。

三、抢夺、抢劫案件的特点

> 📄 **案例**
>
> 某高校的女大学生李某做完家教后骑自行车回学校，途中，突然从路边的树丛中窜出一名手持砍刀的男子。该男子一把将她连人带车推倒，然后抢夺她身上的挎包。歹徒抢走

该女生的钱物后，继而丧心病狂地对她实施强暴，并用手机拍下了李某的裸照，威胁她不准报警。

（资料来源：作者根据相关资料整理）

点评

抢夺、抢劫案件在一定情况下往往容易转化为凶杀、伤害、强奸等恶性案件，严重侵犯大学生的财产及人身权利，造成大学生生命、健康及精神上的损害，具有较大的危害性。大学生涉世不深，缺乏社会经验，遇险被抢后大多数不敢反抗，往往成为犯罪分子的作案对象。学生在地处城郊接合部的学校附近遭抢的可能性会更大些。

（一）抢劫和抢夺的区分

抢劫，是指以非法占有为目的，以暴力胁迫或者其他强制手段，当场将公私财物据为己有的一种犯罪行为。对抢劫案件定性的关键是犯罪分子是否采用了暴力、胁迫或者其他方法强行抢走财物。抢劫对社会具有较大的危害性、骚扰性，往往容易转为凶杀、伤害、强奸等恶性案件。

抢夺，是指以非法占有为目的，趁人不备公然夺取公私财物的行为。抢夺案件发案突然，作案隐蔽，逃逸迅速。犯罪分子虽未使用暴力、胁迫等手段，但在实施抢夺行为时，极有可能造成受害人的人身损害。这类案件严重侵害了受害人的人身及财产安全，同样具有较大的危害性。

💡 小贴士

抢劫罪和抢夺罪的处罚方式

1. 抢劫罪的处罚

依照《中华人民共和国刑法》第二百六十三条的规定，以暴力、胁迫或者其他方法抢劫公私财物的，处三年以上十年以下有期徒刑，并处罚金；有下列情节之一的，处十年以上有期徒刑、无期徒刑或者死刑，并处罚金或没收财产：

（1）入户抢劫的；
（2）在公共交通工具上抢劫的；
（3）抢劫银行或者其他金融机构的；
（4）多次抢劫或者抢劫数额巨大的；
（5）抢劫致人重伤、死亡的；
（6）冒充军警人员抢劫的；
（7）持枪抢劫的；
（8）抢劫军用物资或者抢险、救灾、救济物资的。

2. 抢夺罪的处罚

依照《中华人民共和国刑法》第二百六十七条的规定，抢夺公私财物，数额较大的，或者多次抢夺的，处三年以下有期徒刑、拘役或者管制，并处或者单处罚金；数额巨大或者有其他严重情节的，处三年以上十年以下有期徒刑，并处罚金；数额特别巨大或者有其他特别严重情节的，处十年以上有期徒刑或者无期徒刑，并处罚金或者没收财产。

（二）校园抢劫和抢夺案件的特点

1. 时间上多选夜深人静

犯罪分子选择作案的时间常在行人稀少的中午、黄昏和夜深人静时。这时候作案，人员走动较少，抢劫比较方便，不易被人察觉，逃匿也比较容易。

2. 地点上多选僻静之地

犯罪分子选择作案的地点常在校园内较为偏僻、阴暗、人少之处。一般为树林中、小山上、远离宿舍区的教学实验楼附近或无路灯的人行道、正在兴建的建筑物内，或校园周边地形复杂、人少及夜间无路灯的地段。这些地方灯光较暗或根本没有灯，加上有许多掩遮的建筑物或树木，不易被人发现，得手后也容易逃脱，抢劫时受害人难以看清其体貌体征。

3. 目标上多选独行女生

犯罪分子的目标一般比较明确，主要是那些没有按时作息、携带贵重财物、独自行走的女生和弱小同学，看电影或晚自习晚归无伴或少伴的，谈恋爱滞留于阴暗无人地带的大学生情侣等。这些人身上一般均有贵重财物（如金银首饰等），犯罪分子在抢劫之前一般都掌握了犯罪目标的经济情况与行动规律。

4. 人员上多搭伙合作

近几年，随着校园内流动人口的增多，外地流窜人员作案的案件也在增多。这些案件严重侵犯了学生们的财产及人身权利，造成对学生物质和精神上的损害，甚至威胁到生命安全。犯罪分子一般为校内或学校附近不务正业、好逸恶劳的学生或青年，为了抢劫财物这一共同目的，这些人往往臭味相投，三五成群，结成团伙，共同实施抢劫。他们一般熟悉校园环境，作案时胆大妄为，作案后迅速逃匿。作案时也有明确的分工，有的充当诱饵专门物色抢劫对象，有的充当打手。

5. 手法上多采取暴力

根据犯罪分子实施的抢劫手法不同，作案类型通常有：胁迫型抢劫、诱骗型抢劫、暴力型抢劫、麻醉型抢劫等。犯罪分子一般都带有凶器，采取暴力相逼。一些凶残的犯罪分子在作案后往往惧怕受害人揭发举报，就用凶器加害受害人，酿成恶果。

四、抢夺、抢劫案件现场处理办法

> **案例**
>
> 某学院大二学生谢某勤工俭学为某企业做宣传时，在大学城某僻静处遭遇4个歹徒，并不幸被歹徒抢走手机一部。由于势单力薄，只能智斗。他细心观察了几个犯罪分子的相貌特征及作案车辆牌照号码，在歹徒离开后迅速拨打"110"报案。警察到达后判断那几个人不会走远，最后果然在相距案发地几公里处发现了歹徒，并一网打尽。事后记者采访了该学生，大家对他的机智灵活和勇敢无畏称赞不已。
>
> （资料来源：作者根据相关资料整理）

> **点评**
>
> 抢劫与抢夺行为已经侵入校园及周边地区,给广大师生的人身和财产造成了严重威胁。校园内出现此类案件,往往会引起恐慌,使人们丧失安全感,影响极为恶劣。作为大学生,应当具备应付突发事件的心理素质和应变能力,懂得如何避免和应对这类案件,做到"以防为主,遇事不慌"。

实施抢劫、抢夺的犯罪分子往往都是一些惯犯,且作案都是有预谋、有计划的,其作案手法老道、凶残。大学生若遭遇抢劫,要保持精神上的镇定和心理上的平静,冷静分析所处环境,针对不同的情况采取不同的对策,以灵活的方式保全自己。

(一)遭遇抢劫、抢夺时的基本处理方法

1. 奋力反抗,但第一要确保人身安全

犯罪分子实施抢劫作案,一般都做了相应准备,要么人多势众,要么以凶器相逼,有的学生由于生性刚烈,往往鲁莽行事,容易被犯罪分子伤害。当大学生遭遇犯罪分子时,在确保自身安全的条件下,只要具备反抗的能力或时机,就应及时运用防卫术或借助有利地形,利用身边的砖头、木棒等足以自卫的武器与作案人僵持,发动进攻,制服犯罪分子或使其丧失作案的心理和能力。

2. 无法抗衡时,迅速远离危险现场

俗话说"三十六计,走为上策"。当意识到无法与犯罪分子抗衡时,可看准时机向有人、有灯光或宿舍区奔跑,边跑边呼救,争取别人救助,同时震慑犯罪分子。犯罪分子由于心虚,一般不会穷追不舍,从而可有效避免劫案的发生。切不可打无把握之仗,将自己的生命当作赌注。当遇到极其凶残的犯罪分子时,必须破财免灾,千万不能硬碰硬,以免造成不必要的人身伤害。

3. 冷静从容,记下犯罪分子的特征

一旦遭遇抢劫,尤其是在危急关头,应从容不迫,注意观察犯罪分子,尽量准确地记下其体貌特征,如身高、年龄、发型、衣着、胡须、特殊疤痕、语言及行为等;尽可能看清犯罪分子的逃跑方向及路线,还可趁其不注意时在犯罪分子身上留下记号,如在其衣服上擦点墨水、泥土、血迹,在其口袋中装点有标记的小物件等,以便为公安机关侦破案件提供线索。

4. 巧妙周旋,临危不乱

当已处于犯罪分子的控制之下无法反抗时,可通过讲道理晓以利害;或义正词严地怒目斥责对方,使其自我崩溃,自动放弃违法行为;或采用幽默方式表明自己已交出全部财物,并无力反抗的意图,使犯罪分子放松警惕,看准时机反抗或逃出控制。

5. 情况许可时,大声呼救

犯罪分子作案后急于逃跑,可利用这种心理,保持距离紧追不舍并大声呼救;或故意高声与犯罪分子说话,设法让附近的师生知情,帮助喊人援助或拨打"110"报警。只要把握机会及时呼救,一些抢劫案便可以得到有效的控制。

6. 及时报警，详细报告

被抢后以最快的速度报警，报警时要准确说出案发时间、地点、案犯人数，尽可能说出犯罪分子的特征、逃跑方向等，以便公安、保卫部门及时组织力量布控，抓获犯罪分子及阻止犯罪分子继续加害他人。

（二）常见抢夺、抢劫案的具体处置方法

1. 乘车、行走途中遇抢的处置方法

乘车时遭抢，应当冷静观察，寻机行动。

（1）如果犯罪分子人多势众，用凶器相胁迫交出钱物时，应适当拿出部分钱物，避免受伤。

（2）如果犯罪分子人数相对较少，手上又没有刀具、枪支等危险武器，则可看准机会向其中一人突然狠命攻击，并呼救。此时乘客一般会群起相搏，犯罪分子也往往因为同伙的受伤而胆怯。

（3）如有机会用手机打电话，则应马上报警；有可能的话，尽量拖延时间，记清犯罪分子的体貌特征及时报案。

（4）当有人在背后跟踪时，要警惕这可能就是坏人下手的征兆，要立即改变方向，并不断地向背后察看或打手机求救，要朝有人、有灯光的地方走，到商店、住户、机关等人多的地方寻求帮助；要记住跟踪者的体貌特征，并及时向公安机关报告。

2. 在旅游时遭抢的处置方法

如果是在景点内的大路、游乐场等人流较多的地方，则首先应大声呼救，无法呼救时，应尽力发出信号给游客或保安人员；如果是在偏僻的树林等地方遭抢，则应尽量和犯罪分子周旋，拖延时间，以使游客或保安人员发现。

3. 在购物时遭抢的处置方法

购物遭到抢夺时，则应大声呼叫，并极力追赶，追赶的过程中，应死死盯住犯罪分子，以防其把抢得的物品塞给同伙；发现其把东西塞给同伙时，则应尽力追赶得到物品的那个人；发现犯罪分子把东西扔掉时，则应取得证物后继续追赶；追赶时注意不要被引入人员稀少的地方而受到伤害。

> 💡 **小贴士**
>
> **遭遇抢夺、抢劫时巧脱身的几个技巧**
>
> （1）耍赖法。突然倒在地上打滚耍赖，喊叫号哭，引来旁人围观，令犯罪分子惊慌失措，你可趁机报警。
>
> （2）认亲法。当不远处有人时，你可佯装惊喜万分，跑过去高呼"表哥"或"二叔"等，把犯罪分子吓走。
>
> （3）调包法。佯装乖巧，或突然装肚子疼，或突然提出要方便或找人借钱物，趁机脱身报警。

（4）放线法。伪装害怕，暂时答应对方条件，约定时间、地点交钱物，待对方离开后立即报警。

（5）抛物法。把书包或身上值钱的物品向远处抛去，并生气地说："给你！给你！全部给你！"当犯罪分子忙于抢、捡钱物时，快速脱身报警。

（6）恐吓法。伪装若无其事，理直气壮地说出一个亲友的名字来吓唬对方。

五、防抢常识

> **案例**
>
> 某校两名大学生在僻静的树林中散步。突然，一群小流氓围上来要强行搜身。女生吓得发抖，男生镇定自若，掏出香烟和数百元钱，谎称自己也是"道上混的，大家都不容易，愿意和他们交个朋友"。小流氓见他"爽快"，没有为难，拿钱扬长而去。等他们走后，男生赶紧叫女生报案，自己悄悄尾随其后。不久，正在说笑分享"战果"的小流氓，全部落入法网。
>
> （资料来源：作者根据相关资料整理）
>
> **点评**
>
> 上述案例说明，具有一定的防范意识及应对措施，能够有效制止抢夺、抢劫案件的发生或是严重化。预防抢夺、抢劫案件的发生，首先从思想意识上要引起高度的重视，外出前要有心理准备，尽量简化行装，提高警惕，严格遵守学校制定的有关安全规定，留意公安机关和学校保卫部门提供的安全指引，并自觉落实到具体的行动中，不给犯罪分子以可乘之机。

（一）对抢夺、抢劫案件的基本防范知识

1. 遵守校纪校规，避免晚出晚归

为确保学生的安全，各学校都有相应的纪律规定，如按时就寝、不得晚归等。但总有少数同学纪律观念淡薄，不将校纪校规放在心上，晚归或夜不归宿，给犯罪分子作案提供了机会。

2. 妥善保管财物，财物分类存放

外出时最好不要携带贵重物品，钱物不要置于手提包或拎包内；手机等小件贵重物品不要挂在胸前，应放在衣袋内；女生尽量少戴首饰；切勿在公共场合翻弄贵重物品，如不得不随身携带，应将皮包、钱包、手表、手机及珠宝首饰等贵重物品藏在隐蔽处，避免引起犯罪分子的注意，成为他们实施抢劫的目标。

财物不要集中放在一个地方，以避免损失过大，因此，钱包不要放在皮包里，值钱的财物不要放在同一个地方；身上最好只带少量现金及银行卡。

3. 结伴外出，远离偏僻场所

犯罪分子实施抢夺和抢劫，目标对象多为单独出行的女子或是弱势群体。因此，为了保护

自身安全，外出务必结伴而行，晚上最好不要外出。

大学生多在比较偏僻、阴暗的地方遭到抢劫。因此，为避免受到不法侵害，不要独自在偏僻、阴暗的林间小道和山路上行走，不到行人稀少、环境偏僻的地方，尽量避免在午休、深夜等路上行人较少的时间外出。

若须深夜外出时，应尽量靠人行道内侧或路灯明亮侧行走，最好结伴而行或寻求保安人员协助。被陌生人跟踪或感到威胁时，应迅速转入店家求援或往人多、灯亮的地方前进。

不要租住校园周边地区的民房，以免在往返居住地的路上遭到抢劫。

4. 时刻注意观察，预防被夺被劫

对于周围可疑车辆、人员要提高警惕，特别是对两人合坐一辆摩托车、行驶速度慢、骑车人东张西望、故意遮盖车牌等异样情况要加强防范，以免遭到骑车犯罪分子袭击。

返家途中遭人跟踪或在楼梯间发现有不明人员徘徊时，切勿轻易开门进屋，可按门铃请家人或邻居开门；若家中无人时，可暂在邻居或亲友家停留，或到附近人多处停留，稍后回家。

单独至停车场所取车，上车前宜先检查后座是否净空、邻车是否有人、周围是否可疑人员徘徊，确定无安全威胁后，再开锁入座，并应随即将车窗关上、车门锁上。

骑乘摩托车、自行车时，不宜将皮包等贵重物品放置在车前篮、脚踏板处或吊于把手上，应放置在坐垫下的行李箱内。乘机动车或驾车遇有自称为警察者拦车时，切勿轻易熄火下车或摇下车窗，应要求其出示证件，并做必要的查证。

发现有人尾随或窥视，不要紧张胆怯，可回头多盯对方几眼，或给家人、朋友打电话，并改变原定路线，朝有人、有灯的地方走。

（二）对常见抢夺、抢劫案件的具体防范

1. 对拦路抢夺或抢劫的防范

对广大大学生来说，防范拦路抢劫，要注意以下事项。

（1）夜间出行，特别是单独出行的女生，最好避开人员稀少、光线较暗的路段，尽量走灯光明亮、人多的路段。走路时要昂首挺胸，即使心里害怕也要装得满怀信心，使企图袭击的人望而却步。

（2）外出前应先将身上的贵重财物妥善保管，不要随身携带，也不要带过多的首饰。不要让手机等值钱物品过于显眼，穿衣服也不要太华丽、高调。

（3）到银行存、取款时，一定要有同学陪同，尽量不要走地下通道或者过街天桥，特别是在自动取款机取款时，要留意有没有人盯梢。

（4）到陌生地方时，晚上不要外出；如果不得不出去，则要尽量结伴同行；不要和陌生人搭腔；如有人盯梢或纠缠，尽快向人多的地方靠近，必要时可呼叫。

（5）如果夜晚去往偏僻的地方，不要步行或者骑自行车，要尽可能乘出租车（不要乘坐黑车），回来时尽量要求司机送往住地，尽量让车停在校内或宿舍楼下。

（6）不要随便和不熟悉的人到偏僻的地方去。

2. 对飞车抢夺或抢劫的防范

飞车抢夺或抢劫多数情况下是两个人骑一辆摩托车实施抢劫的行为。他们一般是看准行人

挎在身上的皮包等物，寻机实施抢夺或抢劫。防范飞车抢劫或抢夺，一般需要注意以下事项。

（1）如携带皮包走路，应尽量靠近人行道内侧行走，靠左边走时挎包挂左肩，靠右边走时挎包挂右肩，并用胳膊夹紧或用手握紧；不要将包放在自行车篮里或摩托车踏板上，骑车者应把包带缠绕在车头上。

（2）财物不要外露，不要一边走一边旁若无人地打手机。手机最好装进口袋里而不要挂在腰间或脖子上。

（3）警惕停在银行、大型商场门口无牌照或外地牌照不熄火的摩托车，或者长时间在自己身旁慢速行驶的两人同乘一辆摩托车的人。

3. 对入室抢夺或抢劫的防范

入室抢劫多发生在大学生的上课时间，这时候大部分学生在教室，仅有一小部分学生因生病、逃课等原因留守在宿舍。当只有一两个人在宿舍时，特别要注意以下几点。

（1）要注意进出宿舍的人。不要只低头做事，不理会进进出出的人。对到宿舍门口的陌生人要提高防范意识，严加盘问，不要随便让其进屋。

（2）不要在宿舍里接待小商贩。对试图与自己表示亲近的陌生人，在无法确认其真实意图的情况下，不要随意接受其提供的饮料、茶水、香烟和食品等。

（3）不要将不明底细的人随便带到宿舍里，在校外也不要将自己的宿舍、所在院系、电话号码等随便告诉不熟悉的人。

4. 乘车时对抢劫或抢夺的防范

（1）乘车时不要轻易将贵重物品显露。

（2）不要将装有贵重物品的包放在地上或挂在窗口。

（3）在上下公共汽车、地铁时，要保护好随身携带的物品，背包应抱在胸前，不要背在身后。

（4）站在车门附近乘车时，应格外注意自己的随身物品，防止不法分子趁下车之际抢走物品。

5. 在宾馆、招待所时对抢夺或抢劫的防范

（1）休息时注意锁好门，并上好门锁保险，关好窗；不要和身份不明的人同住一间房间；不要让不熟悉的人到房间串门、打扑克、聊天；听到敲门声时应问明情况，有门洞放大镜的，应看清是否是熟悉的人。

（2）不要随便显露自己的财富；不和陌生人攀比；不随意接受陌生人的食品、饮料和香烟；不乱拉关系，不乱攀老乡。

（3）女生最好不单独住宾馆、招待所；遇到困难，如房间东西损坏时，不要轻易叫陌生人帮忙，应和服务员取得联系。

（4）发现可疑人员跟踪、打探，不要轻易进房间，要做好防范，及时和保安人员联系，求得帮助。

6. 旅游时对抢夺或抢劫的防范

（1）旅游时应结伴而行。

（2）不要在景区的僻静处单独行走或长时间逗留。

（3）不要在僻静的树林等地谈恋爱。

（4）不要轻易结交陌生人。

（5）不要轻易和陌生人结伴玩耍，不要轻易吃陌生人的食品、饮料。

（6）不和陌生人攀比财富。

（7）手机等贵重物品等不要挂在脖子上。

（8）行李箱、旅行袋不要乱放。

> **小贴士**
>
> **如何注意正当防卫中的"度"**
>
> 《中华人民共和国刑法》第二十条规定："为了使国家、公共利益、本人或者他人的人身、财产和其他权利免受正在进行的不法侵害，而采取的制止不法侵害的行为，对不法侵害人造成损害的，属于正当防卫，不负刑事责任。正当防卫明显超过必要限度造成重大损害的，应当负刑事责任，但是应当减轻或免除处罚。对正在进行行凶、杀人、抢劫、强奸、绑架以及其他严重危及人身安全的暴力犯罪，采取防卫行为，造成不法侵害人伤亡的，不属于防卫过当，不负刑事责任。"
>
> 所以，我们在遭到抢夺、抢劫的不法侵害时，应当处理好反击时的一个"度"。当遭到抢劫时，根据《中华人民共和国刑法》第二十条第三款的规定，被抢劫者大可放心地竭力反击，不用去考虑"万一我把他打伤了怎么办"，因为这是合法的正当防卫。但是要注意，防卫过当是要负法律责任的。

第四节　拒绝非法传销

一、传销的定义及特征

传销是指组织者或者经营者发展人员，通过对被发展人员以其直接或者间接发展的人员数量或者销售业绩为依据计算和给付报酬，或者要求被发展人员以交纳一定费用为条件取得加入资格等方式牟取非法利益，扰乱经济秩序，影响社会稳定的行为。

1. 传销的本质

传销销售对象以自己为主。自己购买公司的产品，并把这种销售方式推广给下线，其实就是主要以自己的亲朋好友为发展对象。这种销售模式是损害销售员利益的，它不会给下线销售员带来任何报酬，相反还造成了损失，并且在销售给自己的过程中是学不到任何销售技术、经验的，只有把产品推销给他人才需要技巧。所以这种方式不是一种正常的工作，而是一种害人害己、为少数顶层上线谋取暴利的骗术。

传销的内部管理是准军事化的管理，已经实现高度组织化、暴力化，传销人员暴力抗法或聚众冲击国家机关。

直销是生产厂家生产的产品通过专卖店或营销人员直接把产品销售给最终用户，并且给予服务的销售方式。

传销与直销的实质区别是：直销属于商业活动，属于营销范畴，而传销是金融活动，是诈骗。

2. 传销的特征

根据国家市场监督管理总局、公安部、人民银行《关于严厉打击传销和变相传销等非法经营活动的意见》的规定，传销或变相传销行为的特征主要有：

（1）经营者通过发展人员、组织网络从事无店铺经营活动，参加者之间上线从下线的营销业绩中提取报酬的。

（2）参加者通过交纳入门费或以认购商品（含服务，下同）等变相交纳入门费的方式，取得加入、介绍或发展他人加入的资格，并以此获取回报。

（3）先参加者从发展的下线成员所交纳费用中获取收益，且收益数额由其加入的先后顺序决定的。

（4）组织者的收益主要来自参加者交纳的入门费或以认购商品等方式变相交纳的费用的。

（5）组织者利用后参加者所交付的部分费用支付先参加者的报酬维持运作的。

（6）其他通过发展人员、组织网络或以高额回报为诱饵招揽人员从事变相传销活动的。

变相传销比传销更加隐蔽，具有更强的欺骗性。第一，变相传销行为表现形式多种多样。变相传销行为巧立名目、种类繁多。有的称"消费联盟""共销""滚动促销"，有的称"重复消费""框架营销""复合式加盟连锁"等。但其共同的特征是，一些不法经营者以"高额回报""快速致富"为诱饵，大量招揽人员，从中收取高额费用。第二，变相传销行为涉及地区广、人员多。第三，变相传销的本质是欺诈行为，违法者往往是打着流动的口号，科学时尚的称谓和为下岗职工再造就业服务等旗号，在各种媒体上做广告、宣传，蒙蔽群众；以"做生意""招工""高额回报"为诱饵，诱使或胁迫大批不明真相的群众参与变相传销活动。

非法传销的最终归宿是金字塔大崩溃，传销组织者卷款潜逃。

二、传销的主要危害

传销对市场经济秩序、社会治安秩序、国家安全和政治稳定有重大危害。

（1）严重扰乱市场经济秩序。传销涉及地区广、人员多、资金大，有的还伴有非法集资、制售假冒伪劣商品、侵害消费者权益等大量违法行为，诱骗了大量社会人力资源，吸纳了大量社会资金，破坏了市场经济的健康和谐发展。

（2）扰乱社会治安秩序，严重影响群众的正常生活秩序和生命财产安全。传销违法活动具有很强的继发性，由此引发了大量刑事案件以及扰乱社会治安秩序案件，如2017年的李文星案。同时，因传销引起的夫妻反目、父子相向，甚至家破人亡的惨剧时有发生，给不少家庭造成巨大伤害，动摇社会稳定的基础。

（3）危害国家安全和政治稳定。被骗参与传销者多为城市退休、下岗或无业人员、农民等，在校学生、少数民族群众等被骗参与传销的情况也日益突出。传销组织者对参与人员反复"洗脑"，进行精神控制，唆使参与人员阻挠、对抗执法部门，围攻、打伤工商、公安执法人员的事件时有发生，对抗性日益加剧，而且不断引发群体性事件。传销不但极大损害群众利益，还进一步激化社会矛盾，危害国家安全和社会和谐稳定。

由于传销自身的特点，决定了传销具有组织上的封闭性、交易上的隐蔽性和传销人员的无序流动与分散性、交易对象的不确定性等，很容易给社会稳定造成隐患。

三、传销的自救办法

1. 记住地址，伺机报警

到一个陌生的地方，人生地不熟，首先要掌握自己所处的具体位置，楼栋号门牌号等。如果没有这些，可看附近有没有什么标志性建筑，暗中记下饭店、商场等的名字。如果能发短信或打电话，可偷偷自己报警，或告知自己的亲人或朋友，叫他们帮忙报警。

2. 外出途中逃离

传销组织每天都有一些户外活动，在这个过程中随行的人相对较少，便于逃离。而且在大庭广众之下，便于寻求别人的帮助。在外出后，要抓住时机赶紧跑，在经过一些机关单位、企事业单位时，跑过去向保安或工作人员求助；提前写好求救纸条，买东西时同钱一块儿递给对方，让对方帮助报警；跑向人多的地方高声向路人求救；甚至可假装坏人抢东西，引周围人报警。

3. 装病，寻找外出逃离的机会

如果传销组织控制比较严，外出的机会很少，可以想尽一切办法，找到外出的机会。装病是个好办法，但要装得像，不要被人看出破绽。肚子疼、呕吐等，这些都是很好的借口。尽可能地折腾他们，让他们不得安宁，最终同意外出就医，然后找机会逃离。

4. 向窗外扔纸条求救

如果实在找不到逃跑的机会，可以在上厕所时偷偷写好求救纸条。为引起注意，可写在钞票上，然后趁人不备，从窗户扔下。

5. 骗取信任，寻机逃离

如果实在走不掉，在"敌强我弱"的情况下，就要想软办法伪装，骗取他们的信任，让他们放松警惕，然后再寻找机会逃离。

第五节　谨慎校外租房

尽管教育部门对大学生校外租房持坚决反对的态度，各大学也明令禁止，但大学生因各种原因搬出学生宿舍另外租房的现象还是越来越多。然而，大学生们却没有考虑到，学校周边往往人员复杂，治安环境差，被盗、被抢等案件时有发生，出租房存在诸多安全隐患，大学生在外租房引发的治安事件和安全事故屡见不鲜。

> 🔲 **案例**
>
> 　　大学生出租房煤气中毒案。某高校女学生王某与男友黄某未经学校允许，私自在学校对面一居民房内租房居住。某晚，王某在出租屋的卫生间用液化气热水器洗澡时，由于室内通风不强，加之王某洗澡时间过长，发生了煤气中毒导致死亡。
>
> 　　　　　　　　　　　　　　　　　　　　　　（资料来源：作者根据相关资料整理）
>
> **点评**
>
> 　　如今各高校学生住宿条件大有改善，有空调、有热水、有卫生间，完全满足同学们的学习、生活需求。各高校也原则上不允许学生在外租房，但仍有个别同学为满足自己的个人需求违反校纪校规擅自在外租房。住在校外，一般出租房条件一般，甚至存在很多安全隐患，出现了一些特殊情况也不能被人及时发现，导致悲剧发生。

> 🔲 **案例**
>
> 　　大学生租房被抢劫致伤案。某日凌晨3时许，某高校学生彭某在其租住的某民居里进行"网络直播"时，一蒙面男子破门而入，抢走联想手提电脑一台、苹果手机一部、金项链一条，现金1 900余元，被抢财物共计1.4万余元。在犯罪嫌疑人抢劫财物的过程中，彭某高声求救，犯罪嫌疑人用匕首将其手臂多处划伤后迅速逃走。
>
> 　　　　　　　　　　　　　　　　　　　　　　（资料来源：作者根据相关资料整理）
>
> **点评**
>
> 　　高校周边出租屋大多布局杂乱，很多通道设计不合理，租住人员构成复杂，出租屋管理存在严重漏洞，周边治安环境复杂，导致打架斗殴、抢劫、盗窃、性骚扰等事件层出不穷。

一、租房的定义及正规流程

　　一个或多个承租人为了满足居住、商业或商住两用的意愿而租用一个单间或整套房间的行为称为租房。租房的正规流程如下。

（1）双方签订租赁合同。
（2）房主查看房客身份证，并索取复制件作为合同附件。
（3）房客查看房屋产权证明、房主身份证及两证的统一。
（4）合同签字与产权证的产权人相同，如不相同需有产权人的代理委托书。
（5）办理合租合同时，需有房主的同意出租（或同意转租）证明。
（6）定房的时候如果房主要求支付订金，也需要查看以上证件，一般订金不超过租房合同总金额的20%。

二、常见的租房骗局

　　大学生由于经济能力有限，通过小型中介公司租房的为数不少。由于对中介市场不了解，缺乏经验，上当受骗的大有人在。下面介绍几种常见的中介骗局。

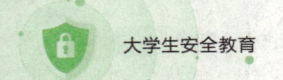

1. 诱人的虚假广告

不法中介在报纸、网络上发布一些虚假房源信息，引诱租房人上钩。等到租房人表示承租意向时，就以该房已租出为由向其推荐其他房屋，骗取租房人的看房费、信息费。要注意在签订租赁合同之前，中介的所有收费行为都是不合规的。

2. 免佣金

俗话说：天下没有免费的午餐。当中介公司宣称免收中介费时，就应小心了。不法中介利用租房人对租房行情不了解的特点，暗地里大幅提高房租获取差价。

3. 一次性收取长期租金

一些不法中介公司打着房屋出租代理的名义，以各种优惠条件从业主手中骗得房屋产权证、钥匙及一个月的空置期，以月付的方式支付租金，同时发布低价出租广告吸引租房人士，如果承租人看中此房，至少要以押一付三的方式支付房屋租金，而更多的人是采取半年付、年付的方式来支付租金。不法中介采用这种手段聚敛现金，然后伺机携款出逃，从而给租房人带来巨大的财产损失。

建议大学生经学校批准同意后首次租房时不要签长期合同。一方面，因为手中现金少，一次性支出太多，难以应对将来的不时之需；另一方面，初次租房往往考虑不周，仓促入住后才发现存在诸多问题，退租也没有主动权，只能将就到合约期满。如果时间紧张，尽量寻找短期房源，短期租金比长期租金略高，但可以利用这段时间看一看是否有更好的选择。

4. "见不得人"的房东

不法中介首先租下一套合适的房子做道具，然后雇请一名业务员冒充房东，报出的出租价格远远低于市场价格。当顾客看房满意与假房东签下合同并交纳了中介费后，这位假房东却找出各种理由不肯出租了。顾客找公司退钱时，公司说双方已签租赁合同，中介服务已经完成，房东属单方违约，中介费不予退还。

另一种可能的情况是租房人通过中介找到适合的房屋，被要求先付中介费或看房费，然后才能提供"房主"的联系方式。当租房人联系到"房主"看房时，"房主"会以最近很忙、没时间或者正在出差等种种理由推托。

5. 名目众多的费用

（1）信息费。当租房人与中介公司在租赁代理费用上不能达成一致时，中介公司会提出优惠方式，即租房人交纳为数不多的一笔费用后，一般为300~500元，中介公司会为租房人提供若干条房源信息，由租房人自己去联系。

（2）押金，又称看房费。不法中介在手中没有现成可做道具的房源时，便想出在看房前收取所谓押金的骗术，租房者缴费后，中介想尽一切办法拖延看房，或者向租房者推销条件差的房源，然后以种种理由拒不退款，甚至采取恐吓、武力等暴力手段迫使租房人放弃押金。

6. 合同陷阱

无论是房东还是房客在委托中介公司为之出租或租赁房屋时，都要与之签订一份委托合同，在合同中设置陷阱是不法中介惯用的手法。

三、大学生校外租房应注意的事项

大学生选择校外租房的原因多种多样，如考试需要安静的学习环境，而学生宿舍太吵太闹；硕士或博士研究生谈了男女朋友，在宿舍相处不方便；不想受制于学校限电限时的约束，追求"自由自主"等。大学生在经学校批准后可以从以下几点做起，保证租房的安全。

1. 房比三家

租房时要尽量多跑几家，多做比较，优中选优，选择最适合自己居住的房屋，同时注意四周环境是否安静、安全、卫生等。

2. 订金慢些交

租房时不要急于交订金，最好从正、反两方面来考虑自己的决定。如果有朋友可以商量最好。

3. 押金说清楚

租房者在交纳房屋押金时要与业主协商好是押一付三、押二付三还是押二付四。因为当租房者合同期满要求退租时，房主可能会以房屋设施损坏或者其他借口作为条件来克扣租房者的押金，造成租客不必要的损失。

4. 明确房屋信息

要明确房屋所在的位置、间数、面积、质量、租赁期限、租金及支付期限与支付方式等。

5. 租房合同要细

要明确水费、电费、煤气费、采暖费、网费、卫生费和物业管理费等由谁支付，并列明租住前的各项数字以区分责任。同时还要对房屋维修及费用问题做出约定。

6. 完备租赁手续

房屋产权证明并非是合法出租的充分条件，还应按有关规定办理房屋租赁许可证，租赁合同经过租赁登记方可生效。

7. 清点房屋设施

租房者在承租房屋时一定要清点好房屋内部的设施，如门窗、家电、家具、煤气等，并且在看房时检查一下家电的运行情况、家具的完好程度等，然后将其一一列入清单。最好注明出现故障时维修费用由谁来承担，以避免租房者在入住之后家用电器等出现故障时，因维修问题与房主产生矛盾。

8. 经学校相关职能部门审批后在校外租住的同学，要注意以下五点

（1）要选择通道设计合理、消防通道畅通的出租房租住。外出切记切断电源。

（2）不要将大量钱财或贵重物品放置在出租屋内，也不要有出行必穿金戴银、名包名饰等露财行为。

（3）随时注意关（锁）好门窗。

（4）不单独出行，尤其是早出晚归时，最好结伴同行。

（5）与其他租住户友善相待。

第六章 实习实训（验）及社会实践与求职安全

大学生在求学生涯中，要完成专业人才培养方案规定的各类课程，经历各个教学环节，除了进行理论学习外，还要参加各种实习实训（验）等实践活动，进行技能操作训练和认识实习、岗位实习。另外，为了完成从学生到职业人士的转变，还要不断培养自己的实际工作能力与社会交往能力，多数人还会利用寒暑假或休息时间在校内外从事各类兼职工作。特别是大学专业教育的特点决定了部分专业教学过程中，实习实训（验）等实践课的比例超过了50%，大学生有一半以上的时间要与实习实训（验）等打交道，而近年来发生在实训（验）及实习、兼职等过程中的安全事故，已经引起教育部及各级教育行政管理部门的高度重视，并出台了相关文件和措施进行预防。大学生不仅要在学习过程中充分发挥自己的主动性和积极性，还要增强安全意识，提高自我保护能力。

本章主要从实习安全、实训（验）安全、社会实践和求职安全三个方面来阐述大学生必须引起重视的安全问题。

第一节　实习安全

什么是实习？实习有哪些种类？实习的本质是什么？对于这些问题，每一位即将进入实习岗位的学生都要十分清楚。为深入贯彻全国职业教育大会精神，落实中共中央办公厅、国务院办公厅《关于推动现代职业教育高质量发展的意见》，进一步做好学校学生实习工作，教育部、工业和信息化部、财政部、人力资源社会保障部、应急管理部、国资委、市场监管总局和中国银保监会对《职业学校学生实习管理规定》（以下简称《规定》）进行了修订，并于2021年12月31日印发。《规定》对实习的概念、类型、本质等都做了明确规定，对职业学校、实习单位、学生及法定监护人（或家长）提出了明确要求，还针对实习关键节点明确了行为准则，提出1个"严禁"、27个"不得"，为实习管理划出了底线和红线，对实习各方提出了刚性约束。作为实习学生，应充分了解国家政策，明白实习各方责任及必须严守的实习基本规范和底线红线，树立安全意识，坚持"安全第一、预防为主"原则，维护自己的合法权益，只有对实习管理规定做到心中有数，才能防患于未然。

一、实习的本质及规范要求

（一）实习的本质

《规定》明确指出，"职业学校学生实习，是指实施全日制学历教育的中职学校、高职专科学校、高职本科学校学生按照专业培养目标要求和人才培养方案安排，由职业学校安排或者经职业学校批准自行到企（事）业等单位进行职业道德和技术技能培养的实践性教育教学活动，包括认识实习和岗位实习。"

认识实习指学生由学校组织到实习单位参观、观摩和体验，形成对实习单位和相关岗位的初步认识的活动。岗位实习指具备一定实践岗位工作能力的学生，在专业人员指导下，辅助或相对独立参与实际工作的活动。

由于认识实习都是由学校统一组织并且在学校老师或专业人员的直接指导下进行的教学活

动，按照一般校外活动有关规定进行管理，其安全系数较高。而岗位实习则是相对独立的实践教学过程，学生以准员工的身份直接参与实习单位的生产服务等经营活动，学生在这类实习中常常面临一些安全隐患，因此，岗位实习的安全问题成为实习各方及社会关注的重点。

学生实习的本质是教学活动，是实践教学的重要环节。通过实习，实现了理论与实践相结合的目标，提升了学生技能水平，锤炼了学生意志品质，促进了学生全面发展，特别是岗位实习能有效促进学生高质量就业创业。各学校都将实习纳入了专业人才培养方案，成为人才培养方案中的必不可少的一个实践性教学环节和学生必须完成的专业实践性课程。

（二）岗位实习规范要求

"安全第一，预防为主。"《规定》对实习各方提出了明确要求，对各个实习环节有严格的规范，遵循这些要求和规范，是确保实习安全的前提和基础。面对岗位实习，同学们有权问：学校、实习单位、法定监护人（或家长）是否做到了规范要求？

1. 对学校的要求

一是应当选择符合条件的企（事）业单位作为实习单位，其中要求管理规范，近3年无违反安全生产相关法律法规记录。二是在确定新增实习单位前，应当实地考察评估形成书面报告，实习单位名单须经校级党组织会议研究确定后对外公开。三是应当与实习单位共同制定实习方案，并选派经验丰富、综合素质好、责任心强、安全防范意识高的实习指导教师全程指导，和实习单位共同管理学生实习。四是安排岗位实习应当取得学生及其法定监护人（或家长）签字的知情同意书，对学生及其法定监护人（或家长）明确不同意学校实习安排的，可自行选择符合条件的岗位实习单位（认识实习除外）。五是对自行选择符合条件的岗位实习单位的学生，要安排实习指导教师跟踪了解学生日常实习的情况。六是应当会同实习单位制定学生实习工作具体管理办法和安全管理规定、实习学生安全及突发事件应急预案等制度。七是组织学生签订实习协议，不得安排未签订三方协议的学生进行岗位实习。八是学校和实习单位要确立"安全第一、预防为主"的原则，加强对学生和指导教师的安全教育，强化实习单位主要负责人安全生产第一责任人职责，严格执行国家及地方安全生产、职业卫生、人格权保护等有关规定。九是学校和实习单位应当根据法律、行政法规，为实习学生投保实习责任保险，责任保险范围应当覆盖实习活动的全过程。

2. 对实习单位的要求

一是应当选派经验丰富、综合素质好、责任心强、安全防范意识高的专门人员全程指导、与学校共同管理学生实习。二是应当合理确定岗位实习学生占在岗人数的比例，岗位实习学生的人数一般不超过实习单位在岗职工总数的10%，在具体岗位实习的学生人数一般不高于同类岗位在岗职工总人数的20%。三是必须以有关部门发布的实习协议示范文本为基础，与学校、学生签订三方实习协议，并依法严格履行协议中有关条款；不得接收未签订三方协议的学生实习。四是应当参考本单位相同岗位的报酬标准和岗位实习学生的工作量、工作强度、工作时间等因素，给予适当的实习报酬，报酬以货币形式及时、足额、直接支付给学生，原则上支付周期不得超过1个月。五是应当健全本单位安全生产责任制，执行相关安全生产标准，健全安全生产规章制度和操作规程，制定生产安全事故应急救援预案，配备必要的安全保障器材和劳动防护用品，加强对实习学生的安全生产教育培训和管理，保障学生实习期间的人身安全和健康。未经教育培训或未通过考核的学生不得参加实习。

3. 对法定监护人（或家长）的要求

法定监护人（或家长）应配合学校和实习单位做好学生实习安全管理工作，作为丙方在岗位实习三方协议上签字。

4. 对学生的要求

一是实习学生应当遵守学校的实习要求和实习单位的规章制度、实习纪律及实习协议，爱护实习单位设施设备，完成规定的实习任务，撰写实习日志，并在实习结束时提交实习报告。二是实习学生应当签订三方协议。三是要严格遵守学校和实习单位的实习学生住宿制度和请销假制度。

此外，严禁以盈利为目的组织学生实习。

二、岗位实习常见的安全隐患

毕业前一个学期，学校都会安排学生进行岗位实习。一方面，由于应届毕业生实际还是在校生，不能称为真正的劳动者；另一方面，在实习单位，这些毕业生又实际从事劳动者的工作，所以在这个过程中可能就会产生劳动争议。这样的争议表现在毕业生所在的实习单位常钻法律的空子侵害毕业生的合法权益。同时，由于个别实习单位存在不严守底线和红线的行为，造成安全隐患，给实习学生带来安全威胁甚至生命健康危害。

（一）不按要求签订三方协议

三方协议既是保证学校、实习单位和学生各方合法权益的法律武器，也是学生实习安全的重要保障。《规定》明确要求学校、实习单位、学生必须以《职业学校学生岗位实习三方协议（示范文本）》为基础，签订三方协议。协议内容不得删减，如有其他需要可在三方协议中以附件形式添加有关条款；《规定》特别强调未签订三方协议，不得安排学生实习。但三方协议的内容很多，篇幅很长，导致有些学校、实习单位不会严格按照示范本签订协议，可能存在删除内容等偷工减料的行为，而学生、家长在签字时也疏于观察，导致学生合法权益及实习安全得不到保障。

（二）不按要求组织岗位实习

岗位实习不是简单的体力劳动，而是指具备一定实践岗位工作能力的学生，在专业人员指导下，辅助或相对独立参与实际工作的活动。因此，要求实习岗位必须要与学生所修专业或专业大类一致。《规定》明确要求"实习岗位应符合专业培养目标要求，与学生所学专业对口或相近。原则上不得跨专业大类安排实习"。而在实际实习过程中，学校跨专业大类安排实习的情况几乎没有，但学生自主选择岗位实习的，跨专业大类实习则很常见。由于学生并未掌握实习岗位所需要的技能，因此跨专业大类实习常常存在因操作失误而引起的安全隐患。另外，有些实习项目并未基本覆盖学生所修专业所对应岗位（群）的典型工作任务，岗位实习变成了从事简单重复劳动，甚至有些实习单位直接安排学生从事简单重复劳动。简单重复劳动很容易导致学生身心受损，诱发心理健康和身体疲劳，从而产生一系列安全问题。

（三）实习单位安全管理不到位

用人实习单位在招聘实习生进行岗位实习时，往往为了让学生尽早熟悉工作环境，或者为了让实习学生多做事，而忽略了安全方面的教育、培训与管理，导致安全隐患。

一是有些实习单位生产安全管理制度不健全，未严格执行相关安全生产标准，未建立健全的安全生产规章制度和操作规程，未制定生产安全事故应急救援预案。二是有些实习单位忽视学生实习期间的人身安全和健康，未对实习学生进行安全生产教育培训和管理，也未给实习学生配备必要的安全保障器材和劳动防护用品，使实习学生在缺少安全保障的条件下进行工作。三是有些实习单位未按要求对实习学生进行安全防护知识、岗位操作规程教育和培训并进行考核，往往利用学校的招聘会或与学校老师直接联系，就把毕业生招进去，直接安排上岗操作。

（四）突破实习底线和红线

有些学校和实习单位，存在《规定》第十六条禁止的损害实习学生的基本权利的7种情形。
①安排、接收大学一年级在校学生进行岗位实习。
②安排、接收未满16周岁的学生进行岗位实习。
③安排未成年学生从事《未成年工特殊保护规定》中禁忌从事的劳动。
④安排实习的女学生从事《女职工劳动保护特别规定》中禁忌从事的劳动。
⑤安排学生到酒吧、夜总会、歌厅、洗浴中心、电子游戏厅、网吧等营业性娱乐场所实习。
⑥通过中介机构或有偿代理组织、安排和管理学生实习工作。
⑦安排学生从事Ⅲ级强度及以上体力劳动或其他有害身心健康的实习。

还有些实习单位，可能存在违背《规定》第十七条的要求，不遵守国家关于工作时间和休息休假的规定，存在以下3种情形。
①安排学生从事高空、井下、放射性、有毒、易燃易爆，以及其他具有较高安全风险的实习。
②安排学生在休息日、法定节假日实习。
③安排学生加班和上夜班。

这些违规行为突破了《规定》的底线和红线，给实习学生带来了严重的生命安全、健康安全问题。

（五）安全管理不到位

实习过程中的安全管理不到位主要包括以下几点：一是未按要求购买实习责任险。学校和实习单位都有责任为实习学生购买实习责任险，而学校应主动为学生购买。二是住宿管理不到位。学校组织学生外出实习，未安排学生统一住宿，或者学生在实习单位实习，未严格执行实习学生住宿制度和请销假制度。学生一旦离开实习单位，未按时归宿，安全隐患就会增加。三是学生住宿地点离实习单位有一定距离，上下班需搭乘公交车或骑车，在往返途中存在交通安全问题。四是财产安全问题。学生岗位实习时总会带些钱物，保管不好，会造成损失，影响实习。

三、岗位实习安全隐患的预防

1. 严格落实《规定》精神

实习各方应认真落实《规定》精神，学校和实习单位应加强对学生岗位实习的管理，健全安全管理制度，制定突发事件处理预案，严格落实有关安全措施，严守实习基本规范和底线红线，不得出现规定中针对实习关键节点提出的 1 个"严禁"、27 个"不得"的情形。

2. 认真签订实习三方协议

学校应主动承担实习安全管理责任，进行岗位实习前，认真组织实习单位、学生、学生法定监护人（家长）签订实习三方协议，严格履行实习安全第一责任人的职责，不安排未签订三方协议的学生进行岗位实习。学校、学生任何一方都不得与中介机构签订协议，学生也不能独自与实习单位签订实习协议。对于独自联系实习单位的学生，必须征得学校批准和法定监护人（或家长）签字同意，并且学校要安排专人跟踪指导。学校、实习单位、学生任何一方都不得删除实习三方协议中的条款，不得置换其内容。学生在实习过程中，如果与实习单位发生劳动纠纷，首先要采取友好的协商方式解决，倘若发现实习单位不履行三方协议，应立即报告指导老师、学生辅导员，也可直接拨打学校实习热线，必要时采取法律手段。

3. 认真挑选实习单位

学校应对新增实习单位进行考察，将安全防护列入考察内容；及时向社会公开实习单位，按要求向主管部门报备，主动接受主管部门和家长监督。对存在安全问题的企事业单位坚决纳入实习黑名单。

4. 加强安全教育

实习时要进行实习安全教育，强化学生在实习期间的安全意识，注意防范人身安全、财产安全、交通安全、饮食安全、网络安全、意识形态安全等。很多学生岗位实习地点远离学校所在城市，应注意外出实习途中的安全，学校应安排老师送学生到实习单位。学校在实习编组时要注意男女学生搭配、混合编组，禁止单独外出。另外，实习过程中遇到特别热心的人一定要提高警惕，不要轻易相信陌生人，也不要随意与陌生人交往。

5. 加强日常管理

实习学校应加强对岗位实习过程的日常管理，经常深入实习单位，检查实习单位是否存在《规定》第十六条禁止的损害实习学生的基本权利的 7 种情形；是否存在《规定》第十七条禁止的、违反国家有关规定、损害实习学生权利的 3 种情形。同时，要安排好外出实习学生的住宿，严格执行请销假制度。

第二节 实训（验）安全

实训（验）室既是学校重要的教学场所，也是新时代、新形势下为服务当地经济社会发展培养高素质技术技能型人才的场所。实训（验）中接触或使用的各种仪器设备、化学试剂和药品、动物微生物等，如若操作或保管不当，都会造成安全事故。事故一旦发生，不但影响正常教学秩序，还会造成公共财产损失，严重者还会危及师生生命安全。因此，为了杜绝实训（验）

安全事故发生，大学生入学的第一堂课应该是安全教育课，进入实训（验）过程中的第一个学习内容应当是安全规范。在实训（验）过程中，学生必须严格遵守实训（验）守则和各个具体实训（验）操作规程，加强安全意识，防范实训（验）安全事故发生。

一、惨痛的教训敲响实训（验）安全警钟

2018年12月26日上午，北京交通大学市政环境工程系学生在学校东校区2号楼环境工程实验室，进行垃圾渗滤液污水处理科研实验期间，实验现场发生爆炸，事故造成3名参与实验的学生当场死亡。经调查核实事故原因为：在使用搅拌机对镁粉和磷酸搅拌、反应过程中，料斗内产生的氢气被搅拌机转轴处金属摩擦、碰撞产生的火花点燃爆炸，继而引发镁粉粉尘云爆炸，爆炸引起周边镁粉和其他可燃物燃烧，造成现场3名学生烧死。

事故发生后，2019年1月3日，国务院安委会办公室召开高等学校实验室安全管理工作视频会议，深入贯彻落实党中央、国务院领导同志指示批示要求，深刻吸取北京交通大学"12·26"较大事故教训，进一步推动高校实验室安全管理责任落实。1月10日，教育部印发了《关于进一步加强高校教学实验室安全检查工作的通知》（以下简称《通知》），要求各地各高校全面加强高校教学实验室安全检查工作，有效防范类似事故发生。随《通知》下发的《高校教学实验室安全工作检查要点（2019版）》，分层分类逐项列出了高校教学实验室在安全管理体制机制、安全宣传教育、危险源管理等方面的关注要点。随即在全国范围内开展了高校实训（验）安全工作检查。

近年来，国内高校实验室危险事故频发：

2021年7月27日，中山大学药学院发生一起实验安全事故，炸裂产生的玻璃碎片刺穿一名博士生手臂动脉血管。

2021年10月24日，南京航空航天大学将军路校区一实验室发生爆燃，共造成2人死亡，9人受伤。

2022年4月20日，中南大学材料科学与工程学院发生一起爆燃事故，学院一名博士研究生受伤。

血淋淋的事实告诉我们，高校实训（验）室安全状况不容忽视。因为实训（验）室中的任何一个隐患、一个小小的疏忽，都有可能酿成大的事故，造成难以估量的损失。无论是学校、教师还是学生，必须牢固树立实训（验）安全意识，严防死守，警钟长鸣，杜绝类似安全事故发生。

二、实训（验）常见安全事故的种类

实训（验）室性质不同，其存在的安全隐患也不一样，防范的重点也不一样。化学实训（验）室重点是防火、防爆；物理实训（验）室重点是防触电、防火；生物、医学实训（验）室重点是预防传染病传出；木工、铸造、锻造、焊接、机械等实训（验）室或实训基地，重点要防止工伤事故的发生。概括起来，实训（验）过程中常见安全事故有以下8种。

（一）火灾

1. 微生物等接种实验

微生物实验及植物组织培养等实验过程中，常用到超净工作台，超净工作台在工作过程中

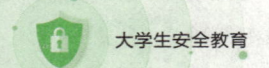

需要利用酒精灯给接种针等进行消毒，因此稍有不慎，如酒精喷出或碰倒酒精灯，极有可能引燃衣服等贴身物品，导致灼伤。

2. 食品药品加工类实训（验）

这类实训（验）常使用明火对食材、药材等进行炒、炸、煎、蒸、煮、熬及炮制等操作，在食品加工（如炒菜）、中药材炮制等实训（验）过程中，常用到明火，稍有疏忽就会失火，诱发火灾。

3. 一般管理不善的实训（验）室

如电线电缆老化、堆放杂物，甚至有人在实训（验）室摆放床铺、加工饭菜、吸烟、使用明火电炉等，都易引起火灾。

（二）爆炸

1. 电器设备较多的实训（验）

在这类实训（验）室中，电器设备、仪器仪表、化学危险品、空调机、电炉、高温炉等较多，由于用火用电和对化学危险品的使用管理不善，易引发火灾和爆炸。

2. 化学实训（验）

这类实验室化学物品繁多，尤其是易燃、易爆试剂或物品；同时实验室中常进行蒸馏、回流、萃取、电解等操作，用火用电较多，一旦使用不慎，极易发生火灾、爆炸。

3. 燃油发动机实训（验）

在燃油发动机实训（验）过程中如果出现汽缸破裂、火焰冲出、油路漏油或调整化油器时汽油滴落在烧红的排气管（其温度可达 800~900℃）上，以及传动轴上采用浮动轴承，长期振动、摩擦生热等，都易发生火灾、爆炸。

4. 半导体实训（验）

洁净实验室是半导体实验室中的主要组成部分，它是封闭式的，在操作中要使用丙酮、乙醇等具有易挥发、易燃性质的物质；有的实验要通入大量的氢气和四氯化硅气体，容易与空气混合形成爆炸混合物，遇到明火就会燃烧或爆炸。

（三）电击

凡有电器设备的实训（验）室，如果电器的线缆绝缘和接地出现问题、用电量超过安全截流量、使用设备时未严格遵守操作规程、人与带电体接近时未保持安全距离、未安装防漏电保护开关等，均易引发电击事故。特别在养殖实训（验）基地等要用到高压冲洗设备的场所，工作前必须仔细检查冲洗水管的线缆绝缘体是否有损坏，严防触电事故发生。

（四）灼伤

化学、生物、医学等实训（验）室中，强酸、强碱、强氧化剂等容易引起皮肤灼伤。如果操作不当，致浓酸、强碱、强氧化剂等腐蚀性物质溅到肌肤上，可引起皮肤严重灼伤。

（五）创伤

创伤易发生在金工、木工等实训（验）过程中，也常见于农林业类的嫁接、修剪等技能操作实训及建筑装修等实训中。凡是实训（验）中用到刀、斧、电锯、电钻、枝剪等工具的实验操作，如操作方法不对，都可能发生创伤事故。

（六）中毒

在化学、生物、医学等实训（验）中，某些化学物质如氰化钾、甲苯、乙醚、氯乙烯、臭氧等，在植物保护实训中，某些杀虫剂如有机磷农药、磷化铝片剂等，在人体内积累到一定量时，会与体液、组织发生反应，破坏人体正常生理功能，引起暂时或持久的病理状态，甚至危及人的生命。凡是有毒的粉尘、烟、雾、气体或蒸汽污染了实训（验）室，均可由呼吸道进入人体并随着血液循环进入全身组织器官，产生毒性；毒物也能以液态、气态或粉尘的形式通过皮肤进入人体，与组蛋白结合使人皮肤过敏，或通过皮腺进入血液引起全身中毒。由于不遵守卫生制度、违反操作规程，如配制与喷施农药时没有穿戴防护装备等，毒物或农药进入消化道或通过毛孔渗透到体内，均可引起人体中毒。另外，在采集害虫标本时，如果不小心接触到有毒的昆虫如刺蛾、毒蛾、枯叶蛾等幼虫，也会引起皮肤肿痛。

（七）病菌感染

一些生物、生化、医学和农业实训（验）室都存在细菌、微生物等安全问题。在生物实验中，如果昆虫、其他动物有传染病，通过媒介可能传染给实验人员。最常见的原因有：接种时出现差错，注入体内；被动物咬伤、抓伤、被蚊虫叮咬等伤口受到感染；注射器、离心机喷溅等。

（八）辐射

发生辐射的辐射源包括：放射性物质，如铀、镭、钴等；高速离子，如激光。凡接触过这类物质，无论是粒子辐射（α、β射线和中流子）还是电磁辐射（X、γ射线），如操作不当，它们都会与机体组织、细胞、体液等物质相互作用，引起物质的原子或分子电离，从而破坏机体某些大分子结构，如使蛋白质分子链断裂，破坏一些对物质代谢有重要作用的酶等，甚至可以直接损伤细胞结构或组织结构。

三、如何预防实训（验）中的安全事故

学校应加强对师生的安全教育。新生入学后首先应上好安全教育课，开展实训（验）教学以前，应对学生进行实训（验）安全教育，确保把安全放在首位。

（一）实训（验）中火灾事故的预防

（1）学校要建立防火工作安全制度和机制，经常组织实训（验）室工作人员和参加实训（验）的学生学习消防安全知识，经常对实训（验）室的仪器、设备、电气线路、危险品进行安全检查。实训（验）室人员、实训（验）教师和学生要经常进行防火教育，并要组织消防队伍，一旦发生火灾，采取正确灭火方法进行灭火。

（2）各实训（验）室的化学危险品仓库要有专人负责消防工作，易燃、易爆物品必须放入专柜保管，不得将与防护、灭火方法相抵触的化学危险品存放在同一处。禁止将与实验无关的物品带入实训（验）室，禁止在实验室堆放可燃、易燃物品。

（3）学生实训（验）前，应充分预习，了解实训（验）内容及有关安全事项，实训（验）开始前，先检查仪器是否完整、放妥。实训（验）时不得随意离开，必须时刻注意实训（验）情况，检查是否漏气或玻璃破损，实验完毕要关好水、电、液化气开关。操作中如有自燃、易燃物品，附近应设灭火用具和急救箱。

（4）加热设备要严格按照操作规程进行操作，禁止使用没有绝缘隔热底座的电热仪器，周围不能放置易燃物品。

（5）在日光照射的地方不要放置怕光或遇热能分解燃烧的物品及遇热易蒸发的物品。进行性质未明或未知物料的实验时，要尽量先从最小量开始，同时要采取安全措施，做好灭火准备。

（6）对其他易引发火灾的实训（验）室，如化学实训（验）室、燃油发动机实训（验）室等应根据实训（验）的特性，严格按防火要求进行建设，严格按操作规程进行实训（验）。

（7）实训（验）室的安全门不应少于两个，实训（验）室的用电量不应超过额定负荷。

（二）实训（验）中爆炸事故的预防

（1）实训（验）中易燃易爆蒸汽或可燃性气体散逸的，要安装排风通风设备，保持良好通风条件。通风管道的保温层应使用非燃烧体或难燃体材料。

（2）使用易燃易爆化学品时，应随用随领，不得在实训（验）室现场存放，剩余少量易燃化学品，总量应不超过国家规定的限量，并应放在铁柜中，由专人负责保管。

（3）电气设备应符合防爆要求；有变压器、感应圈的设备，应安置在不可燃的基座上，其散热处也不应覆盖或放置易燃物。

（4）各种气体钢瓶要远离火源，置于阴凉和空气流通的地方。

（三）实训（验）中电击事故的预防

1. 进行安全用电教育

经常检查电器设备的线缆是否有破损，要保证有良好的绝缘和接地，人体接近带电体时应保持一定的安全距离；用电不得超过安全载流量；设置明显的标志并遵守。

2. 电器设备要有安全防护措施

实训（验）室的电器线路要由电工安装，发现设备漏电时要立即修理，尽量减少接线板，减少延长线；电接头和导线应加以必要的护罩，以防人员接触；高压设备要有醒目的标示牌；在带电设备上操作，绝不能戴戒指、手表，不能用金属笔、金属尺等；手、脚或身体汗湿时绝不能触摸电器设备；严格按说明书操作电子仪器。

3. 防止静电电击

合理选用实训（验）设备的材料，降低摩擦速度以减少静电的产生；采用静电接地的措施；采用屏蔽措施，限制非导体带电而引起放电；使用静电消除器；在流体中加入流量静电添加剂，使静电易于逸散；穿戴防静电工作服；在有可燃气体、易燃液体的场所，应减少摩擦，控制静电产生，防止大火和爆炸；提高环境空气的相对湿度。

（四）实训（验）中灼伤事故的预防

（1）在进行有浓酸、浓碱和氢氧化钠（钾）、钠等化学物质的实验时，要穿戴好防护衣帽、口罩，要穿好实验服，不要裸露肌肤，不要让药品接触自己的皮肤，也不能把药品弄到别人身上。

（2）不能用乙醇等有机溶剂擦拭溅在皮肤上的药品，当浓酸、强碱等腐蚀性物质溅到身上时，应立即用干布吸掉，在流动的水中冲洗干净后立即就医。

（3）在化学实验时，要一直戴好护目镜，防止强酸、强碱、玻璃碎屑等异物进入眼内。

（五）实训（验）中中毒事故的预防

（1）实验前，应了解所用药品的毒性及防护措施。

（2）操作有毒气体（如H_2S、Cl_2、Br_2、NO_2、浓HCl和HF等）应在通风橱内进行。苯、四氯化碳、乙醚、硝基苯等的蒸气会引起中毒，久嗅会使人嗅觉减弱，应在通风良好的情况下使用。

（3）有些药品（如苯、有机溶剂、汞等）能透过皮肤进入人体，应避免与皮肤接触。

（4）氰化物、高汞盐[$HgCl_2$、$Hg(NO_3)_2$等]、可溶性钡盐（$BaCl_2$）、重金属盐（如镉、铅盐）、三氧化二砷等剧毒药品，应妥善保管，使用时要特别小心。

（5）禁止在实验室内喝水、吃东西。饮食用具不要带进实验室，以防毒物污染，离开实验室及饭前要洗净双手。

（6）必要时佩戴防毒面具。

（六）实训（验）室创伤事故的预防

（1）在用钻孔器、针、锥子等穿透和切割物体时，切忌用另一只手给物体当垫子，以免穿透时被击伤。

（2）在进行弹、喷、射击等实验时，切不可对着人进行，以免伤人。

（3）在进行蔬菜、果树等嫁接操作时，刀口应朝外，不可对着自己的手指削切砧木和接穗。

（4）在清洗玻璃器皿时，应轻拿轻放，防止玻璃器皿破裂时扎伤手指。

（5）切不可把手或手指插入螺孔或管子中，以防毛刺刮伤。

（6）在电锯、切割等噪声较大的环境中进行实训操作时，应戴耳塞、耳棉、耳罩等进行保护，以免对听力造成损伤。

（7）实验过程中应常备些创可贴，以应对偶然发生的轻度创伤事故。

（七）实训（验）中传染病的预防

（1）实验用的细菌、病毒等必须有专人保管，严禁将细菌瓶（箱）随处存放，严禁无关人员进入病原微生物等实验室，严防细菌病毒泄漏、扩散。

（2）要明确细菌是否对人体有危害性。在做对人体有害的细菌实验时，一定要做好保护措施，以免被病菌感染。接触血液、感染性物质及动物、污染表面及设备的操作，宜戴大小合适、柔软舒适的手套。可能发生感染材料溢出、溅出的操作，应戴两双手套。穿戴前应检查手套有无破损。

（3）参与细菌、动物实验的人员，实验完成后要进行消毒；对实验材料要进行消毒处理和妥善处置；给动物注射或美容，要防止被动物咬伤抓伤，若不幸被动物咬伤抓伤，应及时注射狂犬病疫苗。

（4）对患有传染病的有较高经济价值的实验动物给予隔离治疗；对患有传染病的但经济价值不大的实验动物，坚决进行灭杀、焚烧或深埋。

（5）对实验场所及时进行消毒和杀虫灭鼠。患有传染病的实验动物一旦进入实验室，传染源就很容易沾染地面、门窗、墙壁、衣服；实验动物的粪便、痰液、浓血中若有传染源，会很容易传染给工作人员。为此，实验完成后必须对实验室进行消毒灭菌。另外，有些传染病可通过昆虫和鼠类传播，因此必须采取杀虫灭鼠措施。

（八）实训（验）中辐射伤害的预防

1. 放射性物质的安全使用

减少接触放射源的时间，增大与放射源的距离，设置屏障，减少放射源的用量，加强封闭源（放射性物质放置于防护外壳中，正常情况下不向周围环境扩散放射性物质，称为封闭源）的防护。

2. 激光的防护

激光能伤害人体，一般认为是其有热效应、压力效应、光化学效应及电磁场效应所致。对激光的防护，应从激光器、环境及人体三方面采取措施。

（1）实验室要注意通风，防止激光器工作时产生溴氧，影响人体健康。

（2）实验室的墙壁、天棚、地板、工作台都使用暗色、粗糙的表面，以减少放射，在整个激光光路上应设不透明的遮光置，最好做成封闭系统，遮挡激光的靶材料应具有放射率低和防燃的性能。

（3）实验中严禁用眼睛直视功率高的激光束。操作前要穿好白色工作服、戴白色纱手套、佩戴有边罩的防护眼镜，工作停止后应立即切断电源。

（4）经常检查和维修所使用的仪器设备，检查防护用具，以免失效；有些激光器会产生软X射线，激光与靶物作用时，可能产生有害的气体。

（5）工作人员要定期检查身体，如果激光造成眼或皮肤的损伤，要及时治疗。

3. 微波的防护

微波是一种高频电磁辐射，其波长处于无线电波与远区红外线之间，频率为 300×10^6~300×10^9 赫兹。由于微波的波长较短，故如果在辐射场内不加防护，就有可能对人体产生伤害。微波的防护措施有：直接减少辐射源的辐射或泄漏；采取屏蔽措施；使用镀有二氧化锡等薄膜的防护眼镜，需要时穿上镀有二氧化锡织品所制的工作服和防护帽；缩短工作时间。

4. X射线的防护

操作人员对所使用的X射线机的性能要熟悉，在摄片时应在足够厚度的当量屏蔽下操作，要充分利用各种防护用具；透视眼不宜过大；在任何情况下都不要暴露在原发X射线束中；定期进行体检。

第三节　社会实践与求职安全

当代社会经济高速发展，物质条件优渥，各种活动丰富多彩。在校大学生作为当代青年中最具青春活力的群体，在学习工作之余，积极参加社会实践活动，在活动中培养锻炼自己的能力。这些活动包括勤工助学、课外兼职、寒暑假或休息时间校外打工等。这些活动既能锻炼大学生的实践能力，又能为社会提供一定的服务，为社会创造一定的财富，还能为自己赚取一定的报酬，可谓一举多得。但社会是复杂的，在这些社会实践活动中，也存在各种安全隐患，须引起学校、家长和学生本人的高度重视。

一、社会实践活动安全

大学生社会实践活动安全问题的发生，固然与社会治安形式、高校对大学生的安全教育的重视程度、社会实践活动管理制度的健全程度等因素有关，但也与大学生安全防范意识的有无以及自我保护能力的强弱等因素有关。在实践活动中做到以下几点。

1. 增强自我防范意识

在开展各种社会实践活动前，首先要增强自身的安全防范意识，保持高度的警惕心理，保管好个人的贵重物品。集体行动时同学之间要互相照应，互相帮助，保持密切联系；外出时要结伴而行，要服从团队负责人的指挥，听从安排，自觉遵守实践期间的各种规章制度。在活动期间，如若遇到偷窃、抢劫以及其他意外侵害，应该保持冷静，沉着应对。

2. 做好实践前的准备

社会实践前的准备包括组织准备、资料准备、物质准备、思想准备。首先是组织准备，学生应该在教师的指导和家长的同意下做好组织和安排工作。若是假期集体社会实践，学生负责人应事先确定人数，联系车辆，明确集合地点、出发时间和结束时间。其次是资料准备，应该做好资料的收集、分析、整理工作，多参考相关书籍和向老师请教；还可以与当地的负责人联系，收集目的地的详细资料，了解其基本情况，争取得到相关正规单位或部门的支持与帮助。再次是物质准备，有条件的高校可以准备好摄像机、照相机，没有条件的用手机代替也可以。还应该准备好日常用药，出发前应该统一购买意外伤害保险。最后是思想准备，大学生要注意个人形象和维护好学校形象，体现出自己的专业素养，在与其他工作人员交流时一定要保持谦逊的态度，不耻下问。

3. 入乡随俗

百里不同风，千里不同俗，不同地区有不同的风俗习惯。作为社会实践活动中的一员，应当懂得这个道理，自觉尊重当地风俗，维护乡民利益，不要随意破坏当地的乡规民约，更不能嘲笑和讽刺当地的礼仪、文化。在公共场合一定要举止得体，与陌生人打交道要谦虚谨慎，保持分寸。若遇到队员（同学）与当地民众争吵的情况，其他同学应当及时制止，必须保持冷静、忍让与克制，切忌不分青红皂白、不问是非曲直，盲目加入同学一方，导致矛盾激化，引起不良后果。

二、兼职打工安全

兼职打工已成为当代大学生学习生活的一部分，但随之而来的不安全因素也在逐渐增多。一些不法分子针对大学生经验少、求职心切的特点，对他们进行欺骗或伤害，甚至引发一些更大的悲剧，因此，大学生在兼职打工中的安全问题必须引起高度注意。

（一）常见的兼职陷阱

1. 不法中介用假信息骗费用

一些不规范的中介机构或不法公司利用学生急于在假期打工的心理，夸大事实或无中生有，以急招的幌子引诱学生前来报名登记缴费（注册费、信息费等）。一旦中介费到手，便将登记学生搁置一边或找几个关系单位让学生前去"应聘"做个样子。这样用不了多久，大部分学生对通过中介机构找到工作已不再抱什么希望。

这些"中介"在收取高额的中介费以后会找各种借口拖延，不履行承诺也不及时为大学生介绍工作，还有一些"中介"在收取中介费后突然"人间蒸发"，很多大学生由于没有这些行骗人的联系方式或者是假的联系方式，即使报案，追查起来也十分困难。

2. 无良单位骗取押金

一些用人单位在招聘时往往收取不同金额的抵押金，或要求学生将身份证、学生证作为抵押物。这类骗局通常在招聘广告上称有文秘、打字、公关等比较轻松的岗位，求职者只要缴纳一定的保证金即可上班。但往往是学生缴钱后，招聘单位推脱说职位暂时已满，要学生回家等消息，接下来便泥牛入海，押金自然也不会退还。

3. 黑心老板拖欠克扣报酬

一些学生被个人或流动服务的公司雇用，讲好以月为单位领取工资，但雇主往往在8月找个理由拖延一下，而到9月开学就消失得无影无踪，令学生白白辛苦一个假期。

4. 黑心企业骗取学生卖苦力

一些学生只是想利用假期临时赚些"零花钱"，因此对所从事工作的内容往往不太计较。而个别黑心企业正是利用这一点，将平时积攒下来的一些员工不愿意干的脏活、苦活、累活，交给寒暑假来打工的学生突击完成，然后给一些零钱打发了事。

5. 高薪陷阱骗财骗色

这类工作常打的招工幌子是招模特儿或是歌星影星培训班，然后要学生花大价钱拍艺术照参加筛选，最后再找借口说应聘者条件不够而不予录取。有的娱乐场所以特种行业的高薪来诱惑求职者，工种有代客泊车、侍者，有的甚至是不正当交易。年轻学生切忌到这些场所打工，以免赔了夫人又折兵。

（二）兼职安全隐患的预防

1. 防范非法中介

目前，劳务市场鱼龙混杂，不少非法中介以介绍大学生做兼职为幌子招摇撞骗。为防止上当受骗，大学生在做兼职的过程中一定要防范这些非法中介。可以通过三点来辨别中介是否合法：一是要看中介机构是否有政府职能部门核发的营业许可执照；二是要对其发布的招聘信息进行分析研究；三是必要时必须到其介绍的用人单位进行实地考察，对那些大包大揽、把工作条件和工作待遇说得天花乱坠的中介机构需要倍加小心。

2. 管好自己的钱物

一些用人单位会要求做兼职的大学生交付押金，承诺交了押金就可以上班，但以后又会以人已满等各种借口要求学生等待消息，而且绝不会退还押金。所以大学生应警惕让交押金、保证金或抵押证件的单位，不要轻易交押金、保证金或抵押证件。

3. 慎签劳务合同

不论是就业还是兼职打工，为保障自己的合法权益，必须慎签劳务合同。签订劳务合同需要注意以下几点：一是签订劳务合同时一定要采用书面形式，不能搞口头约定或"君子协定"；二是双方必须遵循平等、自愿、协商一致的原则，不能因就业难就什么条件都答应对方，更不能签"生死合同"；三是要把合同里的条款认真解读明白。

4. 鉴别皮包公司

对皮包公司要特别警惕，可以通过年检鉴别皮包公司。根据法律规定，两年不参加工商年检的公司，会被吊销营业执照，所以有的公司就会利用这一点跟大学生签订短期合同，骗取免费劳力。大学生可以带上身份证和30元的手续费到工商行政管理局查询用人单位最近一年的年检情况，以确定该公司是否是皮包公司。

5. 选择适合自己的工作

大学生利用假期和休息时间打工，具有临时性、阶段性、实践性的特点，因此要选择既能锻炼自己、又适合自己，还有合理报酬的工作。

（1）选择与自己所学的专业以及将来准备从事的工作相近又适合学生打工特点的工作，如家教、临时行政服务、文秘、解说等。

（2）选择和学校工作、自己学习矛盾较小的工作，如打工时间最好在节假日或休息时间。

（3）选择风险性、危险性小的工作，如最好不要去风险较大、需要做出一定承诺或污染严重、事故多发的行业和单位打工。

（4）选择合法职业，不要从事非法传销或其他违法工作，选择与所学专业相关或有益于身心健康的工作，不要到娱乐场所（如酒吧、网吧、KTV、游戏厅和赌场等）兼职。

6. 要警惕意外伤害事故发生

牢固树立安全意识，随时警惕各种意外伤害事故发生。警惕以下方面。

（1）要树立证据意识，解决劳动纠纷，打劳动争议官司，都必须以事实为证据。为保证自己的合法权益，平时要注意保存押金的收据、拖欠工资的欠条、双方签订的劳动协议等证据资料，以备需要时使用。

（2）要了解、熟悉自己所从事的工作性质，其中不安全的因素有哪些，有无易燃、易爆、易传染疾病、污染身体的问题，有何预防措施等。

（3）要了解自己打工场所的工作环境是否符合安全要求，安全设施是否完好，有无应急预案，一旦发生安全事故，自己有何自救应急办法。了解自己打工从事工作中最大的安全隐患，对现实隐患和潜在隐患都要心中有数，做到防患于未然。

三、求职安全

大学生毕业后在求职就业的过程中，面临着许多陷阱，须提高防范意识，避免上当受骗。外出求职时要经常与学校辅导员、同学和家长联系，保持信息畅通。

（一）防范招聘陷阱

1. 信息陷阱

对网上获取的各类招聘信息，应认真甄别真假，投递简历前应充分了解用人单位具体情况，必要时可向当地人才服务机构核实，企业资质也可通过工商部门企业信用信息网查询。对于那些过分强调外表、提供"过高"薪金的求职信息一定要倍加小心；对于那些编辑粗糙，内容不完整的招聘信息，不去参加应聘；不要只听信其广告宣传，更不要随意投放简历。投放简历时，简历上的部分个人信息不用写得太具体，比如通讯地址等，应该把重点放在工作经历上。

2. 中介陷阱

需要通过中介机构求职时，首先要查看该中介机构是否有《职业介绍许可证》和工商部门颁发的营业执照。正规中介机构除具有职业介绍许可证之外，一般会将营业执照悬挂在大厅等较显眼位置。对于职业中介的网上宣传，更要擦亮眼睛，保持高度警惕，不要盲从盲动。

3. 协议陷阱

在求职过程中，要懂得保护自己基本的工作权利、休息权利及其他权利。协议要明确购买养老保险、生育保险、医疗保险、失业保险、工伤保险、住房公积金。对于特殊行业，要求用人单位提供必要的劳动安全保护工具，定期进行体检，确保身体健康。双方达成就业意向后，求职大学生还需要签订《全国普通高等学校毕业生就业协议书》。在签订就业协议以前，同样应就协议中的条款内容与单位进行充分沟通，要反复斟酌，多方面考察，方可落笔。签了就业协议后，正式到工作单位报到后同样要签《劳动合同》。遇到安全问题及时申请仲裁，劳动争议申请仲裁的时效期间为一年。

（二）防范试用期陷阱

1. 及时签订劳动合同

《劳动法》及其相关法规规定，试用期包括在劳动合同期限之内，最长不超过6个月。在试用期内所有劳动者都享有报酬权，且不得低于当地最低工资标准。如试用期内出现工伤，同样享受国家规定的各种工伤保险待遇；因工伤丧失部分或全部劳动能力者，都能够享受伤残补助待遇。即使有的用人单位不愿意签订劳动合同，事实劳动关系也同样受法律保护。求职大学生明确了这些规定，也就不会陷于就业陷阱之中。

2. 及早识破"试用陷阱"

对于大学生求职者来说，不管就业心情多么急迫，也要瞅准了地方再往里进。求职时要先了解用人单位是否真有用人意向，不要被那些常年招人、常年换人的不法单位所蒙骗；凡是不三不四的"草团子"，不明不白的"皮包公司"，躲躲闪闪的"鬼火单位"，不管其承诺多么诱人，也不能盲目跳进去。正规用人单位都是按时发薪的，干满一个月若还不提工资的事，得趁早离开，以免被压榨更多。

3. 勇斗"试用陷阱"

试用期间，求职大学生要注意保留相关证据，如劳动合同、工资单、考勤表等，凡是能够证明自己与所在用人单位存在劳动关系、工作起始日期、工作内容等的证据，都要保存好。一旦发现合法权益被"试用陷阱"侵害了，如不付报酬、薪金过低、工伤拒赔、违规延长试用期等，应当及时向当地劳动保障部门举报，请求帮助及时维权。

（三）防范费用陷阱

1. 警惕报名费、体检费

一般除了公务员和个别事业单位具有考试公招之外，其他用人单位都不需要报名费的。而体检通常都是到二甲以上的医院自行体检以及缴费，或者用人单位统一体检自行缴费。任何用人单位向求职者收取报名费和体检费，都要提高警惕。此外，参加事业单位的求职考试，一定要到政府网站上报名。

2. 抵制抵押金、风险金

国家有关部门规定，任何用人单位以任何名义向大学生求职者收取所谓抵押金、风险金等行为，都属非法行为。求职大学生遇到此类情况要坚持拒交并举报，以确保自己的合法权益不受侵害。

3. 拒绝高额培训费用

一般来说，初入职者都要经过用人单位培训后才能上岗，但是很少会有收取培训费用的，而且正规用人单位都会给予培训期间的劳动者报酬。劳动合同法也对于用人单位岗前培训给予了相关规定，遇到提前收取高额培训费的用人单位，可以拒绝或者干脆离开。

（四）防范传销策略

1. 识别传销

识别传销要对传销有清醒的认识：从组织方式看，传销组织者一般都承诺给予参加者高额回报并要求发展他人加入，以此组成上下线紧密联系的传销网络；从计酬方式看，以参加者发展下线数量给付相应报酬，或以下线的销售业绩给付相应报酬，形成传销的金钱链；从销售方式看，与直销的单层次销售相区别，传销是多层次网络式销售；从经营目的看，传销并不以销售商品为最终目的，而以发展人员数量、套取钱财为最终目的。

2. 防范传销

如果不幸被骗到外地，朋友绝口不谈工作，只是带着游山玩水、熟悉环境，说是让你放松；有时候看你的身份证、借打你的手机并帮助保管等。当发现情形异样时，一定要机智、冷静，在确保自身安全下设法逃脱。如果该组织传销活动证据确凿，还可以与当地公安机关、工商行政管理机关取得联系，及时举报。举报传销时，多了解其详细线索，包括上课等活动的具体地点、时间，传销头目、骨干和参与人员的住宿地点，传销活动的公司名称，其具体运作的方式及书证、物证等，以便更加及时、准确、有效地打击传销行为。

3. 甄别网络信息

求职时要学会分辨网站的安全性，分辨招聘信息和招聘公司的真实性。不要盲目相信网上发布的各种信息，也不要随意在网上发布求职信息，工作初期也不要随意发布营销信息。在网上求职，一定要去正规大型网站，这类网站的可信度更高，最好选择招聘单位官网核实。

（五）求职安全防范

1. 保管好证件

不管是求职者的身份证、毕业证或者其他证件，任何用人单位都无权扣留。面试特别是初次面试，最好只带上相关证件复印件，若招聘单位要求带原件，大学生在向招聘单位展示之后，一定要马上拿回来，不能交到对方手里。相关证件只是作为招聘单位核实求职者身份和成绩的依据，正规用人单位不会也无需保留或保管求职者证件原件。

2. 提高防范意识

大学生在求职期间，不能涉足各种不健康的活动和场合；外出求职时要选择乘坐安全的交通工具，注意保管好随身携带物品，有序参加各类招聘活动，遵守会场纪律要求，以免因拥挤引发事故；要及时有效调整好求职心态，避免出现过激行为；个人财产和人身安全受到威胁时要及时报警，学会运用法律武器保护自身安全。

3. 慎重参加面试

求职时要特别留意用人单位证照，面试前应详记招聘单位及主试官的基本情况及特征，当对方所提工作内容空泛而不具体时，不要被夸大言辞所迷惑，不可轻易出示银行账户号码及密码；如果感到不安全、不对劲，要想方设法迅速离开该单位。同时，拒绝不合理的邀约及要求，在面试时尽量不要随便吃喝对方提供的饮料或食品。对于面试地点偏僻、隐秘，转换面试地点，夜间面试，约到宾馆或其他非公开、非正式场合面试等状况，绝对不能贸然前往。面试前后随时与学校辅导员、同学、家长联系，并告知面试场所地址及电话号码。

第七章 意外伤害救助

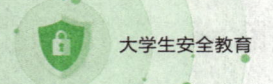

第一节　意外伤害救助知识

> **案例**
>
> 2022年，湖北省孝感市的一名19岁大学生在河堤上垂钓时，鱼竿不慎碰到河堤电线杆子上的电线，触电倒地后被送往医院急救。遗憾的是，最后这名学生因抢救无效死亡。医务人员说，如果有懂急救的人在现场，这名学生也许不至于死亡。
>
> （资料来源：作者根据相关资料整理）
>
> **点评**
>
> 意外事故如中暑、溺水、触电等是人们在日常生活中经常出现的紧急情况。在遭遇这些意外伤害事故时，需要采取一些基本的急救措施，这在一定程度上可以争取时间、减轻伤害，并为医务人员的救护奠定基础。

据统计，因灾害事故意外受伤或突发疾病需要急救的人群，95%以上的人是在医院之外发生意外事故，其中有60%的人在救护车到达时已经死亡。因为事故发生后最初的10分钟是创伤死亡的第一个高峰时段，伤者生命复苏的机会每过1分钟就会减少10%。

因此，大学生应该学习意外伤害事故的紧急医护与现场急救知识，掌握一定的急救知识和方法，在危急关头施救伤者，对于提高处理紧急情况的有效性，避免或减少伤亡起着重要作用，甚至可能挽救伤者的生命。

一、是否死亡的判断

在给伤病员处置伤情之前，首先要了解伤病员受害的情况、观察病人的异常变化，以此为根据来进行工作。现场情况紧急，不允许像在医院对伤者检查那样全面、细致，但是，绝不能疏忽遗漏以下几项重要的症状、体征。

（一）意识

拍打、摇动或大声呼唤病人，看其是否有反应，若无反应，则表示意识消失。

（二）心脏跳动

心脏跳动是生命存在的征象。正常人每分钟心跳为60~80次。身体严重创伤、大量失血等情况下伤者心跳增快，但力量较弱，摸脉搏时脉搏细而快；当伤者死亡后，在其颈动脉或股动脉处触摸不到搏动，心脏则停止跳动。

（三）呼吸

呼吸也是生命存在的征象之一。正常人每分钟呼吸16~18次，且呼吸比较均匀。垂危伤者的呼吸大多变快、变浅而不规则；濒临死亡时，呼吸变缓慢、不规则甚至停止呼吸。可在保持气道开放的情况下，直接观察胸部有无起伏。或用手或面部贴近伤者口鼻处，或置一小撮棉絮于鼻孔处，以判断其有无呼吸存在。

（四）瞳孔

两眼的瞳孔，正常时大小是等同的、遇到光线刺激能迅速做出缩瞳反应。当人受到严重伤害后，两眼瞳孔会变得不一般大，可能缩小或放大；用强光刺激，瞳孔不收缩或收缩迟缓；当其瞳孔逐渐放大、固定不动、对光反应消失时，多数已死亡。

因此，死亡的基本特征是意识消失、心脏停止跳动、呼吸停止、瞳孔散大而固定。根据以上四项特征，可做出死亡的判定而立即进行抢救。

二、伤情严重程度的判断

正确的急救处置，有赖于准确判断伤情是否严重。现场判断伤势情况，一般应掌握以下几个方面。

（一）根据呼吸、神智和脉搏判断伤势是否严重

因为呼吸、神智和脉搏是生命存亡的3项重要体征，所以在现场急救时应迅速而准确地判断。

（1）呼吸器官是否正常。靠近伤者面部，耳听呼吸，了解其呼吸是否正常、有无窒息。如发现伤者口唇苍白或出现紫色、通气不利或呼吸困难，表明机体内已陷入缺氧状态。在这种情况下，随时可能会出现窒息或血液循环骤停。

（2）用手触摸伤者的手动脉或者颈动脉。如发现脉搏快速细弱，或脉搏不清，表明伤者已经或即将陷入休克，并预示生命将受到严重威胁。

（3）直接询问伤者，了解其神智是否清醒。如果伤者意识丧失，神智昏迷，如瞳孔散大、肢体出现痉挛性抽搐，表明其颅内压增高，有脑血管或脑实质损伤。

如果伤者神智淡漠、面色苍白、身出冷汗、手足冰凉，并且脉搏细快，表明其有严重的内出血，随时可能陷入休克。

（二）根据出血多少来判断伤情是否严重

主要看伤者的伤口有无喷涌的大出血，再从以下两个方面来判断。

（1）如果伤者的伤口有急剧或喷射状出血，并且伤口靠近人体"动脉外伤点"，无疑表明其动脉破损。动脉破损出血量大，失血迅速，会在短时间内危及性命，必须选择有利的止血点，立即采取止血措施。

（2）如果伤者的伤口仅有暗红色血液流出，出血并不急剧，表明其静脉血管破损；或者虽然出血并不严重，但脉搏情况很差，弱而不清，不能排除严重内出血的可能性。

（三）根据受伤者的受伤部位判断伤势是否严重

（1）头部受创严重，除观察伤者的呼吸、神智和脉搏变化外，还应检查瞳孔及耳、鼻、口腔，判断伤员有无颅内损伤。如果出现意志丧失，并且瞳孔散大，表明有颅脑损伤。

（2）如果伤者的耳、鼻、口内有血液和脑脊液流出，表明有颅底骨折。

（3）如果伤者的颈部疼痛不能活动，除应怀疑颈椎骨折或脱位外，有的同时出现上下肢瘫痪、痛感消失、呼吸困难，表明其脊髓已受损伤。

（4）伤者的胸部出现浮动胸壁，呼吸时两侧胸廓运动不对称，可判断有肋骨骨折，并且不能排除胸内脏器损伤。

（5）伤者的腹部出现广泛的腹痛，腹壁紧张并有明显压痛，可判断有腹内脏器损伤。在没有外出血的情况下发生休克，不能排除腹腔内大出血的可能性。

（6）伤者四肢即肢体变形，局部疼痛，并不能自主运动，可判断有骨折或关节脱位。

三、意外伤害急救原则

（1）遇到意外伤害发生时，不要惊慌失措，要保持镇静，并设法维持好现场的秩序。

（2）在周围环境不危及生命的情况下，一般不要轻易搬动伤者。

（3）暂时不要让伤者进食或喝任何饮料。

（4）当发生意外，现场无人施救时，应向周围大声呼救，请求来人帮助或设法联系有关部门，不要单独留下伤者无人照管。

（5）遇到严重事故时，除呼叫急救外，还应立即向有关政府、卫生、防疫、公安、新闻媒介等部门报告：现场在什么地方、伤者有多少、伤情如何、做过什么处理等。

（6）根据伤情对伤者进行分类抢救，处理的原则是先重后轻、先急后缓、先近后远。

（7）对呼吸困难、窒息和心跳停止的伤者，从速置头于后仰位，托起下颌，使呼吸道畅通，同时施行人工呼吸、胸外心脏按压等复苏操作，原地抢救。

（8）对伤情稳定、估计转运途中不会加重伤情的伤者，迅速组织人力，利用各种交通工具分别转运到附近的医疗单位急救。

四、现场紧急救护技巧

（1）除非十分必要，应减少或不搬动伤者。因为如果伤者是内伤或脊椎骨折的话，不必要的搬动可能致死或致残。

（2）保持伤者呼吸道畅通。清除伤者口、鼻、咽喉部的异物。在伤者陷入昏迷的情况下，可用手指将咽喉部的异物，如血块、黏痰等抠出，必要时可以用口吸。

（3）如果伤者颈椎没有损伤，可用手将其颈部略微托起，使头尽量后仰。必要时，另一手可轻压其上颈部，使其呼吸道开放，然后采取清除口、鼻、咽喉部异物的措施。如怀疑或确认伤者的颈椎同时受到损伤，造成其深度昏迷，对此情况的急救处置是不要搬动伤者颈部，可以让伤者仰卧，用手抬起其下颌骨，使伤者的下齿错位在上齿前方，以保持其呼吸道的畅通。

（4）现场急救。清除患者口、鼻、咽喉部异物后，如果伤者已暂停呼吸，应立即进行人工呼吸。

（5）一旦伤者的心脏停止跳动，血液循环随即中断，意味着其生命活动即将停止。此时应立即采取心脏按压法，即用人为的外部力量按压心脏，使伤者的心脏重新工作，恢复血液循环。

（6）对于颅脑损伤的伤者，急救的首要问题是保持伤者呼吸道畅通，注意清除呼吸道内的黏痰或异物。颅脑损伤的伤者在陷入昏迷的情况下，如果呼吸不通畅，就会加重脑水肿，使颅内血肿增加，极容易因窒息致命。在急救转送过程中，对颅脑损伤后神志尚清醒或意识障碍不严重的伤者，转送时的体位可取平卧位；对已陷入昏迷的伤者，如无颈椎折断的危险，转送时应采取侧俯卧位，并将其头、颈位固定，这样可保持伤者呼吸道畅通。

（7）出现脉搏微弱、神智淡漠、面色苍白、手足冰凉等症状，表明伤者已陷入休克。在无任何抗休克药物的情况下，可采取以下措施进行急救。

①使休克者平卧并将下肢抬高，以加速血液向心脏回流，保证心、脑供血送氧。

②可用拇指掐休克者人中、十宣、涌泉等穴位，使其呼吸和循环系统兴奋而得以调节。

③用淡盐水、姜汤或热茶等少量多次给休克者喂入或灌入，灌入液体时，应将其上体抬起，以免误入呼吸道，引起窒息。

④保持周围环境安静，尽可能少搬动或摇动休克者。

⑤注意给体温过低的休克者保暖，盖上被子或毯子；给伴有高烧的感染性休克者进行降温。

⑥为防止休克者窒息，应将其脸朝向一边，以防止脸部或口部的血或呕吐物进入气管而造成窒息。

⑦在搬运休克者的过程中，应少搬动或摇动休克者，保持头低脚高姿态和身体平稳，要尽可能减轻休克者身上的重量，并有专人护理，随时观察病情变化，并最好给休克者采取吸氧和静脉输液等急救措施，求救医院应以就近为原则。

人一旦休克，如不能正确及时地急救，将会导致人体重要器官停止工作，甚至死亡。因此，掌握休克的必要急救常识是至关重要的。

第二节　溺水事故的防护和处置

案例

2021年6月某日，邯郸市发生了一起大学生溺水事件。事发当日，10余名大学生自己携带工具在河岸平台举行烧烤聚会。晚7时30分左右，一男生不慎跌落水中，随后，5名男生相继跳入水中施救。经过努力，3名施救者无功而返，而另外2名施救者和最初落水者却沉没于水中。事发后，大批公安、消防人员、市打捞救援队成员、急救医生、热心市民等在现场协同打捞落水者。晚10时左右，落水者全部被打捞上来，送往邯郸市中心医院，经医生检验，3名落水者已经溺亡。

（资料来源：作者根据相关资料整理）

点评

此案例中，大学生们相约一起举行烧烤聚会本无可厚非，但由于选择的地点有落水的风险，最初落水者又没有注意安全，导致自己落水溺亡。施救者虽然精神可嘉，但是令人扼腕的是，如此青春的两个生命竟就此消逝。因此，遇到此类事情时，首先要冷静思考，如果自己不会游泳切忌下水，应根据当时情况和河水流势请求救援。

游泳是一项十分有利于健康的运动，但是稍有不慎就有可能发生溺水事故，若没有及时抢救，则可能发生死亡事故。大学生需要掌握一定的安全游泳知识及发生溺水事件之后的急救知识，懂得自救、他救，避免发生溺水事故。

一、对溺水的认识

（一）溺水的概念

溺水是指人淹没于水中，呼吸道被水、泥沙、杂草等堵塞，引起换气功能障碍、反射性喉头痉挛，导致窒息与缺氧，严重时可致呼吸、心跳停止而死亡。

人在溺水后引起窒息缺氧、心跳停止者称为溺死，心跳未停者称为近乎溺死。

（二）溺水的原因

溺水致死的主要原因是气管内吸入大量水分阻碍呼吸，或因喉头强烈痉挛，引起呼吸道关闭，窒息死亡。溺水主要由以下因素引起。

（1）缺乏游泳能力者意外落水，自杀，潜水发生意外。

（2）游泳时间过长、冷水刺激肢体发生抽搐；或肢体被植物缠绕，造成浮力下降而淹没于水中等。

（3）在戏水区跳水，头撞硬物，发生颅脑外伤而致溺水。

（4）患有心脏、脑血管病等，在游泳时疾病突然发作。

（三）溺水者的症状

溺水者面部青紫、肿胀，双眼充血，口腔、鼻孔和气管充满血性泡沫。溺水者因大量喝水，水进入胃内，出现上腹部膨胀。肢体冰冷，脉搏细弱，甚至抽搐、呼吸或心跳停止。

二、溺水的安全防范

游泳是最好的体育锻炼方法之一，但如果方法不对，同样会发生意外。因此，参加游泳活动要做到以下几点。

（1）了解自己的身体健康状况，能否参加游泳要听取医生的意见。

（2）不要独自一人外出游泳，也不要到不知水情或比较危险且易发生溺水伤亡事故的地方去游泳，更不要私自到海、河、江、湖、水库等地游泳。选择安全的游泳场所，了解浴场安全设施配套情况，比如水质是否卫生，水下是否平坦，有无暗礁、暗流、杂草，水域的深浅等。不可在设有"禁止游泳"或"水深危险"等标志区域内游泳，也不要到危险海边戏水，最好到有救生员的地方游泳。

（3）做好下水前的准备工作，下水前活动身体不少于5分钟。若水温太低，应先在浅水处用水淋洗身体，待适应水温后再下水游泳；镶有假牙或是佩戴隐形眼镜的同学，应将假牙和隐形眼镜取下，以防呛水时假牙落入食管或气管，或防止隐形眼镜脱落。

（4）对自己的身体状况和水性要有自知之明，下水后不能逞能，不要贸然跳水和潜泳，更不能互相打闹，禁止与同伴开过分的玩笑，以免呛水和溺水。

（5）身心状况欠佳时，如疲倦、饱食、饥饿、生病、情绪不好及酗酒后均不宜嬉水。有开放性伤口、皮肤病、眼疾时不宜游泳，特别是心脏病和传染病患者千万不要游泳。

（6）要正确估计自己的水性，不要在急流、旋涡处游泳。

（7）雷雨天气不宜游泳，不要随兴下水，特别是不能在野外游泳。当风浪太大、照明不佳时不要游泳。

（8）在游泳过程中如果突然觉得身体不舒服，如眩晕、恶心、心慌、气短等，要立即上岸休息或呼救。

（9）在游泳中，若小腿或脚部抽筋，千万不要惊慌，可用力蹬腿或跳跃，或自己用力按摩，拉扯抽筋部位，同时呼叫同伴救助。

三、溺水者的抢救方法

许多人喜欢游泳，但因为缺少游泳常识而溺水死亡的事件时有发生。据不完全统计，溺水死亡事件约为意外死亡事件总数的10%。

溺水是由于大量水灌入肺内，或因冷水刺激引起喉痉挛，造成窒息或缺氧，若抢救不及时，人在4~6分钟内即可死亡。因此，须争分夺秒地进行现场急救，切不可急于送医院而失去宝贵的抢救时机。

（一）溺水的自救

遇到溺水危险时，可用下述简易方法自救。

（1）若落水者不会游泳，落水后要保持镇静，因为手脚乱蹬挣扎时，会使人下沉。此时，应立即屏住呼吸，踢掉鞋子，然后放松肢体等待浮出水面。当感觉身体开始上浮时，应保持仰卧，使头部后仰，这样，人的口鼻将会浮出水面。

此时，呼气要浅，吸气要深。因为深吸气时，人体密度会降到0.967，比水略轻，可浮出水面，呼气时人体密度为1.057，比水略重。此时千万不要慌张，不要将手臂上举乱扑从而使身体下沉更快。

（2）当想呼吸时，将双臂慢慢抬到肩部高度，同时一腿向上提到脐部高度，另一腿尽量向上屈，头部姿势不变，这样可节省气力和防止身体下沉。

（3）将头仰起来呼吸，同时双手猛力向下推，双脚向下蹬，换气时向别人呼救。吸气后，恢复开始姿势，反复进行，可保持身体不会下沉，直到获救。

（4）对于手脚抽筋者，若是手指抽筋，可将手握拳，然后用力张开，迅速反复多做几次，直到抽筋消除为止；若落水者腿部抽筋（会游泳），要保持镇静，应尽快呼救，并改为仰泳浮在水面上；此时，应用手将抽筋的腿的脚趾向背侧弯曲，可使痉挛缓解，然后慢慢游向岸边。

（5）若在湖泊游泳不幸被水草缠住，应深吸一口气潜入水下，迅速拨开缠足的水草，摆脱后沿来路退回，而不可继续深入。

（6）若在江河游泳时不幸遇上巨大旋涡，应以最快速度沿其切线方向游离旋涡中心，千万不能采取直立踩水姿势，以防被强大旋涡吸入水下。万一被卷入水下，应在水面上尽快深吸一

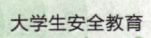

口气，争取以潜泳在水下奋力一拼，此时顽强的求生意识是溺水者获救的唯一希望。

（二）溺水的他救

溺水者溺水时往往神志不清、惊慌乱动，会死命抓住够得着的一切东西，包括救援者。因此应尽量采用救护器材进行救护，如救生圈、套杆、绳索、船只与木筏等。用器材救护既省力又安全，效果也好。在万不得已的情况下才可下水救人。一般游泳技术不高的人下水救人，往往力不从心，救人不成反而赔上性命。施救方法如下。

（1）抢救溺水人员时，施救者应尽可能脱去外衣，从其斜上方入水，迅速游到落水者附近，在其后方用左手从其左臂和身体之间，握住其右手，使其仰面向上，口鼻露出水面，然后用仰泳的方法将落水者拖到岸边。

（2）进行水中施救时一般要从溺水者背后去接近溺水者，以免被对方突然抓住或抱住。具体方法是，当溺水者停留在水面时，游至距溺水者3~4米处，要急停、踩水、深吸气，镇定一下情绪，果断、准确地从落水者的身后接近，把溺水者牢牢抓住托出水面。努力让溺水者镇定，大声安慰和鼓励他。托运挣扎和乱动的溺水者可用侧泳抱溺水者上体托运法或侧泳抓溺水者手臂托运法。

（3）若施救者不会游泳，最好不要贸然下水，可一边呼救，一边将绳子、长竹竿、救生圈、木板等投向溺水者，使其不下沉或延缓其下沉的时间。

若现场无任何救生材料，救助者可迅速脱下长裤在水中浸湿，扎紧裤管充气，在扎紧裤腰后，抛给落水者，并告知其不要爬上去，只能用手抓住，并即时高声呼叫他人来救援。

（4）若救援时不慎被溺水者缠住，急救者应临危不乱，立刻用仰泳迅速后退。退至溺水者抓不到处，把一块布、一条毛巾或一个救生圈扔过去，让溺水者抓住一头，自己抓住另一头拖其上岸。

溺水者都不愿意沉到水底去，只想浮出水面多吸一口气。当救援者被溺水者缠住而不能迅速解脱时，只有一起沉入水中，溺水者一憋气，就会自行松手。因此，解脱抓缠多在水下进行。救护人员应根据被溺水者抓住或抱住的不同部位，采用不同的方法解脱。

（5）若发现踩破冰面的落水者，急救者须伏卧在冰面上向其靠近，以此尽量减轻身体局部对冰面的压力，以防压破冰面，跌入水中，然后把围巾、长绳或竹竿抛给落水者，并拉他上岸。

（三）上岸后的急救

当把溺水者救到岸边后，要立刻进行岸上急救，这是争取溺水者生还的最关键时刻。救护原则是争分夺秒地迅速将患者救出水，立即恢复其有效呼吸。急救方法如下。

1. 保持呼吸道通畅

将落水者拖带上岸（船）后，将其头偏向一侧或使其俯卧，立即用手指清除其口鼻内的污泥、杂物等，并松开落水者的衣领、纽扣、内衣、腰带、背带等，必要时将其舌头用手巾、纱布包裹拉出，以保持呼吸道通畅。这一过程应快速完成。

2. 迅速控水

把溺水者放在斜坡地上，使其头向低处俯卧，压其背部，进行倒水处理（迅速倒出溺水者呼吸道、胃内积水）。一般常用膝顶法、肩顶法、抱腹法。

（1）膝顶法。急救者取半蹲位，一腿跪地，另一腿屈膝，将溺水者腹部横放于救护者屈膝的大腿上，使其头部下垂，并用手按压其背部，将呼吸道及消化道内的水倒出；在有些农村，将溺水者俯卧横放在牛背上，头脚下悬，赶牛行走，这样既能控水，又可起到人工呼吸的作用。

（2）肩顶法。急救者抱住溺水者双腿，将其腹部放于急救者肩部，使溺水者头部、胸部下垂，急救者快步奔跑，使积水倒出。

（3）抱腹法。急救者从溺水者背后双手抱住其腰部，使溺水者背部朝上，头胸部保持下垂位置，利于积水流出，但应尽量避免倒水时间过长，以致延误心肺复苏术的实施。

3. 及时进行人工呼吸

（1）按上述方法处理后，不论排水多少，应立即改变患者体位，使其平卧于空气流通处，用纱布将溺水者的舌牵出，以防阻塞呼吸道，然后进行人工呼吸。

（2）当溺水者呼吸、心跳停止或微弱时，心肺复苏是抢救溺水者的最重要措施。在呼救的同时，应立即实施人工呼吸法及胸外心脏按压法，切莫放弃心肺复苏术，应一直坚持到专业救护人员的到来，以免丧失最佳抢救时机。

①对呼吸已停止的溺水者，应立即进行口对口人工呼吸，在最初向溺水者肺内吹气时，注意必须用力吹，以便使气体加压进入灌水萎缩的肺内，尽快改善窒息状态；如呼吸心跳均已停止，应立即进行人工呼吸和胸外心脏按压。

②对心跳停止者，加用胸外心脏按压，直到恢复心跳，恢复呼吸。

（3）昏迷、休克者辅以强刺激针刺人中、涌泉、内关、关元等穴位。

（4）遇有情况严重者，应坚持一边抢救，一边尽快与医院联系或设法将其送医院抢救。在寒冷季节，抢救溺水者时还应注意做好防寒保暖工作。用干毛巾或衣物，由溺水者四肢向心脏方向摩擦皮肤，促进血液循环。

4. 送医院抢救

在急救的同时，迅速拨打"120"急救电话，与附近医疗单位联系，请医务人员到场参与抢救。经现场初步急救后，应迅速将溺水者送医院继续治疗。

（四）注意事项

（1）在自救过程中，当身体浮上水面时，千万不要试图将整个头部伸出水面。

（2）急救者在向落水者接近时，必须避免被落水者紧抱缠身。在援救过程中，对于神志清醒者要大声告知，只有放弃挣扎、听从指挥才能活命。

（3）在抢救落水者时，一定要迅速将落水者头部拉出水面，一可以保证其顺利呼吸，二可以减轻落水者的危机感和恐惧感，并减少挣扎，使抢救者能够节省体力，顺利脱离险境。从水内向岸边或船上拖带落水者时，只要有可能，应向落水者口鼻内大口吹气，以促使其自动恢复呼吸。

（4）将溺水者救出水面后，千万不要在不做任何检查和处理情况下只顾往医院送，否则结

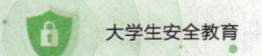

果大多是丧失了抢救时机。

（5）排水处理应尽可能缩短时间，动作要敏捷，如果排出的水不多，绝不可为此多耽误时间而影响其他抢救措施。

（6）在抢救的同时，应始终注意溺水者的保暖。气温低下时应利用一切可以保暖的物品，使患者免受风寒，目的在于减少患者在救活后发生的并发症。

（7）在运输溺水者途中，不能终止人工呼吸，应坚持数十分钟甚至更长时间，判定情况好转或死亡后才能停止。

（8）溺水者苏醒后要禁食，并服用抗生素防感染。

> **小贴士**
>
> **游泳时感觉不舒服的应急方法**
>
> 在游泳前对自己的身体状况要进行正确的评估，如果已经有身体的不适，就不要勉强跳入水中，以免发生意外。一旦在游泳过程中身体不舒服，就要尽快上岸，以防发生更为严重的疾病。
>
> 1. 头痛
>
> 头痛多因呛水或暂时性脑血管痉挛供血不足造成。发生头痛时应迅速上岸，用大拇指对准头部的太阳、百会等穴位进行旋转按摩，并用热毛巾做头部保暖；喝杯热茶，头痛可以很快缓解。
>
> 2. 头昏脑涨
>
> 头昏脑涨多因游泳时间过长，机体能量消耗过大，导致血糖降低，加上身体疲劳、饥饿而引起。此时要立即上岸休息，给予全身保暖，用中指按压印堂、人中等穴位，并喝一杯淡盐糖水，头昏脑涨很快就能消除。
>
> 3. 眼睛痛
>
> 无论是天然还是人工游泳场所，其水中多少带有一些致病物质，导致急性结膜炎，引起眼睛痒痛。有的人在海滨游泳，眼睛承受不了咸水的刺激，也会使眼睛发涩、红肿痒痛。此时应马上用清洁的淡水冲洗眼睛，然后用毛巾擦干，使用氯霉素眼药水，临睡前还可以给眼睛做热敷。
>
> 4. 耳鼻不舒服
>
> 耳鼻不舒服多数因外耳道进水或鼻子呛水而造成。出现这种情况时，应上岸用盐水漱口，以疏通鼻腔、清洁耳道。
>
> 5. 恶心呕吐
>
> 恶心呕吐多由于鼻子呛水、喝进脏水、疲乏劳累、精神烦躁、情绪紧张等原因造成，从而出现一时性的反胃而恶心呕吐。口服仁丹7~10粒即可止吐。
>
> 6. 抽筋
>
> 抽筋就是肌肉强直性的收缩。在游泳过程中有时会发生抽筋，往往因过度疲劳、游泳过久或突然受冷水刺激造成。当发生抽筋时，应立即上岸擦干身体；如果在深水处或腿

部抽筋剧烈，无法游回岸上，此时应沉着镇静、呼人援救，或自己漂浮在水面上，控制抽筋部位，往往经过休息，抽筋肌肉可自行缓解。抽筋通常可根据产生的部位采用不同的方法处理。

（1）手指抽筋：将手握成拳头，然后用力张开，张开后迅速握拳。如此反复数次，至缓解为止。

（2）手掌抽筋：用另一手掌将抽筋手掌用力压向背侧并做震颤动作。

（3）手臂抽筋：将手握成拳头并尽量曲肘，然后再用力伸开，如此反复数次。

（4）小腿或脚趾抽筋：用抽筋小腿对侧的手，握住抽筋腿的脚趾，用力向上拉，同时用同侧的手掌压在抽筋小腿的膝盖上，帮助小腿伸直。

（5）大腿抽筋：屈曲抽筋的大腿与身体成直角并弯曲膝关节，然后用两手抱着小腿，用力使它贴在大腿上并做震颤动作，随即向前伸直。

（6）腹直肌抽筋，即腹部抽筋：弯曲下肢靠近腹部，用手抱膝，随即向前伸直。

第三节　煤气中毒识别、防护与处置

案例

5名女大学生在出租屋内一氧化碳中毒被送往医院抢救，其中两人中毒较轻，还有两人意识清醒但无法说话，另有一女生陷入昏迷。据中毒较轻的王同学称，事发前一晚，几人洗澡后忘了关闭燃气阀门，可能因此发生燃气泄漏致几人中毒。

（资料来源：作者根据相关资料整理）

点评

一氧化碳中毒造成的后果很严重，因此在使用热水器时，一定要注意检查是否有漏气的情况出现，保持浴室的空气流通，切忌为了舒服而把门窗紧紧关闭。

煤气中毒事件时有发生，尤其是大学生在外租房子时，煤气中毒事件发生频繁，掌握煤气安全使用知识，能有效避免中毒事件的发生。

一、对煤气中毒的认识

（一）煤气中毒的概念

煤在燃烧不完全时产生的有毒气体的主要成分是一氧化碳。煤气中毒即一氧化碳中毒。一氧化碳是一种无色无味的气体，不易被人察觉。血液中血红蛋白与一氧化碳的结合能力比与氧的结合能力要强200多倍，而且血红蛋白与一氧化碳的分离速度很慢。所以人一旦吸入一氧化碳，氧便失去了与血红蛋白结合的机会，使组织细胞无法从血液中获得足够的氧气，致使呼吸困难。

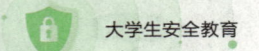

（二）煤气中毒的类型

依中毒的强度来划分，煤气中毒可被分为三种。

1. 轻度中毒

轻度中毒的人中毒时间短，血液中碳氧血红蛋白浓度为10%~20%。表现为中毒的早期症状，头痛眩晕、心悸、恶心、呕吐、四肢无力，甚至出现短暂的昏厥，一般神志尚清醒，吸入新鲜空气并脱离中毒环境后，症状迅速消失，一般不留后遗症。

2. 中度中毒

中度中毒的人中毒时间稍长，血液中碳氧血红蛋白浓度为30%~40%，在轻型症状的基础上，可出现多汗、烦躁、走路不稳、皮肤苍白、意识模糊、困倦乏力、虚脱或昏迷等症状，皮肤和黏膜呈现煤气中毒特有的樱桃红色。如果抢救及时，可迅速清醒，数天内完全恢复，一般无后遗症状。

3. 重度中毒

重度中毒的人是被发现的时间过晚，吸入煤气过多，或在短时间内吸入高浓度的一氧化碳，血液中碳氧血红蛋白浓度常在50%以上，病人呈现深度昏迷状态，各种反射消失，大小便失禁，四肢厥冷，血压下降，呼吸急促，会很快死亡。

一般病人的昏迷时间越长，后遗症越严重，常留有痴呆、记忆力和理解力减退、肢体瘫痪等后遗症。特别是在夜间睡眠中引起中毒，日上三竿才被发觉，此时多已神志不清，牙关紧闭，全身抽动，大小便失禁，面色口唇呈现樱桃红，呼吸脉搏增快，血压上升，心律不齐，肺部有啰音，体温可能上升。极度危重者，持续深度昏迷，脉细弱，不规则呼吸，血压下降，也可出现40℃高热，此时病人生命垂危，死亡率高。即使有幸未死，也会遗留严重的后遗症，如痴呆、瘫痪、丧失工作、生活能力等。

（三）煤气中毒的原因

1. 在密闭居室中使用煤炉取暖、做饭

由于室内通风不良，供氧不充分，在室内使用煤炉取暖、做饭可产生大量一氧化碳。一氧化碳的产生还受以下因素影响。

（1）门窗紧闭，又无通风措施，未安装或没有正确安装排气设备。

（2）烟囱安装不合理，筒口正对风口，使煤气倒流。

（3）气候条件不好，如遇刮风、下雪、阴天等低气压天气，煤气难以顺畅排出。

2. 煤气漏气

城区居民使用管道煤气，其一氧化碳含量为25%~30%。如果管道漏气、开关不紧，或居民在做饭烧煮中火焰被扑灭后，煤气大量溢出，或居民使用燃气热水器，通风不良，洗浴时间过长，均可能造成中毒。

3. 在启动的车内睡眠

冬季在车库内发动汽车或开启车内空调后在车内睡眠，都可能引起煤气中毒。因为汽车尾

气中的一氧化碳含量为 4%~8%，一台 20 马力的汽车发动机 1 分钟可产生 28 升一氧化碳。

4．其他意外场合

火灾现场会产生大量一氧化碳，还有矿井下爆破产生的炮烟、化肥厂使用的煤气原料、设备故障、管道漏气等均可造成煤气中毒。

（四）决定煤气中毒轻重程度的因素

（1）一氧化碳在空气中的含量。
（2）患者所处的环境和与一氧化碳的接触时间。
（3）患者的年龄。婴幼儿在同样环境条件下较成人易于中毒。
（4）患者的身体状况。有慢性病者如贫血、心脏病，可较其他人中毒程度重。

二、煤气中毒的防护

预防煤气中毒主要是经常检查煤气管道或接口处是否完好。
（1）煤气罐开关处一定要经常检查。
（2）橡皮管如有老化或裂隙必须及时更换。
（3）住平房或住简易楼房的住户，特别是以烧煤炉取暖的一定要安装通向室外的烟囱，并注意房间通风。
（4）检查煤气有无泄漏、安装是否合理、燃气灶具有无故障、使用方法是否正确等。
（5）检查冬天取暖方法是否正确、煤气管道是否畅通、室内通风是否良好等。
（6）热水器应与浴池分室而建，并经常检查煤气与热水器的连接管线是否完好。
（7）如果入室后闻到有煤气味，应迅速打开门窗，并检查有无煤气泄漏或有煤炉在室内，切勿点火。
（8）在厨房内安装排气扇或排油烟机。
（9）煤气罐的管子一定要使用煤气专用橡胶软管，不能用尼龙、塑料管或破旧的管子，每半年检查一次管道通路。

三、煤气中毒的急救

（一）煤气中毒的现场急救原则

（1）应尽快让病人离开中毒环境，并立即打开门窗，使空气流通。
（2）患者应安静休息，避免活动后加重心、肺负担及增加氧的消耗量。
（3）有自主呼吸者，充分给予氧气吸入。
（4）必须尽快把神志不清的中毒病人抬出中毒环境，在最短的时间内检查病人呼吸、脉搏、血压情况，并根据这些情况进行紧急处理。
（5）呼吸心跳停止者，立即进行人工呼吸和心脏按压。
（6）拨打"120"急救电话，让急救医生到现场救治病人。
（7）待病人的病情稳定后，将病人护送到医院进一步检查治疗。

（8）争取尽早进行高压氧舱治疗，减少后遗症。即使是轻度、中度中毒，也应进行高压氧舱治疗。

（二）煤气中毒的现场急救技巧

1. 急救措施

（1）迅速打开门窗，将患者从房中搬出，搬到空气新鲜、流通且温暖的地方。同时，关闭煤气灶开关，将煤炉抬到室外。

（2）抢救时，松解中毒者衣扣，保持呼吸道通畅，清除口鼻分泌物，然后按下面所述顺序做检查：脸色、意识、呼吸、心跳、肢体抽搐、麻木、呕吐等情况。对意识消失者，检查患者呼吸道是否畅通，发现鼻、口中有呕吐物、分泌物时，应立即清除；对有自主呼吸的患者，应充分给予氧气以供其吸入；对呼吸微弱或呼吸停止者，应立即进行人工心肺复苏，即体外心脏按压和口对口人工呼吸；对昏迷不醒者，可用手按压其人中、十宣等穴位；对意识清醒的病人，应让其服饮浓茶水或热咖啡。

（3）给病人盖上大衣或毛毯、棉被，防止其受寒而感冒；可用手掌按摩病人躯体和进行针刺治疗，取穴为太阳、列缺、人中、少商、十宣、合谷、涌泉、足三里等，轻、中度中毒者，针刺后可以逐渐苏醒；在其下肢放置热水袋。

（4）轻度中毒者，在空气流通处休息2~3小时后症状即可消失。中度或重度煤气中毒者经过紧急处理后，应马上送往医院进一步抢救治疗。

2. 注意事项

（1）救护者不要慌张地冲进煤气浓度很高的室内，以防止自己中毒；进入室内前，应安排室外有人照应，保障自身安全；实施紧急求援后尽快把患者送医院救治。

（2）救护者进入溢满煤气的室内抢救前，先吸一大口空气，然后用湿毛巾或手帕等捂着鼻子进入室内。

（3）救护者进入室内，必须先打开窗户通气，千万不能开灯、点火，以防爆炸。

> 💡 **小贴士**
>
> **发现煤气泄漏时该怎么做**
>
> ##### 1. 怀疑煤气泄漏
>
> 当怀疑有煤气泄漏时，可用以下方法查漏：
>
> （1）任选肥皂、洗衣粉、洗涤剂三者之一，加水稀释成液体，涂抹在燃具、胶管、旋塞阀、煤气表、球阀上，尤其是接口处，有气泡鼓起的部位就是漏点。
>
> （2）眼看、耳听、手摸、鼻闻配合查漏。
>
> ##### 2. 发现煤气泄漏
>
> 如果发现煤气泄漏应保持冷静，可采取以下措施：
>
> （1）立即关闭燃具开关、旋塞阀、球阀。
>
> （2）勿动电器。打开和关闭所有电器，如电灯、电扇、排气扇、抽油烟机、空调、电闸、

有线电话与手机、门铃、冰箱等，都可能产生微小火花，引起爆炸。

（3）打开门窗。让空气流通，以便煤气散发。

（4）电话报警。在没有煤气泄漏的地方，打电话报警。拨打急救电话时要特别留意，不能在室内打电话。因为在打电话时很可能产生电火花，容易使燃气在室内发生爆炸，产生更大的事故。

第四节　触电事故的防护和处置

案例

某大学一学生在宿舍洗澡时触电，事发后20分钟校医才出现，未立即施救而是打电话通知救护车，其间不停地张望等"救兵"，导致触电学生最终不治身亡。

（资料来源：作者根据相关资料整理）

点评

触电事故在任何地点都可能发生。因此，需要时刻加以戒备，同学们也需要学习相关急救知识，在校医或是救护车到来之前，对受伤者进行现场急救。

电给人们的生活带来了极大的方便，但由于使用不当或其他原因，也会造成触电事故。据统计资料表明，我国每年因触电而死亡的人数约占全国各类事故总死亡人数的10%，仅次于交通事故。因此，大学生在日常生活中，一定要掌握安全用电的知识，避免事故的发生。

一、基本知识

（一）触电的概念

触电又叫电伤，是指一定电流通过人体，引起器官组织、脑和心脏等产生功能障碍甚至死亡的一种现象。触电后轻者表现为心慌、面色苍白、头晕无力、局部皮肤烧灼痛，稍事休息后可恢复正常；重者可有抽搐、面色青紫、四肢发冷、心律失常，电击性休克或呼吸心跳停止，电流出入处的部位严重灼伤，呈炭化和组织坏死。

（二）触电对人体的伤害

触电时间的长短及所触电压的高低对于病情轻重程度有较大影响。电流通过心、脑、脊髓等重要组织和脏器后，往往会对人体造成严重危害。例如，产生心室纤颤、心搏骤停、呼吸中枢麻痹而导致呼吸停止、皮肤烧伤、失明、耳聋、精神失常，肢体瘫痪及在触电后肌肉猛烈收缩所致的人体弹开坠落摔伤等。

（三）触电原因

触电的原因主要有以下两种。

（1）学生不懂安全用电常识，违反安全用电原则，如违章接线，不合规格地拉线，在电线上晒湿衣物，违反或不懂电的操作规程，带电操作，自行安装电器，家用电器漏电而手接触开关、灯头、插头，救护时直接用手拉触电者等。

（2）意外事故的发生，如因大风雪、火灾、地震、房屋倒塌等使高压线断落，在树下或高楼下避雷雨。

二、安全用电常识

（一）宿舍、教室安全用电常识

（1）大学生应积极参加学校组织的安全用电常识讲座学习，自觉学习安全用电基本常识，树立安全用电意识。

（2）宿舍、教室内不乱接电线和用电设备，用电设备的金属外壳应有良好的接地装置。用电线路及电器设备绝缘必须良好，灯头、插座、开关等带电部分绝对不能外露，严防人体接触。

（3）不要购买"三无"假冒伪劣电器产品。

（4）无论是集体或个人，需要安装电器设备和电灯等用电器具时，应由专业电工操作。安装时，应先切断电源，验明电路确实无电。如果此时供电部门停电，应视为随时有来电的可能。电器设备出现故障时，要由专业电工维修。

（5）按照产品说明书正确使用"热得快"、电炉、电吹风等电器；不要玩弄电线、灯头、开关、电动机等电器设备；不要到电动机和变压器附近玩耍。

（6）要选用与电线负荷相适应的保险丝，不要任意加粗，严禁用铜丝、铁丝等代替保险丝。在更换保险丝、拆修电器或移动电器设备时必须切断电源，不要冒险带电操作。

（7）操作电器时应保持手的干燥，擦拭电器时应先切断电源，待水完全蒸发后再使用。勿用湿手、湿布、湿衣物与带电的灯头、开关、插座、电线接触。

（8）勿在一个插线板上使用过多电器；应使用正规厂家生产的多用插座，并注意不要超过多用插座的使用负载。

（9）遇到停电，在睡觉和外出前，要确认所有电源均已关闭。若感觉不保险，要立即拔掉所有电器插头或关闭电闸。

（10）定期检查电线、开关、电灯灯口及电器的插头、引线使用的情况，更新老化破损的电器或电线。

（11）移动电器设备时，一定要先拉闸停电，后移动设备，绝不能带电移动。把带金属外壳的电器设备移动到新的地点后，要先安装好接地线，并对设备进行检查，确认设备没有问题后，才能开始使用。

（12）在电器损坏时，没有专业知识不要自行修理。禁止在潮湿的地板上修电器，发现有"噼啪"火花声时，应立即关闭电源。

（二）家庭安全用电常识

（1）每个家庭都应该备有一些必要的电工器具，如验电笔、螺丝刀和胶钳等，还应该备有适合家用电器使用的各种规格的保险丝。

（2）购买家用电器时应认真查看产品说明书的技术参数（如频率、电压）是否符合本地用电要求。要清楚电器的耗电功率是多少，家庭已有的供电能力是否满足要求，特别是配线容量、插头、插座、保险丝、电表是否满足要求。

（3）当家用配电设备不能满足家用电器容量要求时，应予更换改造，严禁凑合使用，否则超负荷运行会损坏电器设备，还可能引起电器火灾。

（4）应了解带有电动机类的家用电器（如电风扇等）的耐热水平，以确认其是否可以长时间连续运行，还要注意家用电器的散热条件。

（5）在铺设室内配线时，相线、零线应标志明晰，并与家用电器接线保持一致，不得接错。

（6）家用电器与电源连接，必须采用可开断的开关或插头，禁止将导线直接插入插座孔。

（7）凡要求有保护接地或保护接零的家用电器，都应采用三相插头和三相插座，不得用双相插头和双相插座代用，造成接地（接零）线空置。

（8）家庭配线不得直接铺设在易燃的建筑材料上面。如需在木料上布线，必须使用瓷珠或瓷夹子，穿越木板必须使用瓷套管。不得使用易燃塑料和其他的易燃材料作为装饰用料。

（9）家用电器通电后发现有冒火花、冒烟或有烧焦味等异常情况时，应立即停机并切断电源，切不可用水或泡沫灭火器浇喷。

（10）发热电器必须远离易燃物料。电炉、取暖炉、电熨斗等发热电器不得直接搁在木板上，以免引起火灾。

（11）紧急情况需要切断电源导线时，必须用绝缘电工钳或带绝缘手柄的刀具。

（12）抢救触电人员时，首先要断开电源或用木板、绝缘杆挑开电源线，千万不要用手直接拖拉触电人员，以免连环触电。

（13）不要把插线板放在床上。除电热毯外，不要把带电的电器设备引上床，靠近睡眠中的人体。即使使用电热毯，如果没有必要整夜通电保暖，也建议发热后断电使用，以确保安全。

三、触电后的急救

现代医学证明：在患者呼吸停止，心脏停止跳动1分钟内进行抢救，患者的苏醒率最高达95%；而在6分钟后再抢救，苏醒率则在1%以下。如果人体大脑停止供血5分钟，将损坏脑细胞，即使人被救活了，也会留下严重后遗症。这说明，在救护触电者时，应快速、正确急救，以争取时间抢救生命。

（一）触电后脱离电源的具体措施

1. 低压触电

低压触电时，可采取以下脱离电源的措施。

（1）当发现有人触电后，应立即切断电源。同时，用竹竿、木棍、塑料制品、橡胶制品、皮制品等绝缘物挑开触电者身上的带电物品，并立即拨打"120"或"119"求助。

（2）如果电源开关在触电地点附近，应立即拉开开关或拔出插头。但应注意，拉线开关和手捏开关只能控制一根导线，有时可能切断了电线而没有真正断开电源。

（3）如果触电地点远离电源开关，可使用有绝缘柄的电工钳或有干燥木柄的斧子等工具切断导线。

（4）如果导线搭落在触电者身上或者触电人的身体压住导线，可用干燥的衣服、手套、绳索、木板等绝缘物作工具，拉开触电者或移开导线。

（5）如果触电者的衣服是干燥的，又没有紧贴在身上，则可拉他的衣服后襟将其拖离带电部分；此时救护人不得用衣服遮住触电者，不得直接拉扯触电者的脚和躯体及接触周围的金属物品。

（6）如果救护人手中握有绝缘良好的工具，则可拉着触电者的双脚将其拖离带电区域。施救时最好先穿上胶鞋，站在干燥的绝缘体上保护自己。

（7）如果触电者躺在地上，可用木板等绝缘物插入触电者身下，以切断电流。

2. 高压触电

触高压电时，可采用以下方法来使触电者脱离电源。

（1）一般绝缘物品不能保证施救者的安全，因此，不要尝试自行救援，应立即电话通知有关部门拉闸停电，并拨打"120"或"119"求助。

（2）戴上绝缘手套，穿好绝缘靴，使用相应电压等级的绝缘工具按顺序断开电源。

（3）不能及时停电的，可抛掷裸金属线，使线路接地短路，迫使保护装置断开电源。抛掷金属线前，注意应将金属线的一端接地，然后抛掷另一端。

（4）在架空线路上不可能采用上述方法时，可用抛挂接地线的方法，使线路短路。在抛挂接地线之前，应先把接地线一端可靠接地，然后把另一端抛到带电的导线上，此时抛掷的一端不得触及触电者和其他人。

（5）当触电者脱离带电电线后，应迅速将伤者带到电线的8~10米外，然后立即开始急救。

（二）触电后的急救

帮助触电者脱离电源后，应立即就近将其移至干燥通风处，并视情况进行急救处理。严重者应立即就地抢救，并坚持不断地进行，争取时间让医务人员接替救治。

（1）如果触电者神志清醒，只是有些心慌、四肢发麻、全身无力、失去知觉，此时可让触电者静卧休息，并严密观察，同时请医生前来或送医院救治。

（2）急救时，应使触电者仰面平躺，确保其气管通畅和保持体温，且在事发5秒内呼叫伤者或轻拍其肩部，以判定伤者是否丧失意识，但禁止摇动伤者头部进行呼叫。如果触电者已丧失意识，应就地抢救。要确保其呼吸道的通畅，解开妨碍呼吸的紧身衣服，清理口腔黏液。

（3）如果触电者呼吸停止，救援人员应采用口对口人工呼吸法抢救。

（4）如果触电者心脏停止跳动，救援人员应进行人工胸外心脏按压法抢救。

（5）如果触电者身体上有电烧伤的伤口，应包扎后到医院就诊。电烧伤会损伤皮下深层组织，所以不要凭表面情况判断烧伤的严重程度。

> **小贴士**
>
> ### 常见的触电种类
>
> #### 1. 单相触电
> 单相触电又称单线触电。其电流通路是在人体接触单根电线后，电流流经人体，最后从人体与地面接触处流出。这是日常生活中最常见的电击方式。
>
> #### 2. 二相触电
> 二相触电又称双线触电。人体两点接触电位不同的电线，电流从电位高的一根通过人体，流到另一根电位低的电线，构成电流通路导致人体触电。
>
> #### 3. 跨步电压触电
> 当一根电线断落在地，以此电线落地点为圆心，在半径20米之内的地面上有很多同心圆，且各圆周上的电压不同，离圆心近的圆周电压高，离圆心远的电压低，这种电压差叫作跨步电压。当人走进以电线落地点为圆心、半径10米以内的区域时，若两脚迈开约0.8m就会形成电压差，电流就从电位高的一脚进入，从电位低的一脚流出，形成电压差，使人触电。

第五节　中暑的防护和处置

> **案例**
>
> 　　向某平时热爱体育运动，身体一直很好，从来没有生过大病。每年寒暑假，向某从不在外玩耍，都会及时回家帮体弱多病的父母干农活。在家里，重活都是他一个人干。向某的学习成绩一直很好，从高中应届毕业后考上了大学。由于家庭经济特别困难，身体残疾的姐姐外出打工，向某从初中开始，就靠姐姐挣的钱来读书。
>
> 　　学校放暑假后，向某计划暑期骑自行车到云南丽江，15号这天出发，行进到宜宾时，旅途戛然而止，因为他中暑了。7月15日晚7点左右，向某被同学送到医院时，已经陷入深度昏迷状态。医院立即组织经验丰富的急救医生进行抢救，经一个多小时抢救，当晚9点钟左右，向某被宣布死亡。
>
> 　　据了解，15日这天，宜宾市发布了首个高温橙色预警信号，城区气温高达36℃以上，而兴文县更是以40℃高温成为宜宾温度最高的地方。据一名医生说，向某可能是中暑，抢救向某时，其体温达到了42℃。
>
> （资料来源：作者根据相关资料整理）
>
> **点评**
>
> 　　中暑事件时有发生，若没有掌握相关急救知识，及时对中暑者进行急救，将减少中暑者生还的概率。因此，作为大学生，一定要掌握好中暑的急救知识。这不仅可随时保护自己的安危，也能给他人一定的援助。

随着全球变暖及城市的扩大，夏季的高温不断"烧灼"着人们的皮肤，尤其是新生军训期间，中暑事件时有发生。此时，需要人们掌握一定的防暑及中暑急救知识。

一、对中暑的认识

（一）中暑的概念

中暑是指在高温和热辐射的长时间作用下，产生的机体体温调节障碍，水、电解质代谢紊乱及神经系统功能损害的症状的总称。

（二）中暑的症状

根据临床表现的轻重，中暑可分为先兆中暑、轻症中暑和重症中暑，它们之间的关系是渐进的。

1. 先兆中暑

人在高温环境下，出现头痛、头晕、口渴、耳鸣、恶心、心慌、多汗、四肢无力且发酸、注意力不集中、动作不协调等症状。体温正常或略有升高。此时如及时到阴凉处休息，补充水盐，症状在短期内即可消失。

2. 轻症中暑

轻症中暑者的体温往往在38℃以上。除头晕、口渴外往往有面色潮红、大量出汗、皮肤灼热等表现，或出现四肢湿冷、面色苍白、血压下降、脉搏增快等症状。如果及时处理，往往可于数小时内恢复。

3. 重症中暑

重症中暑的患者身体往往出现痉挛、昏迷、皮干无汗、体温在40℃以上或出现休克症状。重症中暑是中暑中情况最严重的一种，如果不及时救治将会危及生命。这类中暑又可分为热痉挛、热衰竭、日射病和热射病。

（1）热痉挛症状的特点。这种中暑多发生于人体大量出汗及口渴，饮水多而盐分补充不足，致血液中氯化钠浓度急速、明显降低时。这类中暑发生时，肌肉会突然出现阵发性的痉挛疼痛。

（2）热衰竭症状的特点。这种中暑常常发生于老年人及一时未能适应高温的人之中。主要症状为头晕、头痛、心慌、口渴、恶心、呕吐、皮肤湿冷、血压下降、晕厥或神志模糊。此时中暑者的体温正常或稍微偏高。

（3）日射病症状的特点。这种中暑的原因正像它的名字一样，是因为人在烈日的暴晒下，强烈的日光穿透头部皮肤及颅骨引起脑细胞受损，进而造成脑组织的充血、水肿；由于受到伤害的主要是头部，所以，人体最开始出现的不适就是剧烈头痛、恶心呕吐、烦躁不安，继而可能出现昏迷及抽搐。

（4）热射病症状的特点。热射病是一部分人在高温环境中从事体力劳动的时间较长，身体产热过多，但由于散热不足，导致体温急剧升高的一种重症中暑症状。早期发病症状有大量冷汗，继而无汗、呼吸浅快、脉搏细速、躁动不安、神志模糊、血压下降，逐渐向昏迷伴四肢抽搐发展；严重者可产生脑水肿、肺水肿、心力衰竭等。

（三）中暑的原因

（1）人在高温作业的车间工作，如果再加上通风差，则极易发生中暑。

（2）人在务农及露天作业时，受阳光直接暴晒，再加上大地受阳光的暴晒，导致大气温度再度升高，使人的脑膜充血，大脑皮层缺血而引起中暑，空气中湿度的增强易诱发中暑。

（3）在公共场所，人群拥挤集中，产热集中，散热困难，易诱发中暑。

（4）除了高温、烈日暴晒外，精神过度紧张、人员过于密集、工作强度过大、时间过长、睡眠不足、过度疲劳等均为常见的诱因。

二、中暑的预防

（1）盛夏期间做好防暑降温工作，教室应开窗通风，地面经常洒水，设遮阳窗帘等。

（2）合理安排作息时间，不宜在炎热的中午过多活动。外出加强个人防护，打遮阳伞或是戴遮阳帽，饮消暑饮料。

（3）有头痛、心慌时应立即到阴凉处休息、饮水。

（4）高温作业时，热能及水溶性维生素的需求量增加，宜多吃些容易消化、热量高的食物，如小米、豆类、动物内脏和蛋类，宜多吃绿叶蔬菜类食物。

（5）夏季露天劳动时，应尽量安排在早晚，延长中午休息时间。劳动时，须戴草帽，并开领、卷袖劳动。

（6）有慢性心、肝、肾疾病和年老体弱者不宜从事高温作业。

（7）炎热天气时，应穿宽松、透气的浅色服装，适当补充消暑饮料。

（8）注意室内通风，将室温控制在30℃以下，有条件者尽量使用空调。

（9）开展耐热锻炼，提高热适应能力。人体对环境是有适应能力的，对热环境也是一样，通过在热环境下，逐渐增加劳动和锻炼强度、时间，使机体对热的耐受能力提高。

（10）避免人体过度劳累，保证充足的睡眠时间。

（11）积极治疗各种原发病，增加人体抵抗力，减少中暑诱发因素，准备仁丹、十滴水、藿香正气水、清凉油等备用。

三、中暑的急救

中暑急救治疗原则：在人中暑初期应及时合理地进行急救，包括迅速降低体温，适当补充水、盐，纠正电解质紊乱和酸碱紊乱，积极防治心力衰竭、休克、脑水肿、肺水肿等并发症。

（一）急救措施

1. 先兆中暑和轻症中暑的急救

（1）迅速将患者带离高温环境，解开衣扣，使其仰卧，并在其头肩部下面垫些东西，防止血液涌向头部。将患者安置于通风阴凉处休息，用冷水毛巾湿敷头部或用电扇吹风。有条件者，可将中暑者放置于有空调的抢救室内。

（2）可用酒精给中暑者擦身，额上置冰袋，或用毛巾浸冷水（井水更好）敷其头部、腋窝、腹股沟等处。

（3）体温持续在38.5℃以上者，可给予口服解热镇痛剂。

（4）缓慢口服含盐的冰水或清凉饮料，如冷盐糖水、绿豆汤，还可口服藿香正气水，涂擦清凉油等解暑药，使患者体温尽快下降。

（5）建立静脉通路。中暑者出现呼吸、循环衰竭，如面色苍白、四肢皮肤湿冷、脉搏细速、血压下降等症状时，立即给予5%的葡萄糖盐水快速静脉滴注。

（6）民间刮痧疗法。民间刮痧法往往有良效，其方法如下：用表面光滑的汤匙，蘸点食用油刮其颈部两侧或背脊两侧，刮到皮肤呈紫红色为止。

2. 重度中暑

降温是重度中暑抢救的关键。中暑后高热持续时间越长，对身体组织的损害越严重、愈后效果也越差。对于重度中暑者，可采用以下急救方法。

（1）体内降温与药物降温。体内降温，静脉滴入4~10℃的5%葡萄糖盐水1 000毫升或注入相同温度的10%葡萄糖盐水到患者胃内；药物降温，使用5%葡萄糖溶液稀释过的氯丙嗪进行静脉滴注。

（2）改善人体周围血液循环，以防休克。迅速建立静脉通道，静脉滴入5%葡萄糖盐水，但速度不宜过快，以防引发心衰。

（3）密切观察中暑者的病情变化。监测生命体征、降温效果等情况，并保持呼吸道通畅，避免气道阻塞；病情平稳后尽快送医院进行治疗。

（4）对症治疗。保持呼吸道通畅、吸氧、纠正电解质失衡。

（二）注意事项

（1）降温不要过度。一旦患者体温降到38℃，应停止降温，观察10分钟，若此时体温又回升，应继续降温，若体温继续下降，应注意保温，防止发生休克。

（2）不能让晕迷病人喝热饮料。病人神志不清时，可让其多喝些凉开水或其他清凉饮料，但不能喝热饮料。

（3）如果发现患者呼吸困难，应立即进行人工呼吸。

（4）应让患者平卧，垫高双脚。

（5）如果患者清醒没呕吐症状，每15分钟给患者喝淡盐水一杯，共喝两杯。

（6）注意不要给昏倒的患者灌饮任何东西，以免呛到或液体入肺，使抢救效果适得其反。

小贴士

中暑后的饮食有哪些禁忌

夏季天气炎热，特别是进入盛夏后，空气湿度明显增大，空气流通性差，天气更加显得闷热异常，常在室外劳作的人们，很容易中暑。中暑后除及时治疗外，在饮食上也有四大忌需要引起人们的重视。

（1）忌大量饮水。中暑的人应该采取少量、多次饮水的方法，每次以不超过300毫升为宜，切忌狂饮不止。因为大量饮水不但会冲淡胃液，影响消化功能，还会引起反射排汗亢进，造成体内的水分和盐分大量流失，严重者还会促使热痉挛的发生。

（2）忌大量食用生冷瓜果。中暑的人大多出现脾胃虚弱状况，如果大量吃进生冷瓜果或寒性食物，会损伤脾胃阳气，使脾胃运动无力，寒湿内滞，严重者则会出现腹泻、腹痛等症状。

（3）忌吃大量油腻食物。中暑后应该少吃油腻食物，以适应夏季胃肠的消化功能。如果吃了大量的油腻食物，会加重胃肠的负担，使大量血液滞留于胃肠道，输送到大脑的血液会相对减少，人体就会感到疲惫加重，更容易引起消化不良。

（4）忌单纯进补。人们中暑后，暑气未消，虽有虚症，却不能单纯进补。因为进补过早的话，则会使人体暑热不易消退，或者是本来已经逐渐消退的暑热会再次卷土重来，那就更加得不偿失了。

第六节 烧（烫）伤的防护和处置

案例

女大学生倩倩（化名）在一家麻辣烫的餐馆内用餐时，其后方的邻桌客人喊老板娘来添酒精。很快，老板娘提着一个小塑料桶走了过来，当老板娘弯腰倒酒精时，倩倩只听到身边传来"砰"的一声响，她还没明白怎么回事，自己身上便蹿出火苗，遍布双臂、脖子及脸颊。据了解，倩倩身上烧伤最重的要数两条手臂，院方建议为其双臂做植皮手术，倩倩的妈妈说："医生说就算植皮成功，也不可能完全恢复到以前那样，女儿听到后心都碎了。"

（资料来源：作者根据相关资料整理）

点评

本案例告诉我们，使用可燃物质，如打火机、酒精、天然气、煤气等，需要尤其注意，根据产品说明正规操作，购买相关产品时也需要注意检查是否为合格产品，谨防假冒伪劣产品，尤其像酒精这类易燃物，一定不要在存在明火时进行倾倒等操作，以免引起事故的发生。

大学生在学习与生活中，经常与火或开水接触，如果不小心或不注意，就会被火或开水烧（烫）伤，导致人体组织与器官的某一部分受到伤害。烧（烫）伤的急救措施是否及时与得当，对以后的治疗有重要的影响，有时甚至关系到病人的生命。

一、对烧（烫）伤的认识

（一）烧（烫）伤的概念

烧（烫）伤（包括灼伤）是由于高温或腐蚀性化学物质作用于体表组织而对人体造成的一种损害。烧（烫）伤是生活中常见的意外伤害，对某些烧（烫）伤，如果处理及时，就不会导致不良的后果。导致大学生受烧（烫）伤常见的物质有开水、蒸汽、火焰、烫粥、强酸、强碱等，烧（烫）伤不仅对局部皮肤黏膜及邻近组织造成损害，大面积的烧（烫）伤还可引起严重的全身反应，累及重要的器官，甚至发生休克及死亡。

（二）烧（烫）伤的深度及临床表现

烧（烫）伤的严重程度主要根据伤口深浅度、伤口面积大小来判断。烧（烫）伤在头面部，或虽不在头面部，但烧（烫）伤面积大、深度深的，都属于严重烧（烫）伤。

烧（烫）深度的估计，一般分为以下三度。

（1）Ⅰ度烧（烫）伤，一般只伤及表皮层，虽然受伤的皮肤发红、肿胀，觉得火辣辣的痛，但无水泡出现，3~5天后即可自愈，不留疤痕。

（2）Ⅱ度烧（烫）伤。伤及真皮层，局部红肿、发热，疼痛难忍，有明显水疱。易发生感染，常留疤痕。

（3）Ⅲ度烧（烫）伤，是指人体的全层皮肤包括皮肤下面的脂肪、骨和肌肉都受到伤害，皮肤焦黑、坏死，这时反而疼痛不剧烈，因为许多神经也都一起被损坏了。严重者烧伤部位为黑色焦痂，极易感染，愈后均有疤痕，甚至呈挛缩畸形，影响功能活动。

（三）烧伤面积的估计

常用的方法有九分法和手掌法两种。大面积的烧伤常用九分法来估计烧伤面积。小面积或不规则的烧伤常用手掌法来估计。

（1）九分法。头、颈、面部面积共占人体总面积的9%，双上肢占18%，躯干前后（包括会阴1%）占27%，双下肢（包括臀部5%）占46%。

（2）手掌法。将患者本人的五指并拢，一手掌的面积等于体表面积的1%。

（四）烧伤的程度

（1）轻度烧伤。烧伤面积在人体总面积10%以下的Ⅰ~Ⅱ度烧伤。

（2）中度烧伤。烧伤面积在人体总面积11%~30%的Ⅰ~Ⅱ度烧伤，或烧伤面积在人体总面积10%以下的Ⅲ度烧伤。

（3）重度烧伤。烧伤面积在人体总面积31%~50%的Ⅰ~Ⅱ度烧伤；或烧伤面积在人体总面积11%~20%的Ⅲ度烧伤；或烧伤面积不足人体总面积30%的Ⅰ~Ⅱ度烧伤，但合并有休克、严重创伤、化学中毒或重度呼吸道烧伤者。

（4）严重烧伤。烧伤面积在人体总面积51%~80%的Ⅰ~Ⅱ度烧伤，或面积人体总面积在21%~50%的Ⅲ度烧伤。

（5）特重烧伤。烧伤面积在人体总面积80%以上的Ⅰ~Ⅱ度烧伤，或面积在人体总面积50%以上的Ⅲ度烧伤。

二、烧（烫）伤的预防

（1）预防发生烧伤事故的关键在于提高安全意识。

（2）食堂、澡堂、开水房、实验室是大学生常发生烧（烫）伤的地方，必须注意预防。

（3）在开水房、食堂附近不要踢球、不要骑快车，以免打破碰翻其他同学的开水瓶及饭盒而造成烫伤。

（4）宿舍内严禁使用电炉、煤油炉、煤气灶，以免发生事故造成烧伤。

（5）大学生在实验室做实验应严格按照操作规程操作，注意实验安全，杜绝事故的发生。

三、烧（烫）伤的现场急救

烧（烫）伤是日常生活中常见的一种皮肤损伤，及时进行现场救护能够减轻一定的伤害。

（一）轻度烧（烫）伤的急救

（1）立即灭火，使烧伤者脱离热环境。迅速脱去着火的衣物或就地打滚将身上的火压灭，切忌惊慌失措奔跑而使身上的火焰更旺；同时切勿叫喊，以免造成呼吸道损伤，也不要用手拍打衣物上的火焰而造成手的烧伤。

（2）立即用自来水冲洗或将受伤部位浸泡在清洁的冷水中，以减轻疼痛和损伤，或用苏打水浸过的干净布冷敷局部，涂些清凉油等，可以起到清热解毒、消肿止痛的作用。遇有口渴的严重受伤者，可以喂一些含有盐分的水，如生理盐水、糖盐水等。经上述简单处理后，应将烧（烫）伤病人及时送往医院治疗。

（3）烫伤部位已经起水疱的不要弄破，以免感染，可在水疱周围涂抹酒精，然后用干净纱布包扎，为了不给转送的医院增加诊断困难，不应使用消炎粉等物。

（4）烫伤后，衣裤鞋袜不要强行撕脱，应先用剪刀剪开，然后慢慢撕脱，以免加剧创面损伤。

（5）如果烧（烫）伤面大且重，则应用湿的清洁被单包裹，外覆毯子送医院治疗。

（6）烫伤后如果表皮仅仅发红、无水疱或表皮脱落，则应用清洁冷水冲洗创面或将其浸于冷水内，可止痛并减轻水肿，以防止热力对皮肤组织的进一步损害。这样既可减轻烫伤深度，也可清洁创面及减轻痛苦。可以抹点干净的动物、植物油，清凉油或烫伤膏，烧（烫）伤面可不包扎。

（7）在保护烫伤创面时，用洁净被单、衣服等简单包裹，以避免污染和再损伤，切勿涂有色药物及油类，以免影响后续对创面的观察。

（二）重度烧（烫）伤的急救

（1）做好烫伤前期的处理工作，如脱去被沸水浸透的衣服，防止热力继续作用而加重损伤。

（2）保护创面，可用清洁毛巾包裹创面。同时应立即与医院或急救中心联系，争取抢救的宝贵时间，以减轻病人的痛苦，挽救病人的生命。

（3）口鼻呼吸道烫伤后在运送到医院途中，要注意保持呼吸道通畅。严重烧（烫）伤的人多在事故发生2~3小时后发生休克。运送途中要让病人保持平卧，不要直立，可以喝些淡盐糖水（含盐1%，含糖11%），疼痛明显的烫伤者可服止痛药。

（4）在转运伤者的过程中应注意对受损部位的保护，尽可能不使创面污染；头、面、眼、耳、呼吸道和会阴等部位的烫伤，被列为特殊部位的烫伤，其伤情往往较其他部位严重，必须高度重视，慎重对待。

（三）化学性物质灼伤的急救

（1）人体被化学物质灼伤后，应立即用大量清水冲洗干净，以缓解化学物质对皮肤的腐蚀，如能准确了解为何种化学品灼伤，现场又有条件的话，可予以对症处理。

①如若为酚（石炭酸）灼伤，可用酒精冲洗。

②如为磷灼伤，首先要用大量清水冲洗，然后将伤部浸泡在清水中，以避免伤处与空气接触。

③对于强酸、强碱造成的灼伤，也必须用大量的清水反复冲洗，强酸造成的伤用5%碳酸氢钠溶液湿敷或浸泡，强碱造成的伤用0.5%~5%的醋酸湿敷或浸泡，并尽快将伤者送医院治疗。

（2）头面部化学灼伤时，首先应注意眼部，看眼角膜有无损伤，并立即用大量清水冲洗创面。

（3）被生石灰灼伤后，切忌用水冲洗。这是一个例外，因为生石灰遇水会产生大量热，加重创面的损伤程度。所以，必须先将创面上的生石灰清除干净，然后用大量清水冲洗创面。

被化学性物质深度灼伤后疤痕的形成在所难免，疤痕挛缩畸形将直接影响伤者未来的工作、学习和生活。但抓住烧伤后短暂的黄金时间对创面进行简单的处理，将大大减轻受损程度，减少疤痕的形成。

小贴士

烧（烫）伤疤痕康复期间应注意什么

1. 要注意皮肤的清洁卫生

在烧（烫）伤创面刚愈合时，仍有少量分泌物和药痂，此时细菌容易快速繁殖，加上伤口的表皮薄嫩，结构和功能都不完善，因此，很容易发生感染、破溃。在烧（烫）伤疤痕康复期间，可使用中性清洁剂清洗，清洗后使用抗疤痕药物等治疗。

2. 要避免过度摩擦和过度活动

这是由于疤痕表皮结构和功能不完善，使表皮较易受到损害，一些不恰当的治疗可能加重损伤。在应用抗疤痕药物时，不宜过度用力按摩，也不宜过长时间按摩，这样会造成表皮与纤维板层分离形成水疱或血疱。另外，关节部位过度活动，同样会导致表皮松动分离或起水疱。

3. 如果是下肢烧（烫）伤，不宜过早下地活动

这是由于疤痕表皮薄弱，其下血管结构及功能又不完善，不能抵抗重力的内压。而在人体站立时，下肢创面会因毛细血管破裂而发紫，甚至出血，这样会加重疤痕增生，不利于烧（烫）伤疤痕的康复。因此下肢烧（烫）伤康复后不宜过早下地活动，比较适宜的时机一般在3个月左右，并且在下地前最好使用压力套保护，这样可减轻疤痕充血。

4. 对于水疱应及时引流，避免感染形成溃疡

烧（烫）伤疤痕康复时，新生表皮由于各种刺激，易发生松动，形成水疱，而出现水疱后若不及时正确处理，往往发生感染，形成溃疡。一般应在水疱消退、溃疡愈合后再实施抗疤痕治疗。

第七节 动物致伤的防护和处置

> **案例**
>
> 孙强（化名）和老师还有同学去帽儿山风景区活动。在做一项寻宝游戏时，孙强在一处可能藏宝的地方拨弄草丛，可他一伸手不但没抓到宝，反而抓住了一条蛇的尾部。他没马上松手，而是将蛇抓紧，试图把蛇抓起来给同学看看。不料蛇回头将孙强大拇指咬伤。孙强顿时感到一股凉意，紧接着伤口开始疼痛、肿胀，伤势迅速蔓延到整条手臂。经化验，孙强被一种叫蝮蛇的毒蛇咬伤，经清创、抗炎等治疗病情已稳定，但仍需住院治疗。
>
> （资料来源：作者根据相关资料整理）
>
> **点评**
>
> 在野外活动时，一定要注意防范毒虫的咬伤，不要到处乱爬乱跑，不要随意睡在草地上或是爬树，不可长时间固定在一个地方。

当某种物质进入人体后，会对组织器官发生生物化学或生物物理作用，并损害人体健康，该物质即为毒素。毒素在进入人体 3~5 分钟后即被吸收。因此，其急救原则是及早防止毒素的扩散和吸收，尽可能减少局部损害，急救措施采取得越早越好。

一、被毒蛇咬伤的现场急救

蛇类是地球上分布最广泛的一种动物，热带、亚热带和温带均有蛇的踪迹。据估计，全世界每年大约有 170 万人被毒蛇咬伤，死亡率约为 2.4%。在我国，毒蛇大约有 50 种，其中对人危害较大、毒性较强的有 10 多种。

毒蛇通常在每年的 4~10 月出来活动，其余时间大多在冬眠，因此毒蛇伤人大多发生在这段时间。毒蛇咬人时，毒液通过毒牙注入伤口，该毒液能使人神经系统功能紊乱，或使人血液中毒。因此掌握被毒蛇咬伤后的救护方法是十分有必要的。

（一）毒蛇咬伤的预防

（1）蛇大多是胆小的，除眼镜蛇外，一般的毒蛇不会主动攻击人。毒蛇咬人多发生在人踩在蛇身上或迫近它时。因此，我们应事先了解毒蛇的生活习性及栖息的自然环境。这对预防毒蛇咬人极为重要。

（2）天气闷热的夜晚，毒蛇大多活动频繁，应多加小心。灌木草丛是蛇类经常出没的地方，有些毒蛇常在溪边沟旁活动，此时需仔细观察。

（3）在蛇区行走时，扎好裤脚，穿好鞋袜，最好穿靴子加以保护，不要穿凉鞋；在草丛中行走时，最好手持一棍棒，边走边打草，起到惊蛇的作用。坐下休息时，应先用木棍将周围草丛打一下，将蛇惊走。

（4）夜间行走时要携带照明工具，防止踩到蛇体而招致咬伤。

（5）栖息在树上的毒蛇，如竹叶青蛇，颜色与树叶相同，难以分辨，因而穿越树林时需戴上帽子，以防头部被咬；如无帽子，可临时用布制作一顶。

（6）不要随便在草丛和蛇可能栖息的场所坐卧，不要用手伸入鼠洞和树洞内。

（7）选择宿营地时，要避开草丛、石缝、树丛、竹林等阴暗潮湿的地方。宿营时，睡前和起床后，都应检查有无蛇潜入。

（8）遇见毒蛇，应远道绕过；若被蛇追逐，应向上坡跑，或忽左忽右转弯跑，切勿直跑或直向下坡跑。

（9）在野外行走时，可备一些治疗蛇伤的药品，以防万一。

（二）被毒蛇咬伤的判断

当你不慎被蛇咬伤时，千万不要惊慌失措，首先应判断是否为毒蛇咬伤。方法是注意查看留下的伤口。

毒蛇咬伤后留下两个较深的牙痕，是可靠的诊断依据。被无毒蛇咬伤后留下的是两排较浅的细牙痕。

被金环蛇、银环蛇及海蛇等神经毒素类毒蛇咬伤后局部症状不明显，其伤口不红不肿，疼痛轻，不流血，伤者常在被咬伤半小时后出现头晕恶心、眼睑下垂、视力模糊、语言不清、呼吸困难，以致出现呼吸衰竭和心力衰竭。

被五步蛇、竹叶青、蝮蛇等血液毒素类毒蛇咬伤后局部剧痛、肿胀明显、流血不止、周围皮肤呈青紫色，肿胀迅速向近心端蔓延，并伴有发热、寒战、心悸、血尿等全身症状。

（三）毒蛇咬伤后的急救步骤

一旦确定是被毒蛇咬伤，就应采取以下应急措施。

1. 保持镇静

患者应保持镇静，切勿惊慌、奔跑，以免加速毒液吸收和扩散。

2. 绑扎伤口

（1）为防止与减缓毒素继续吸收和扩散，在肢体创口的近心端绑扎止血带。绑扎不能过紧过久，要间断放松，防止远端肢体缺血坏死。伤肢止动、抬高，以减少毒素吸收和水肿。

（2）若手指被咬伤可把止血带绑扎在指根上；手掌或前臂被咬伤可把止血带绑扎在肘关节上；脚趾被咬伤可把止血带绑扎在趾根部；足部或小腿被咬伤可把止血带绑扎在膝关节下；大腿被咬伤可绑扎在大腿根部。只有这样，才能减缓甚至阻止毒素蔓延到其他部位。

（3）由于蛇毒素可在进入人体3~5分钟即被吸收，故应立即在近心端距伤口5~10厘米处用带子或手帕等绑扎，每隔20分钟放松2~3分钟，以免肢体缺血坏死，一般在急救处理结束，或服有效的蛇药半小时后松绑。

3. 扩创排毒

（1）结扎后应立即用清洁水、肥皂水或高锰酸钾溶液冲洗伤口。如果伤口内有毒牙残留，应迅速用小刀或碎玻璃片等其他尖锐物以"十"字形划伤皮肤，挑出残留毒牙，尖锐物在使用前最好用火烧一下消毒，再用消毒后的尖锐物按毒牙痕方向纵向切开皮肤，最好把两个毒牙痕连贯起来，这样可促使组织液和血液外流，使毒液被更多地排除掉（流血不止的伤口禁止切开）。

（2）切开伤口时，切口太浅毒液不能排出，切口太深又可能伤及神经肌腱，后果会更严重，因而最好用针在伤口周围扎些小孔，使血液和组织液从中流出，组织液中排出的毒液要比血液中排出得多。接着，可将患肢浸在2%冷盐水中，或直接用手自上向下、周围向创口中心挤压。

（3）也可用吸乳器或拔火罐将伤口内毒液吸出。其操作方法如下：先在茶杯内点燃一小团纸，然后迅速将杯口扣在伤口上，使杯口紧贴伤口周围皮肤，利用杯内产生的负压吸出毒液。情况紧急时，也可用嘴吸吮以尽量吸出毒液，每吸一口立即吐出，并用清水或浓度为0.02%的高锰酸钾溶液漱口。

4. 使用蛇药

蛇药是治疗蛇咬伤最有效的中成药，被咬伤后最好立即服用"季德胜蛇药片"或"上海蛇药"。同时将药片溶化后涂于伤口周围，并可在肢体肿胀的上方2厘米处再涂一圈，以阻抑毒素向上扩散。

也可就近采集半边莲、白花蛇舌草、徐长卿等草药服用或外敷。

5. 送医院治疗

在急救措施结束后，应迅速到医院治疗。

（四）注意事项

（1）如果被毒蛇咬了，不能乱跑，乱跑只能加快身体吸收毒素的速度，使中毒程度更深，更难以救治。被毒蛇咬伤后，应立刻坐下，让同伴帮忙救助。

（2）如果在夜间被蛇咬伤，无法看清是什么蛇，从伤口上也无法分辨是否为毒蛇所伤时，千万不可等待伤口情况，通过伤口是否发生变化来判断是否被毒蛇咬伤，此时必须按被毒蛇咬伤处理。

（3）用口吸吮毒液时，应边吸边吐，再以清水、盐水或酒漱口。

（4）被蛇咬伤后超过24小时，一般不再排毒。

（5）用火烤伤口，可以破坏蛇毒，但要注意避免烧伤。

（6）被毒蛇咬伤的肢体要垂下，不要举起来。

（7）若被蛇咬伤者出现口渴，可给足量清水饮用，切不可给酒精类饮料饮用，以防毒素扩散加快。

二、被狗、猫咬伤的现场急救

一旦被狗、猫抓、咬伤，重要的是做好现场急救工作。

在被猫咬伤后，可能只有数个小时就会出现伤口感染、疼痛加剧、红肿、流脓等反应。被咬后应迅速用清水涂肥皂冲洗干净伤口，包上纱布再去医院检查。被狗咬伤的伤口，容易化脓，所以必须进行彻底的伤口处理，及时注射疫苗。因此，被猫或狗咬伤或抓伤后，要避免过分恐惧，尽可能安静、放松，减少活动，以免毒素扩散，并立即到医院处理。紧急处理原则如下。

（1）凡遭狗、猫咬伤，不管是疯狗、病猫还是正常的狗、猫，都先要挤出污血，用浓度为3%~5%的肥皂水或淡盐水反复冲洗伤口。

（2）用浓度为70%的酒精或浓度为2%~5%的碘酒消毒周围皮肤。

（3）对较深的伤口用浓度为3%的过氧化氢冲洗，不予缝合，以利引流。

（4）立即到医院进一步治疗，并在24小时内到防疫站注射预防狂犬病疫苗和抗狂犬病血清，如注射破伤风抗毒素1 500单位。

（5）最好将"肇事"的猫或狗等宠物带到动物医院做检查，了解是否有可能患狂犬病，如果怀疑有狂犬病感染的症状，就要立即将它处理掉，以免伤害更多的人。

三、被蝎子蜇伤的现场急救

蝎子有一弯曲而锐利的尾针，与毒腺相通，刺人时蝎毒经此而注入皮肤。毒液为神经毒性质。轻者，蜇伤处局部有疼痛、发麻、红肿现象，数日后消失，多数不影响生命。重者可出现打寒战、发热、恶心呕吐、头痛、眩晕、肌肉强直或抽搐、呼吸增快和脉搏细弱等现象。有的人会发生内脏出血和肺水肿，少数人可因呼吸、循环衰竭而死亡。

蜇伤如在四肢，可在伤部上方缠止血带，拔出毒钩，将明矾研碎，再用米醋将其调成糊状，涂在伤口上。必要时，请医生切开伤口，抽取毒汁。

四、被蜈蚣咬伤的现场急救

蜈蚣是毒虫，被其咬后伤口呈小孔状，局部会出现红肿，并伴有剧烈疼痛。蜈蚣个头越大，注入的毒液越多，症状越严重，局部可能发生坏死、淋巴管炎和淋巴结炎，全身症状有头痛、眩晕、发热、恶心、呕吐、抽搐及昏迷等。

被蜈蚣咬伤后，应马上挤出毒液，在伤口的近心端部位用领带等扎起来，并用自来水冲洗，进行冷敷后马上去医院。

蜈蚣毒液呈酸性，也可用碱性液体中和。因此，可立即用浓度为5%~10%的小苏打水或肥皂水、石灰水冲洗，不要用碘酒，然后涂上较浓的碱水或浓度为3%的氨水，在伤口周围也可敷溶化的蛇药片。咬伤严重者须口服蛇药片。

五、被蜂类蜇伤的现场急救

少数蜂类蜇伤人后，仅引起红肿和疼痛，数小时后即自行消退，全身反应轻微。蜂刺留在伤口内易引起化脓。如果被成群蜂蜇伤，则会出现全身症状，如发热、头晕、恶心呕吐、烦躁不安等，甚至可发生昏迷、少尿、呼吸困难、血压下降等危重症状，严重的可引起死亡。

（1）被蜂类蜇伤后，首先用经消毒后的细针将蜂刺挑出，用手挤出毒液。然后立即用肥皂水擦洗，局部用浓度为3%的氨水或浓度为5%~10%的碳酸氢钠液（小苏打）湿敷伤口。

（2）若被黄蜂蜇伤，则可用醋酸或食醋洗敷。

（3）如果被蜂蜇后出现恶心、抽搐等症状是危险征兆，要及时送医院。若被蜂蜇后20分钟以内身体无异常反应，一般说明问题不大。

六、被毒蜘蛛咬伤的现场急救

被毒蜘蛛咬伤后，伤口局部有大片红肿，并伴随剧痛，重者可出现寒战、发热、恶心、呕吐、舌和肌肉强直、流涎、头痛、昏睡、盗汗、呼吸增快及脉搏细弱等症状。

被毒蜘蛛咬伤，轻者局部苍白或发红又或出现荨麻疹，重者可发生局部组织坏死或全身症状。其急救措施与毒蛇咬伤相同。

小贴士

怎么识别疯动物

疯动物发病早期的主要表现是性情的明显改变，如忧虑或害怕，并有神经过敏。有的病兽表现对主人异常友好，摇尾乞怜，但在轻微的刺激下也会咬人，主动攻击陌生人；有的离群独处，不与其他动物待在一起，对主人的态度变得冷漠；有的出现怪食癖，如吃土、咬草、咬木头等。这些异常表现如不细心观察，很难发现。疯动物在疾病的最早期，唾液里含有大量狂犬病毒，此时若亲近、玩耍就容易被传染而得病。

疯动物过了发病早期就进入兴奋期，表现为坐立不安，跑来跑去，咬叫无常，此时已不能辨认生人和熟人，而表现出攻击人的疯狂状态，很多人就是这时被咬伤的。随后疯动物会耷拉着尾巴，或尾巴夹在两腿之间，张着嘴，顺嘴流口水，吞咽困难，走起路来摇摇晃晃，全身毛竖起。进入晚期，疯动物很快会呼吸困难，全身衰竭死亡。

值得注意的是，少数疯动物表现为"安静型"，即无明显兴奋表现；也有少数动物不发病，为所谓"携带病毒状态"（带有狂犬病毒，可以传染给人或其他动物，但本身并不发病），不为人所注意，此种疯动物更具危险性。

参考文献

[1] 霍永旺. 安全教育读本[M]. 北京：中国劳动社会保障出版社，2018.
[2] 大学生安全教育教程编写组. 大学生安全教育教程[M]. 长春：吉林科学技术出版社，2012.
[3] 徐士政，金锦华. 大学生安全知识读本[M]. 杭州：浙江科学技术出版社，2011.
[4] 湖南省高等学校保卫学研究会. 大学生安全教育[M]. 北京：现代教育出版社，2016.
[5] 浙江省高等教育学会保卫工作专业委员会. 大学生安全知识读本[M]. 杭州：浙江科学技术出版社，2018.
[6] 江苏省教育厅，江苏省高等教育学会高校保卫学研究委员会. 大学生安全教育读本——案例与分析[M]. 南京：东南大学出版社，2014.
[7] 杨行玉，高立平. 大学生安全知识100问[M]. 西安：陕西师范大学出版社，2012.
[8] 顾明远. 教育大辞典（增订合编本）[M]. 上海：上海教育出版社，1998.
[9] 徐凯. 大学生安全教育[M]. 西安：西安电子科技大学出版社，2014.
[10] 王艳萍. 职业院校学生顶岗实习风险现状研究[J]. 湖北工业职业技术学院学报，2017，30（3）：24-27.
[11] 张佳，马志云. 学校体育运动伤害事故的研究[J]. 教学与管理，2013（15）：32-34.
[12] 丁海荣. 学校体育运动中伤害事故的认定与防范[J]. 教学与管理，2013（36）：34-36.
[13] 陈学风. 风险社会下大学生就业陷阱的治理路径探析[J]. 贵州商学院学报，2014，27（1）：74-78.
[14] 彭祎一，姚蓉蓉. 完善自我认知——大学生远离就业陷阱的对策[J]. 产业与科技论坛，2014，13（19）：108-109.
[15] 黎登辉. 试论大学生就业安全保障体系的构建[J]. 中国大学生就业，2013（14）：8-15.
[16] 许尔忠，冯小琴. 就业陷阱与就业维权[J]. 西北民族大学学报：哲学社会科学版，2011（3）：145-151.

附录

A. 安全知识思考题及答案

一、判断题（对的打√，错的打×）

1. 诈骗是指一种以非法占有公私财物为目的，用虚构事实或隐瞒真相的方法，骗取款额较大的公私财物的行为。（√）
2. 防范诈骗，最主要的是依靠政府监管。（×）
3. 大学生智商高，很不容易受骗。（×）
4. 在求助诈骗中，不法分子利用的是大学生的同情心。（√）
5. 在以假劣物品诈骗的案件中，假古董、假银元、假美元、小国低值货币常常成为不法分子的作案道具。（√）
6. 在求职诈骗中，诈骗分子以收取各类费用为其真实目的。（√）
7. 通过莫名其妙出现的"纠纷"和指责你的"中间人"，这种诈骗被称为"撞猴子"。（√）
8. 女大学生尤其要警惕交友诈骗。（√）
9. 在大学生防诈骗的自我保护中，外借个人证件不重要。（×）
10. 非常关注对方身份地位的交友方式对于大学生防骗是有益的。（×）
11. 遵守校规对大学生自身防范诈骗非常必要。（√）
12. 低级下流、挥金如土、吃喝嫖赌、游手好闲的人，应该避免跟他们交往太深。（√）
13. 在大学生接触的招生培训中，秩序混乱是最主要的问题。（×）
14. 在求助诈骗中，骗子通常会承诺一定还钱。（√）
15. 遭遇求助却又不能确定对方情况真假时，可以直接给钱。（×）
16. 欲参加社会培训，只要看下培训方承诺的主要内容就可以了。（×）
17. 应对陌生人求助，要做到不轻信、不盲从。（√）
18. "无限期试用"是合法行为。（×）
19. 在求职诈骗"无限期试用"模式中，通常不会签订协议。（√）
20. 做到查资质、缓交钱、签合同、不轻信宣传、拒绝"高薪"诱惑可以有效防范求职诈骗。（√）
21. 大学生求职为防被骗，通过学校学工处较为安全。（√）
22. 大学生求职签合同时，合同一般应包括工作时间、薪酬数额、薪酬支付时间、薪酬支付方式。（√）
23. 偷看密码，调包银行卡属于盗窃行为。（×）
24. 在使用银行自动柜员机时，随意丢弃取款凭条是安全的。（×）
25. 小王收到"这是××银行，您的账号已被盗用/转账，请重新发送您的账号/密码至××××，完成转账"的短信后回拨电话确认真假，做法适当。（×）
26. 虚假信息的发送多是特别针对某某人。（×）
27. 在银行自动柜员机取钱，如果有人拍你的肩膀告诉你，你的钱掉地上了，应该随即弯腰拾取。（×）
28. 中国人民公安大学王大伟教授将骗术分为馅饼类、亲情类、信息类三种。（×）

29. 利用人们贪小便宜的心理，以中奖、退税、预测股市等名义的骗术属于亲情类。（×）
30. 利用人们为亲人好友担心的焦急心理的骗术属于震撼类。（×）
31. 利用人们遭遇意外打击后大脑的短暂空白，操控事主转账汇款的骗术属于馅饼类。（×）
32. 收到"有人为你点歌，请回复……"的手机信息后，最好是不予理睬。（√）
33. 收到落款为"全国银行法务中心"的信息应该马上向律师咨询。（×）
34. 在手机信息通知中奖的骗术中，事主常常会被要求汇款交税。（√）
35. 收到关于银行卡的信息，但又确实放心不下，可以致电银行客户服务中心。（√）
36. 公安部门认为，网络诈骗一般是利用欺诈性的电子邮件和假造的互联网站来进行。（√）
37. 网络上购物，遇到对方要求支付押金的行为，事主应该同意。（×）
38. 国内银行的客服热线，多以800开头。（×）
39. 网络购物，可以在非银行网页输入自己的银行卡信息。（×）
40. 宗教诈骗通常发生于景区。（√）
41. 宗教诈骗中，为了让人们捐"香火钱""功德钱"、消灾祈福，骗子的手段通常有解签、赠送法物、言语胁迫，更有身体强制。（×）
42. 在景区宗教道场，"大师"和"活佛"目的是传教。（×）
43. 宗教诈骗的手段主要跟心理学知识有关。（√）
44. 传销活动通常以专业培训为由。（×）
45. 传销活动销售的通常是十分珍贵的资源。（×）
46. 传销组织对参与人员的控制，主要是暴力侵犯人身和精神洗脑两类。（√）
47. 应对传销，须掌握三招，一辨、二防、三举报。（√）
48. 传销组织在国外由来已久，被称为"老鼠会"。（√）
49. 传销活动对社会有极大危害。（√）
50. 有合法的传销组织。（×）
51. 心理障碍既包括轻微的心理问题，也包括比较严重的心理活动紊乱。（√）
52. 心理障碍几乎人人都可能遇到，如失恋、落榜、人际关系冲突造成的情绪波动等。（√）
53. 人的健康不仅包括生理健康而且包括心理健康。（√）
54. 健康不仅在于没有疾病，而且在于身体、精神、社会各方面的正常状况。（√）
55. 大学生心理障碍常见类型有焦虑症、狭隘与抑郁、强迫症、神经衰弱、怯懦与自卑、狂妄与自大等。（√）
56. 大学生心理障碍的产生存在以下两个规律：一是随着年龄的增长心理状况从简单走向复杂；二是随着年龄的增长心理障碍呈上升趋向。（√）
57. 心理咨询是借助一种特殊的人际关系，运用心理学理论、知识和方法，通过语言、文字及其他信息传递方式，给咨询对象以帮助、启发和指导的过程。（√）
58. 大学生心理咨询的类型有发展性心理咨询、适应性心理咨询、障碍性心理咨询等。（√）
59. 大学生心理咨询的形式有个别心理咨询、团体心理咨询、网络心理咨询等。（√）
60. 只有比较严重的心理活动紊乱的人才有心理障碍。（×）
61. 失恋、落榜、人际关系冲突造成的情绪波动不属于心理障碍。（×）
62. 平常生活中遇到的焦虑症不属于心理障碍类型。（×）

63. 平常生活中遇到的神经衰弱属于心理障碍类型。（√）
64. 平常生活中遇到的狂妄与自大不属于心理障碍类型。（×）
65. 心理障碍是可以通过各种努力来进行预防和调适的，从而达到心理健康。（√）
66. 建立良好的学校人际关系，对于排除心理障碍，促进心理健康有着不可替代的作用。（√）
67. 人们可以通过合理调节不良情绪帮助克服心理障碍。（√）
68. 人们调节不良情绪的方式有宣泄、转移等。（√）
69. 听音乐可以帮助人们缓解不良情绪。（√）
70. 深呼吸可以帮助人们缓解不良情绪。（√）
71. 心理障碍是精神病的一种。（×）
72. 养成良好的学习生活习惯有利于排除心理障碍，促进心理健康。（√）
73. 只有心理有疾病的人才有必要进行心理咨询。（×）
74. 树立正确的人生观、价值观有利于排除心理障碍，促进心理健康。（√）
75. 人人都可以进行心理咨询。（√）
76. 现代医学研究表明，信仰破灭、自卑、多疑、压抑、骄傲等都是心理不健康的表现，都会不同程度影响人的身体健康。（√）
77. 计算机网络是一种地理上分散的、具有独立功能的多台计算机，通过通信设备和线路连接，并配有相关的网络设备与软件，以实现资源共享的系统。（√）
78. 通过网络，我们可以足不出户地购得自己中意的商品；可以与素昧平生的人互相交流，排解压力；可以不用见老师就享受老师面对面的辅导；可以便捷地获取自己需要的信息。因此网络可以解决所有问题。（×）
79. 网络发布的信息不会是虚假的信息，也不可能实施骗钱害人的违法犯罪行为。（×）
80. 网络可靠性：主要是指构成系统的网络、硬件、软件无故障，无差错，能够在规定的条件下和时间内完成规定的功能，主要包括硬件可靠性、软件可靠性、人员可靠性和环境可靠性等。（√）
81. 网络可用性指系统在正常情况下允许用户使用和在部分受损或需要降级时仍能为授权用户提供服务等。是系统面向用户的安全性能，但是没有标准。（×）
82. 网络完整性分为硬件完整性、软件完整性。硬件完整性是要求构成网络的通信线路和硬件设备满足用户需要的特性。软件完整性是要求软件具有唯一标识，可以防止拷贝，防止静态分析，防止动态跟踪；要求软件有抗分析能力和完整性检验手段，以防止遭到非法修改；要求软件进行加密处理。（√）
83. 网络安全的核心是信息安全。实现信息的保密性、完整性、有效性、可控性和可追溯性五个方面。（√）
84. 传播有害信息包括反党、反社会信息，"法轮功"反动宣传信息，民族分裂分子挑拨民族矛盾煽动性信息等。（√）
85. 网络色情是指在网络上以性或人体裸露为主要诉求的信息，目的在于挑逗、引发使用者的性欲，表现方式有色情文字、声音、影像、图片、漫画等。这是个人行为，不犯法。（×）
86. 2004年9月，最高人民法院、最高人民检察院下发《关于办理利用互联网、移动通信终端、声讯台制作、复制、出版、贩卖、传播淫秽电子信息刑事案件具体应用法律若干问题的解释》，规定对以牟利为目的，利用互联网、移动通信终端制作、复制、出版、贩卖、传播淫秽电子信息的，以制作、复制、出版、贩卖、传播淫秽物品牟利罪定罪处罚。（√）

87.网络侵犯知识产权犯罪类型分为两种：一是利用互联网实施传统的侵犯知识产权犯罪，如利用互联网销售侵权商品，包括假冒知名商标的药品、农资、烟草、盗版光盘等；利用互联网销售侵权作品电子版，如电子图书、MP3、电影、软件等。二是信息网络技术给侵犯知识产权犯罪带来了新的类型，主要包括架设侵权网络应用服务，绕过电子信息和应用程序保护技术措施等。专利权犯罪在信息网络技术领域也有新的表现形式，如侵犯软件专利权。（√）

88.互联网上流行的"人肉搜索"也是一种网络暴力，它将受害人隐私信息公之于众，侵犯了他人的隐私权，但不是违法行为。（×）

89.《中华人民共和国刑法》第二百八十五条规定："违反国家规定，侵入国家事务、国防建设、尖端科学技术领域的计算机信息系统的，可以不判刑或者拘役。"（×）

90.《中华人民共和国刑法》第二百八十六条规定："违反国家规定，对计算机信息系统功能进行删除、修改、增加、干扰，造成计算机信息系统不能正常运行，后果严重的，处五年以下有期徒刑或者拘役；后果特别严重的，处五年以上有期徒刑。"（√）

91.《中华人民共和国刑法》第二百八十六条第三款规定："故意制作、传播计算机病毒等破坏性程序，影响计算机系统正常运行，后果严重的，处五年以下有期徒刑或者拘役；后果特别严重的，处五年以上有期徒刑。"（√）

92.大学生可以凭借自己的计算机操作技术，出于好奇或者其他目的，在网络上制作和传播计算机病毒。这不是一种违法犯罪行为。（×）

93.在计算机网络日益广泛使用的今天，几乎所有用户都感染过计算机病毒并遭受过损失。计算机病毒的种类上百万计，在互联网环境中潜伏、传播并造成危害。人们是没有办法的。（×）

94.虚假客服电话、虚假退票电话类信息充斥着整个互联网，网民稍不留神，就会上当受骗。我们对此束手无策。（×）

95.由于网络的开放性和便捷性，一些非专业人士出于某种善意或非善意也自诩为专业人士提供某些专业信息，例如，"祛痘偏方""美容秘诀"等，未经专业人士证明，我们可以相信。（×）

96.目前，玩游戏、看影视剧、看短视频已成为大学生网民的网络三大瘾，严重影响大学生健康成才。（√）

97.网瘾综合征产生的原因是多方面的。外因方面，一是惊险、刺激的网络游戏、娱乐项目对某些上网大学生构成了不可抗拒的吸引力，使他们沉湎其中不能自拔；二是高校大学生充裕的上网时间和便捷的上网条件。内因方面，大学生正处于世界观、人生观和价值观逐渐成熟的关键时期。大学生价值观不平衡、不稳定，看待问题不够理性，辨别信息真伪能力较弱，容易走向极端；自我管理能力缺乏，抵抗挫折能力较差，常常有挫折感，容易自卑、孤独、消沉；情绪起伏较大，容易感情用事。（√）

98.网络求职由于方便、快捷的方式赢得大部分求职者的心，在招聘中的地位也显得越来越重要。但有些不良公司或不法分子常常利用求职者急于求成的心态，利用所谓的网络招聘，把"黑手"伸向了大学生，我们只要水平高就无所谓。（×）

99.某高校应届毕业生小董为工作的事忙得焦头烂额，为了争取更多的面试机会，小董想到一个既经济又实惠的送简历方法，那就是大量投递电子简历。半年来，小董投递的简历达到数千封。这样的做法很可取。（×）

100.我们在使用互联网的时候，应当自觉地学习和了解相关的法律法规，但并不需要依法上网。（×）

二、选择题

1.校园伤害事故发生的学校方面的原因不包括__D__。
  A.学校相关制度不严，管理不力
  B.学校校舍、设备陈旧老化或设计不符合安全要求
  C.教育教学活动中安全保护措施不力
  D.教育保护投资不够

2."这是××银行，您的账号已被盗用/转账，请重新发送您的账号/密码至××××，完成转账。"收到此类短信后应__C__。
  A.按照指示去做　　　　　　　　B.回拨电话确认真假
  C.不予理睬　　　　　　　　　　D.自己考虑，暂不报警

3.下列选项中，不符合安全乘坐火车要求的是__D__。
  A.按照车次规定的时间进站候车
  B.站在站台一侧的安全线以内候车
  C.如座位不够，可站在车门和车厢连接处
  D.保管好自己的行李物品，防范盗窃分子

4.对于重要数据，我们应该知道__B__。
  A.计算机上的数据安全不是很重要
  B.计算机病毒、机器故障、突然断电等情况都可能造成计算机上的重要资料、劳动成果发生丢失或毁损。最可靠的办法就是做好重要数据的备份
  C.计算机病毒、机器故障、突然断电等情况不可能造成计算机上的重要资料、劳动成果发生丢失或毁损
  D.文件备份无须定期进行并做好标记，日后很容易查找

5.当身上衣服着火时，可立即__C__。
  A.奔跑离开火场，灭掉身上火苗
  B.用手或物品扑打身上火苗
  C.就地打滚，压灭身上火苗

6.银行卡防盗应做到__D__。
  A.银行卡有密码不会有危险　　　　B.密码用生日时间不会忘记
  C.银行卡与身份证一起放很方便　　D.以上都是错误的

7.大学生可以在网络上自行订购各类化学药品，来开展感兴趣的各项科学活动。以下说法正确的是__B__。
  A.可以　　　　　　　　　　　　B.化学品是控制物品，不可以随便买卖
  C.只要注意安全，就可以进行　　D.只要老师不知道，就可以进行

8. 大学生对到宿舍来推销东西的人要提供方便,因为这些东西价廉物美,又送货上门。对这种现象,你的认识是___B___。
   A. 学校是允许上门推销活动的　　　　B. 这样的行为一般是存在欺诈隐患的
   C. 不要杜绝这样的活动　　　　　　　D. 为勤工俭学提供了方便

9. 以下说法正确的是___B___。
   A. 高校有保安,安全工作靠他们　　　B. 高校是社会,安全工作靠大家
   C. 教室有值班,安全工作靠他们　　　D. 宿舍有值班,安全工作靠他们

10. 遇到抢劫时错误的做法是___C___。
    A. 生命第一,财物第二　　　　　　　B. 机智自救,不硬拼
    C. 坚决反抗,抵死夺回财物　　　　　D. 及时报警

11. 高校有责任的大学生伤害事故有___A___。
    A. 在校吃饭时食物中毒　　　　　　　B. 地震
    C. 本人有特殊疾病　　　　　　　　　D. 在上体育课时本人不慎受伤

12. 不属于高校管理不当引起的人身伤害事故有___A___。
    A. 学校组织活动对学生进行安全教育
    B. 学校知道学生有特殊体质仍让其参加不适宜活动
    C. 学校老师体罚或者变相体罚学生
    D. 学校老师知道或者可以预见潜在的危险,未及时阻止

13. 乙肝病毒携带者___A___做一次体检很有必要,可及时发现有没有出现肝损伤。
    A. 半年至一年　　　　　　　　　　　B. 一年至二年

14. 下列对安装反病毒软件并随时更新病毒库的说法正确的是___A___。
    A. 反病毒软件可以实时发出警报、主动防御以及解除威胁,保护您的计算机免受攻击
    B. 市面上的卡巴斯基、瑞星、金山毒霸、江民、诺顿、麦咖啡等不是反病毒软件
    C. 反病毒软件不会根据互联网上新出现的病毒,及时更新病毒库,保护用户计算机安全
    D. 用户定期对计算机进行全盘病毒扫描,没有什么作用

15. 实施正当防卫不负刑事责任,是因为___D___。
    A. 正当防卫不具有社会危害性　　　　B. 正当防卫不是同犯罪做斗争的一种有效手段
    C. 正当防卫不会对不法侵害人造成损害　D. 正当防卫是受国家法律保护的行为

16. 教育行政等部门处理大学生人身伤害事故调解申请的期限为___D___。
    A. 30 日　　　　　　　　　　　　　　B. 15 日
    C. 40 日　　　　　　　　　　　　　　D. 60 日

17. 对溺水者进行抢救时,以下做法正确的是___C___。
    A. 将其仰放在地上,等待医护人员的到来
    B. 将其仰放在地上,撬开溺水者的口
    C. 将其俯卧,头偏至一侧,排出气管、肺、胃里的水,清除口腔、鼻腔里的杂物,实施口对口人工呼吸

18. 我们应有的安全意识是___D___。
    A. 社会很安全　　　　　　　　　　　B. 高校很安全

C. 安全隐患是小概率事件　　　　　　　　D. 安全防范时刻牢记

19. 网络陷阱主要表现形式有___D___。
    A. 垃圾信息陷阱　　　　　　　　　　　B. 网瘾陷阱
    C. 交友陷阱、网络购物陷阱　　　　　　D. 以上都是

20. 网络上购物，对方要求支付押金的行为，事主应该___B___。
    A. 同意　　　　　　　　　　　　　　　B. 拒绝

21. 传销活动对社会有极大危害，表现在社会伦理上的是___A___。
    A. 往往以亲友、老师和同学为首选欺诈对象　B. 非法聚会
    C. 色情诱惑　　　　　　　　　　　　　D. 其他

22. 影响网络的环境因素主要有___D___。
    A. 温度、突然断电　　　　　　　　　　B. 湿度
    C. 雷电、污染　　　　　　　　　　　　D. 前面这些原因都是

23. 预防学生宿舍火灾，应注意___D___。
    A. 不在宿舍使用"热得快"等违章电器
    B. 不在宿舍使用酒精炉，离开宿舍时拔下电源插头
    C. 不躺卧吸烟和乱扔烟头，最好不在宿舍抽烟
    D. 以上都对

24. 合法使用互联网，网民应该知道___B___。
    A. 国家相关部门尚未制定相关法律法规
    B. 国家相关部门已制定并出台了一系列法律法规
    C. 国家相关部门无需制定系列法律法规
    D. 只要每个人自觉就可以

25. 在手机信息通知中奖的骗术中，事主会被要求___D___。
    A. 见面　　　　　　　　　　　　　　　B. 汇款交税
    C. 发送个人资料　　　　　　　　　　　D. 以上都是

26. 甲误认为遭到乙的紧急的不法侵害，而对乙实行防卫行为，致乙死亡。事后证实乙的行为不具有不法侵害的性质。甲的行为___D___。
    A. 可能构成故意杀人罪　　　　　　　　B. 可能构成过失致人死亡罪
    C. 可能属于防卫过当　　　　　　　　　D. B和C都可能

27. 国内首例制作计算机病毒的大案——"熊猫烧香"病毒案，病毒作者李某，25岁，武汉人，一个水泥厂技校毕业的中专生，他制作的"熊猫烧香"毒害了小半个中国互联网，其影响之大，波及之广，实属罕见。李某在网络上将该病毒销售给120余人，非法获利10万余元，他将会被___B___。
    A. 处三年以下有期徒刑　　　　　　　　B. 处三年以上七年以下有期徒刑
    C. 拘留三个月　　　　　　　　　　　　D. 批评教育

28. 在银行自动柜员机取钱，如果有人拍你的肩膀告诉你，你的钱掉在地上了，正确的做法是___B___。
    A. 随即弯腰拾取　　　　　　　　　　　B. 继续完成操作，取出卡后再处理

29. 威胁网络安全的是　A　。
   A. 不安全的网站、软件及黑客　　　　B. 安装防火墙
   C. 不玩游戏　　　　　　　　　　　　D. 使用网络本身就是不安全的
30. 决定交通事故处理结果最关键的是　D　。
   A. 受伤轻重　　　　　　　　　　　　B. 财产损失大小
   C. 个人的社会影响力　　　　　　　　D. 公安机关的责任认定
31. 在实验过程中，有液体燃料发生火灾，　B　。
   A. 只能用水来灭火　　　　　　　　　B. 只能用沙土来灭火
   C. 可以用水剂灭火器来灭火　　　　　D. 只能用二氧化碳灭火器来灭火
32. 唐某正在追击逃跑的窃贼时，猛然被别人拉住。唐某因事急并未回头看，误认为是窃贼的同伙，用砖头砸过去，并将对方砸倒在地造成重伤。结果发现，砸倒的竟是自己的邻居，邻居是要来帮自己的。则唐某行为属于　C　。
   A. 正当防卫　　　　　　　　　　　　B. 不构成过失犯罪
   C. 假想防卫　　　　　　　　　　　　D. 意外事件
33. 宋某持三角刮刀抢劫王某财物，王某夺下宋某的三角刮刀，并将宋某推倒在水泥地上，宋某头部着地，当即昏迷。王某随后持三角刮刀将宋某杀死。关于王某行为的性质，下列选项正确的是　D　。
   A. 根据刑法第二十条第三款，王某将抢劫犯杀死，属于正当防卫
   B. 王某的行为属于防卫过当
   C. 王某前面的行为是正当防卫，后面的行为是防卫过当
   D. 王某前面的行为是正当防卫，后面的行为是故意杀人
34. 交通事故发生后，处理事故赔偿的机构或部门有　A　。
   A. 公安机关交通管理部门　　　　　　B. 保险公司
   C. 学校保卫部门　　　　　　　　　　D. 学院、系
35. 现代医学研究表明，信仰破灭、自卑、多疑、压抑、骄傲等都是心理不健康的表现，不会不同程度地影响人的身体健康。以下说法正确的是　B　。
   A. 对的
   B. 不对，心理不健康会不同程度地影响人的身体健康
   C. 心理健康与身体健康无关
   D. 心理健康与身体健康有关，但关系不大
36. 夏季易发盗窃案件的主要原因是　A　。
   A. 开门开窗时间较多　　　　　　　　B. 随身携带物品不方便
   C. 气温高，人容易疲劳　　　　　　　D. 不清楚
37. 　A　是扑救精密仪器火灾的最佳选择。
   A. 二氧化碳灭火剂　　　　　　　　　B. 干粉灭火剂
   C. 泡沫灭火剂
38. 使用燃气灶具时　B　。
   A. 应先开气阀后点火，即"气等火"　　B. 应先点火后再开气，即"火等气"

C. 先点火还是先开气阀都无所谓，二者都是正确的

39. 高校容易发生盗窃案件的时间是___B___。
    A. 教室上课时间　　　　　　　　B. 新生报到期间
    C. 宿舍夜间休息时　　　　　　　D. 冬季时段

40. 消防车、消防艇前往执行火灾扑救任务或者执行其他灾害、事故的抢险救援任务时，不受___D___和指挥信号的限制，其他车辆、船舶以及行人必须让行，不得穿插、超越。交通管理指挥人员保证消防车、消防艇迅速通行。
    A. 行驶速度　　B. 行驶路线　　C. 行驶方向　　D. 以上都对

41. 高层学生宿舍火灾有以下___D___的特点。
    A. 火势蔓延快　　　　　　　　　B. 学生数量大，疏散用时长
    C. 被困学生逃生困难，消防灭火困难　D. 以上都对

42. 燃烧的类型有___D___。
    A. 闪燃　　B. 着火　　C. 自燃、爆炸　　D. 以上都对

43. 下列是大学生心理咨询的类型的有___D___。
    A. 发展性心理咨询　　　　　　　B. 适应性心理咨询
    C. 障碍性心理咨询　　　　　　　D. 以上都是

44. 随着网络时代的发展，网络购物也悄然进入人们的生活，快捷便利、信息量大、价格相对低廉等优势受到越来越多人的喜爱。网购时应注意___C___。
    A. 网购是绝对安全的
    B. 网购是绝对不安全的
    C. 到标有网上销售经营许可证号码和工商行政管理机关红盾标志，并可单击进入查询的正规购物网站购物是安全的
    D. 远离网购

45. 传销活动通常以___C___为由。
    A. 学术活动　　B. 慈善活动　　C. 介绍工作　　D. 专业培训

46. 侵害事实已发生，并造成大学生严重精神损害的，被害人___B___请求精神损害赔偿。
    A. 应当　　B. 可以　　C. 不可以　　D. 双发调解

47. 某高校大学生萍萍，因未经允许转载中国知网的论文摘要，她的行为是___A___。
    A. 侵犯了杂志社的著作权　　　　B. 没有关系
    C. 道德问题　　　　　　　　　　D. 正常行为

48. 《中华人民共和国计算机信息网络国际联网管理暂行规定》于___A___颁布。
    A. 1996年2月　　B. 1994年2月　　C. 1998年2月　　D. 1998年8月

49. 大学生可不可以在教室、大礼堂、会议室等地方吸烟。以下说法正确的是___B___。
    A. 可以吸烟　　　　　　　　　　B. 不可吸烟
    C. 没有其他人在时可以　　　　　D. 没有强制规定不可以

50. 下列选项中，有关交通事故损害赔偿处置不正确的方法是___D___。
    A. 双方愿意可自行协商处理　　　B. 请公安机关交通管理部门调解
    C. 向人民法院提起民事诉讼　　　D. 请教育行政部门调解

51. 下列关于安全乘船的有关说法，正确的是__D__。
    A. 不携带危险物品上船
    B. 不乘坐缺乏救护设施、无证经营的小船
    C. 上船后仔细阅读紧急疏散示意图，了解救生衣的位置，留意观察和识别安全出口
    D. 以上都是

52. 发生抢劫、抢夺案件的特点是__B__。
    A. 地点隐蔽，时间不规律   B. 地点隐蔽，时间有规律
    C. 抢劫案件就是暴力抢劫，没有其他后果   D. 自己搏斗，可以阻止抢劫、抢夺案件

53. 使用液化石油气时应注意__D__。
    A. 不准倒灌钢瓶，严禁将钢瓶卧放使用
    B. 不准在漏气时使用任何明火和电器，严禁倾倒残液
    C. 不准将气瓶靠近火源、热源，严禁用火、蒸汽、热水对气瓶加温
    D. 以上都对

54. 常用的防火分隔物有__D__。
    A. 防火墙   B. 防火门   C. 防火窗   D. 以上都对

55. 高校防盗知识宣传重点人员是__D__。
    A. 安保人员   B. 宿管人员   C. 学生干部   D. 全体师生员工

56. 火灾逃生时，可用湿毛巾折叠，捂住鼻口，屏住呼吸，起到过滤烟雾的作用，不到紧急时刻不要大声呼叫或移开毛巾，且须采取匍匐式前进逃离方式。上述说法是__B__。
    A. 不对的，要大声呼叫
    B. 对的
    C. 不对的，用湿毛巾折叠捂住鼻口，会呼吸困难
    D. 不对的，有烟雾时要站直行走

57. 学校与在校大学生之间的法律关系的定位不包括__D__。
    A. 教育法律上的教育与被教育的关系   B. 教育法律上的管理与被管理的关系
    C. 教育法律上的保护与被保护的关系   D. 教育法律上的监护与被监护的关系

58. 防卫过当的主观罪过是__D__。
    A. 过失   B. 既可以是直接故意、间接故意，也可以是过失
    C. 故意   D. 既可以是间接故意，也可以是过失

59. 大学生对恋爱纠纷的处置方式主要有__D__。
    A. 态度明朗
    B. 遵守恋爱道德，讲究文明礼貌
    C. 要正常相处，节制往来；遇到困难要依靠组织
    D. 以上都对

60. 乘坐公共汽车时要做到__D__。
    A. 在指定地点依次候车，先下后上   B. 不把头、手、胳膊伸出窗外
    C. 不带危险品乘车   D. 以上都对

61. 社会适应正常：个体与客观现实环境保持良好秩序。做客观观察以取得正确认识，以有

效的办法应对环境中的各种困难，不退缩，还要根据环境的特点和自我意识的情况努力进行协调，或改变环境适应个体需要，或改造自我适应环境。上述说法是__A__。

  A. 对的，它是心理健康的内容之一　　　　B. 不对的，其与心理健康无关
  C. 不对的，社会适应正常与否不好衡量　　D. 对的，社会适应正常衡量没有标准

62. 大学生在学校群体生活中，要时刻注意养成良好的学习生活习惯，学会有规律地生活。有利于大学生科学用脑，排除心理障碍，促进心理健康。上述说法是__A__。

  A. 对的
  B. 不对的，良好的学习生活习惯与心理健康无关
  C. 不对的，有规律地生活与排除心理障碍没有关系
  D. 对的，狂喜狂欢有利于心理健康

63. 大学生遇到心理障碍可以__D__。

  A. 自我调节　　　　　　　　　　　　　B. 电话咨询心理医生
  C. 找人倾诉　　　　　　　　　　　　　D. 以上都是

64. 预防笔记本电脑被盗的错误做法是__C__。

  A. 笔记本电脑及时锁进柜子　　　　　　B. 笔记本电脑不离开主人
  C. 只要旁边有人就安全　　　　　　　　D. 不能用笔记本电脑包占座位

65. 甲持刀追杀乙，乙的朋友丙路过，用气枪打伤了甲，丙的行为是__A__。

  A. 正当防卫　　　　　　　　　　　　　B. 紧急避险
  C. 故意犯罪　　　　　　　　　　　　　D. 防卫过当

66. 预防宿舍内盗的正确做法是__B__。

  A. 可以留他人住宿　　　　　　　　　　B. 自己的物品要保管好
  C. 只要看好自己的物品就行　　　　　　D. 高校不会发生内盗现象

67. 关于操场防盗错误的是__D__。

  A. 在操场注意看好自己物品　　　　　　B. 到操场尽量不带贵重物品
  C. 严禁自己物品随意放置　　　　　　　D. 操场视野好，很安全

68. 大学生伤害事故一般采用的归责原则，其中不包括__D__。

  A. 过错原则　　　B. 公平原则　　　C. 无过错原则　　　D. 优先原则

69. 学校应__A__内将伤害事故向教育行政等部门报告。

  A. 30 日　　　　B. 15 日　　　　C. 40 日　　　　D. 60 日

70. 某大学生在网上通过银行汇款方式租用了南京某网络公司的一台服务器，建立了网站。该大学生将该校实验室的技术资料在网上发布，吸引网民加入，注册会员高达 42 万余人。通过收取 VIP 会员费、广告费，获利 6.79 万元。该大学生的行为__A__。

  A. 侵犯了知识产权　　　　　　　　　　B. 没有什么关系
  C. 一般的道德问题　　　　　　　　　　D. 是"创业成果"

71. 当寝室、教室内发生火灾时，以下逃生方法正确的是__C__。

  A. 不管楼层高低，立即跳楼　　　　　　B. 立即利用电梯快速逃离火灾现场
  C. 迅速披上浸湿的衣服、被褥等，向安全出口方向逃离

72. 心理行为符合大学生的年龄特征：大学生是处于特定年龄阶段的特殊群体，大学生应具

有与年龄、角色相应的心理行为特征。上述说法是__A__。

    A. 对的，它是心理健康的内容之一
    B. 不对的，其与心理健康无关
    C. 不对的，心理行为符合大学生的年龄特征正常与否不好衡量
    D. 对的，心理行为符合大学生的年龄特征正常衡量没有标准

73. 公安部门认为，网络诈骗一般都是利用__B__来进行。
    A. 人人网　　　　　　　　　　　B. 假造的互联网站
    C. 淘宝网　　　　　　　　　　　D. 百合网

74. 下列事故中不属于校方原因造成的是__C__。
    A. 学校将操场出租商用，学生在上体育课的时候被进校的汽车撞伤
    B. 校外人员入校砍伤学生数人后扬长而去，学校门卫毫无察觉
    C. 学生在体育课过程中被从校外飞进来的石子砸伤
    D. 学生集体食物中毒，原因是食堂选用的蔬菜农药残留超标

75. 车辆和行人在道路上通行时，不必遵守以下要求__D__。
    A. 按照交通信号通行　　　　　　B. 按照交通警察指挥通行
    C. 在确保安全的、畅通的原则下通行　　D. 车辆先行

76. 大学生发生人身伤害事故的空间不包括__D__。
    A. 教室　　　　　　　　　　　　B. 宿舍
    C. 学校负责的相关生活、学习场地　　D. 自己家里

77. 灭火的基本方法有__D__。
    A. 冷却法　　　　　　　　　　　B. 隔离法
    C. 窒息法，抑制法　　　　　　　D. 以上都对

78. 某高校在校学生谭某为了让自己的帖子赢取更多的点击率，竟然在网上发了62篇色情文章，这些文章的点击率高达2万多次。他的行为是__A__。
    A. 违法的　　　B. 不违法的　　　C. 道德问题　　　D. 正常行为

79. 大学生小刘和小芳是一对亲密无间的恋人。突然有一天，小芳向小刘提出分手，小刘觉得很无辜，不知道自己做错了什么，不肯分手。经过多次谈判，小芳最终还是离开了小刘。两个月后，小芳突然在网上看到了自己的裸体照片，还注有她的真实姓名、住址和电话等资料。下列说法正确的是__A__。
    A. 此事是小刘侵犯他人隐私的案件　　B. 此事是道德问题
    C. 此事是合理的报复行为　　　　　　D. 此事没有什么关系

80. 传销组织在国外由来已久，被称为__D__。
    A. 蓝衣社　　　B. 精英团　　　C. 金领社区　　　D. 老鼠会

81. 大学生形成心理障碍的主要原因有__D__。
    A. 认知因素的影响　　　　　　　B. 环境变迁的影响
    C. 家庭因素的影响　　　　　　　D. 以上都是

82. 经公安机关交通管理部门调解，当事人未达成交通事故赔偿协议或者调解书生效后不履，当事人应__C__。

A. 自行协商解决　　　　　　　　　　B. 要求公安机关交通管理部门强制执行
C. 向人民法院提起民事诉讼　　　　　D. 积极寻求社会团体帮助

83. 高校内部机关侵占学校及其他教育机构校舍、场地及其他财产的，依法承担__C__。
　　A. 行政责任　　B. 刑事责任　　C. 民事责任　　D. AB两种责任

84. 当发现火灾时，在迅速撤离的同时及时报警。上述说法是__A__。
　　A. 对的
　　B. 不对的，应该先撤离，远离火场时再报警
　　C. 不对的，应该在原地报警，报完警才能够撤离
　　D. 不对的，用不到报警

85. 下列关于机动车辆行驶时，表述不正确的是__C__。
　　A. 驾驶人必须系安全带
　　B. 驾驶人、乘坐人员必须使用安全带
　　C. 摩托车乘坐人可以不戴安全头盔
　　D. 摩托车驾驶人及乘坐人员必须按照规定戴头盔

86. 校园伤害事故纠纷解决的途径不包括__D__。
　　A. 调解　　　　B. 诉讼　　　　C. 协商　　　　D. 和解

87. 大学生在进行有明火作业的实验或工程训练时，__A__。
　　A. 必须配备消防灭火器材　　　　　B. 不必配备消防灭火器材
　　C. 人少时不要消防灭火器材　　　　D. 因为是实验，所以不要配备消防灭火器材

88. 关于教室防盗错误的是__A__。
　　A. 教室无贵重物品　　　　　　　　B. 注意闲杂人员进出
　　C. 注意关闭门窗　　　　　　　　　D. 注意安全提醒

89. 明知产品存在缺陷仍然使用，造成大学生死亡或者健康严重受损的，被害人有权请求相应的__C__。
　　A. 补偿　　　　B. 赔偿　　　　C. 惩罚性赔偿　　D. 惩罚性补偿

90. 火灾中，烟气对人的危害特性有__D__。
　　A. 缺氧　　　　B. 毒害　　　　C. 尘害　　　　D. 以上都对

91. 学校加强防盗的正确做法是__B__。
　　A. 学生有自理能力　　　　　　　　B. 加强教育，加强防盗设施建设
　　C. 教育宣传到位就行　　　　　　　D. 有公安就行了

92. 下列__B__引起的火灾不能用水扑灭。
　　A. 棉布、家具　　　　　　　　　　B. 金属钾、钠
　　C. 塑料、麻　　　　　　　　　　　D. 干草、煤炭

93. 大学生求职为防被骗，通过以下渠道进行较为安全__D__。
　　A. 学校学工处　　　　　　　　　　B. 正规的人力资源市场
　　C. 有兼职经验的同学　　　　　　　D. 以上都是

94. 要树立正确的人生观、价值观，大学生必须通过社会实践活动、先进模范人物报告会、政治思想教育课等多种途径来陶冶自己的情操，并在情感的升华中构建符合社会主义核心道德

观的人生观、价值观框架。上述说法是___A___。

　　A. 对的

　　B. 不对的，信仰宗教也能树立价值观

　　C. 不对的，人生观、价值观是纯天然的，用不着学习

　　D. 不对的，学习对人生观、价值观的形成影响不大

95. 在大学校园里骑车，可以戴着耳机学外语。以下说法正确的是___B___。

　　A. 对的

　　B. 不对，非常不安全

　　C. 一只耳朵戴耳机，另一只耳朵听周围情况

　　D. 只要不影响他人就可以

96. 大学生在春游、秋游过程中，可以用酒精灯、煤油炉作为燃具搞野炊活动。上述说法是___B___。

　　A. 完全可以的　　　　　　　　　　B. 不可以的，非常危险

　　C. 完全可以的，在野营帐篷中可以用　　D. 完全可以的，在草地上可以用

97. 下列关于增强道路安全危机意识的说法，正确的是___C___。

　　A. 防止自己伤害他人

　　B. 防止他人伤害自己

　　C. 既要防止他人伤害自己，也要防止自己伤害他人

　　D. 在校外主要防止他人伤害自己

98. 对___A___行为可以行使"无限防卫权"。

　　A. 杀人　　　　　B. 暴力取证　　　　C. 争吵　　　　D. 投毒

99. 网络安全对策___A___。

　　A. 最重要、最核心的是要自主创新、突破垄断，开发出我们自己的计算机操作系统，防范非法入侵的软件与芯片技术

　　B. 不是计算机病毒

　　C. 不是防止黑客攻击

　　D. 不是防止各种非法侵入与犯罪

100. 建立良好的学校人际关系，对于排除心理障碍，促进心理健康有着不可替代的作用。上述说法是___A___。

　　A. 对的

　　B. 不对的，良好的人际关系对于排除心理障碍没有作用

　　C. 不对的，心理健康是听天由命

　　D. 不对的，应让心理障碍自生自灭

B. 中华人民共和国治安管理处罚法

第一章 总则

第一条 为维护社会治安秩序，保障公共安全，保护公民、法人和其他组织的合法权益，规范和保障公安机关及其人民警察依法履行治安管理职责，制定本法。

第二条 扰乱公共秩序，妨害公共安全，侵犯人身权利、财产权利，妨害社会管理，具有社会危害性，依照《中华人民共和国刑法》的规定构成犯罪的，依法追究刑事责任；尚不够刑事处罚的，由公安机关依照本法给予治安管理处罚。

第三条 治安管理处罚的程序，适用本法的规定；本法没有规定的，适用《中华人民共和国行政处罚法》的有关规定。

第四条 在中华人民共和国领域内发生的违反治安管理行为，除法律有特别规定的外，适用本法。

在中华人民共和国船舶和航空器内发生的违反治安管理行为，除法律有特别规定的外，适用本法。

第五条 治安管理处罚必须以事实为依据，与违反治安管理行为的性质、情节以及社会危害程度相当。

实施治安管理处罚，应当公开、公正，尊重和保障人权，保护公民的人格尊严。

办理治安案件应当坚持教育与处罚相结合的原则。

第六条 各级人民政府应当加强社会治安综合治理，采取有效措施，化解社会矛盾，增进社会和谐，维护社会稳定。

第七条 国务院公安部门负责全国的治安管理工作。县级以上地方各级人民政府公安机关负责本行政区域内的治安管理工作。

治安案件的管辖由国务院公安部门规定。

第八条 违反治安管理的行为对他人造成损害的，行为人或者其监护人应当依法承担民事责任。

第九条 对于因民间纠纷引起的打架斗殴或者损毁他人财物等违反治安管理行为，情节较轻的，公安机关可以调解处理。经公安机关调解，当事人达成协议的，不予处罚。经调解未达成协议或者达成协议后不履行的，公安机关应当依照本法的规定对违反治安管理行为人给予处罚，并告知当事人可以就民事争议依法向人民法院提起民事诉讼。

第二章 处罚的种类和适用

第十条 治安管理处罚的种类分为：

（一）警告；

（二）罚款；

（三）行政拘留；

（四）吊销公安机关发放的许可证。

对违反治安管理的外国人，可以附加适用限期出境或者驱逐出境。

第十一条 办理治安案件所查获的毒品、淫秽物品等违禁品、赌具、赌资、吸食、注射毒品的用具以及直接用于实施违反治安管理行为的本人所有的工具，应当收缴，按照规定处理。

违反治安管理所得的财物，追缴退还被侵害人；没有被侵害人的，登记造册，公开拍卖或者按照国家有关规定处理，所得款项上缴国库。

第十二条 已满十四周岁不满十八周岁的人违反治安管理的，从轻或者减轻处罚；不满十四周岁的人违反治安管理的，不予处罚，但是应当责令其监护人严加管教。

第十三条 精神病人在不能辨认或者不能控制自己行为的时候违反治安管理的，不予处罚，但是应当责令其监护人严加看管和治疗。间歇性的精神病人在精神正常的时候违反治安管理的，应当给予处罚。

第十四条 盲人或者又聋又哑的人违反治安管理的，可以从轻、减轻或者不予处罚。

第十五条 醉酒的人违反治安管理的，应当给予处罚。

醉酒的人在醉酒状态中，对本人有危险或者对他人的人身、财产或者公共安全有威胁的，应当对其采取保护性措施约束至酒醒。

第十六条 有两种以上违反治安管理行为的，分别决定，合并执行。行政拘留处罚合并执行的，最长不超过二十日。

第十七条 共同违反治安管理的，根据违反治安管理行为人在违反治安管理行为中所起的作用，分别处罚。

教唆、胁迫、诱骗他人违反治安管理的，按照其教唆、胁迫、诱骗的行为处罚。

第十八条 单位违反治安管理的，对其直接负责的主管人员和其他直接责任人员依照本法的规定处罚。其他法律、行政法规对同一行为规定给予单位处罚的，依照其规定处罚。

第十九条 违反治安管理有下列情形之一的，减轻处罚或者不予处罚：

（一）情节特别轻微的；

（二）主动消除或者减轻违法后果，并取得被侵害人谅解的；

（三）出于他人胁迫或者诱骗的；

（四）主动投案，向公安机关如实陈述自己的违法行为的；

（五）有立功表现的。

第二十条 违反治安管理有下列情形之一的，从重处罚：

（一）有较严重后果的；

（二）教唆、胁迫、诱骗他人违反治安管理的；

（三）对报案人、控告人、举报人、证人打击报复的；

（四）六个月内曾受过治安管理处罚的。

第二十一条 违反治安管理行为人有下列情形之一，依照本法应当给予行政拘留处罚的，不执行行政拘留处罚：

（一）已满十四周岁不满十六周岁的；

（二）已满十六周岁不满十八周岁，初次违反治安管理的；

（三）七十周岁以上的；

（四）怀孕或者哺乳自己不满一周岁婴儿的。

第二十二条 违反治安管理行为在六个月内没有被公安机关发现的，不再处罚。

前款规定的期限,从违反治安管理行为发生之日起计算;违反治安管理行为有连续或者继续状态的,从行为终了之日起计算。

第三章　违反治安管理的行为和处罚

第一节　扰乱公共秩序的行为和处罚

第二十三条　有下列行为之一的,处警告或者二百元以下罚款;情节较重的,处五日以上十日以下拘留,可以并处五百元以下罚款:

(一)扰乱机关、团体、企业、事业单位秩序,致使工作、生产、营业、医疗、教学、科研不能正常进行,尚未造成严重损失的;

(二)扰乱车站、港口、码头、机场、商场、公园、展览馆或者其他公共场所秩序的;

(三)扰乱公共汽车、电车、火车、船舶、航空器或者其他公共交通工具上的秩序的;

(四)非法拦截或者强登、扒乘机动车、船舶、航空器以及其他交通工具,影响交通工具正常行驶的;

(五)破坏依法进行的选举秩序的。

聚众实施前款行为的,对首要分子处十日以上十五日以下拘留,可以并处一千元以下罚款。

第二十四条　有下列行为之一,扰乱文化、体育等大型群众性活动秩序的,处警告或者二百元以下罚款;情节严重的,处五日以上十日以下拘留,可以并处五百元以下罚款:

(一)强行进入场内的;

(二)违反规定,在场内燃放烟花爆竹或者其他物品的;

(三)展示侮辱性标语、条幅等物品的;

(四)围攻裁判员、运动员或者其他工作人员的;

(五)向场内投掷杂物,不听制止的;

(六)扰乱大型群众性活动秩序的其他行为。

因扰乱体育比赛秩序被处以拘留处罚的,可以同时责令其十二个月内不得进入体育场馆观看同类比赛;违反规定进入体育场馆的,强行带离现场。

第二十五条　有下列行为之一的,处五日以上十日以下拘留,可以并处五百元以下罚款;情节较轻的,处五日以下拘留或者五百元以下罚款:

(一)散布谣言,谎报险情、疫情、警情或者以其他方法故意扰乱公共秩序的;

(二)投放虚假的爆炸性、毒害性、放射性、腐蚀性物质或者传染病病原体等危险物质扰乱公共秩序的;

(三)扬言实施放火、爆炸、投放危险物质扰乱公共秩序的。

第二十六条　有下列行为之一的,处五日以上十日以下的拘留,可以并处五百元以下罚款;情节较重的,处十日以上十五日以下拘留,可以并处一千元以下罚款:

(一)结伙斗殴的;

(二)追逐、拦截他人的;

(三)强拿硬要或者任意损毁、占用公私财物的;

(四)其他寻衅滋事行为。

第二十七条　有下列行为之一的,处十日以上十五日以下拘留,可以并处一千元以下罚款;

情节较轻的，处五日以上十日以下拘留，可以并处五百元以下罚款：

（一）组织、教唆、胁迫、诱骗、煽动他人从事邪教、会道门活动或者利用邪教、会道门、迷信活动，扰乱社会秩序、损害他人身体健康的；

（二）冒用宗教、气功名义进行扰乱社会秩序、损害他人身体健康活动的。

第二十八条 违反国家规定，故意干扰无线电业务正常进行的，或者对正常运行的无线电台（站）产生有害干扰，经有关主管部门指出后，拒不采取有效措施消除的，处五日以上十日以下拘留；情节严重的，处十日以上十五日以下拘留。

第二十九条 有下列行为之一的，处五日以下拘留；情节较重的，处五日以上十日以下拘留：

（一）违反国家规定，侵入计算机信息系统，造成危害的；

（二）违反国家规定，对计算机信息系统功能进行删除、修改、增加、干扰，造成计算机信息系统不能正常运行的；

（三）违反国家规定，对计算机信息系统中存储、处理、传输的数据和应用程序进行删除、修改、增加的；

（四）故意制作、传播计算机病毒等破坏性程序，影响计算机信息系统正常运行的。

第二节　妨害公共安全的行为和处罚

第三十条 违反国家规定，制造、买卖、储存、运输、邮寄、携带、使用、提供、处置爆炸性、毒害性、放射性、腐蚀性物质或者传染病病原体等危险物质的，处十日以上十五日以下拘留；情节较轻的，处五日以上十日以下拘留。

第三十一条 爆炸性、毒害性、放射性、腐蚀性物质或者传染病病原体等危险物质被盗、被抢或者丢失，未按规定报告的，处五日以下拘留；故意隐瞒不报的，处五日以上十日以下拘留。

第三十二条 非法携带枪支、弹药或者弩、匕首等国家规定的管制器具的，处五日以下拘留，可以并处五百元以下罚款；情节较轻的，处警告或者二百元以下罚款。

非法携带枪支、弹药或者弩、匕首等国家规定的管制器具进入公共场所或者公共交通工具的，处五日以上十日以下拘留，可以并处五百元以下罚款。

第三十三条 有下列行为之一的，处十日以上十五日以下拘留：

（一）盗窃、损毁油气管道设施、电力电信设施、广播电视设施、水利防汛工程设施或者水文监测、测量、气象测报、环境监测、地质监测、地震监测等公共设施的；

（二）移动、损毁国家边境的界碑、界桩以及其他边境标志、边境设施或者领土、领海标志设施的；

（三）非法进行影响国（边）界线走向的活动或者修建有碍国（边）境管理的设施的。

第三十四条 盗窃、损坏、擅自移动使用中的航空设施，或者强行进入航空器驾驶舱的，处十日以上十五日以下拘留。

在使用中的航空器上使用可能影响导航系统正常功能的器具、工具，不听劝阻的，处五日以下拘留或者五百元以下罚款。

第三十五条 有下列行为之一的，处五日以上十日以下拘留，可以并处五百元以下罚款；情节较轻的，处五日以下拘留或者五百元以下罚款：

（一）盗窃、损毁或者擅自移动铁路设施、设备、机车车辆配件或者安全标志的；

（二）在铁路线路上放置障碍物，或者故意向列车投掷物品的；

（三）在铁路线路、桥梁、涵洞处挖掘坑穴、采石取沙的；

（四）在铁路线路上私设道口或者平交过道的。

第三十六条　擅自进入铁路防护网或者火车来临时在铁路线路上行走坐卧、抢越铁路，影响行车安全的，处警告或者二百元以下罚款。

第三十七条　有下列行为之一的，处五日以下拘留或者五百元以下罚款；情节严重的，处五日以上十日以下拘留，可以并处五百元以下罚款：

（一）未经批准，安装、使用电网的，或者安装、使用电网不符合安全规定的；

（二）在车辆、行人通行的地方施工，对沟井坎穴不设覆盖物、防围和警示标志的，或者故意损毁、移动覆盖物、防围和警示标志的；

（三）盗窃、损毁路面井盖、照明等公共设施的。

第三十八条　举办文化、体育等大型群众性活动，违反有关规定，有发生安全事故危险的，责令停止活动，立即疏散；对组织者处五日以上十日以下拘留，并处二百元以上五百元以下罚款；情节较轻的，处五日以下拘留或者五百元以下罚款。

第三十九条　旅馆、饭店、影剧院、娱乐场、运动场、展览馆或者其他供社会公众活动的场所的经营管理人员，违反安全规定，致使该场所有发生安全事故危险，经公安机关责令改正，拒不改正的，处五日以下拘留。

第三节　侵犯人身权利、财产权利的行为和处罚

第四十条　有下列行为之一的，处十日以上十五日以下拘留，并处五百元以上一千元以下罚款；情节较轻的，处五日以上十日以下拘留，并处二百元以上五百元以下罚款：

（一）组织、胁迫、诱骗不满十六周岁的人或者残疾人进行恐怖、残忍表演的；

（二）以暴力、威胁或者其他手段强迫他人劳动的；

（三）非法限制他人人身自由、非法侵入他人住宅或者非法搜查他人身体的。

第四十一条　胁迫、诱骗或者利用他人乞讨的，处十日以上十五日以下拘留，可以并处一千元以下罚款。

反复纠缠、强行讨要或者以其他滋扰他人的方式乞讨的，处五日以下拘留或者警告。

第四十二条　有下列行为之一的，处五日以下拘留或者五百元以下罚款；情节较重的，处五日以上十日以下拘留，可以并处五百元以下罚款：

（一）写恐吓信或者以其他方法威胁他人人身安全的；

（二）公然侮辱他人或者捏造事实诽谤他人的；

（三）捏造事实诬告陷害他人，企图使他人受到刑事追究或者受到治安管理处罚的；

（四）对证人及其近亲属进行威胁、侮辱、殴打或者打击报复的；

（五）多次发送淫秽、侮辱、恐吓或者其他信息，干扰他人正常生活的；

（六）偷窥、偷拍、窃听、散布他人隐私的。

第四十三条　殴打他人的，或者故意伤害他人身体的，处五日以上十日以下拘留，并处二百元以上五百元以下罚款；情节较轻的，处五日以下拘留或者五百元以下罚款。

有下列情形之一的，处十日以上十五日以下拘留，并处五百元以上一千元以下罚款：

（一）结伙殴打、伤害他人的；

（二）殴打、伤害残疾人、孕妇、不满十四周岁的人或者六十周岁以上的人的；

（三）多次殴打、伤害他人或者一次殴打、伤害多人的。

第四十四条　猥亵他人的，或者在公共场所故意裸露身体，情节恶劣的，处五日以上十日以下拘留；猥亵智力残疾人、精神病人、不满十四周岁的人或者有其他严重情节的，处十日以上十五日以下拘留。

第四十五条　有下列行为之一的，处五日以下拘留或者警告：

（一）虐待家庭成员，被虐待人要求处理的；

（二）遗弃没有独立生活能力的被扶养人的。

第四十六条　强买强卖商品，强迫他人提供服务或者强迫他人接受服务的，处五日以上十日以下拘留，并处二百元以上五百元以下罚款；情节较轻的，处五日以下拘留或者五百元以下罚款。

第四十七条　煽动民族仇恨、民族歧视，或者在出版物、计算机信息网络中刊载民族歧视、侮辱内容的，处十日以上十五日以下拘留，可以并处一千元以下罚款。

第四十八条　冒领、隐匿、毁弃、私自开拆或者非法检查他人邮件的，处五日以下拘留或者五百元以下罚款。

第四十九条　盗窃、诈骗、哄抢、抢夺、敲诈勒索或者故意损毁公私财物的，处五日以上十日以下拘留，可以并处五百元以下罚款；情节较重的，处十日以上十五日以下拘留，可以并处一千元以下罚款。

第四节　妨害社会管理的行为和处罚

第五十条　有下列行为之一的，处警告或者二百元以下罚款；情节严重的，处五日以上十日以下拘留，可以并处五百元以下罚款：

（一）拒不执行人民政府在紧急状态情况下依法发布的决定、命令的；

（二）阻碍国家机关工作人员依法执行职务的；

（三）阻碍执行紧急任务的消防车、救护车、工程抢险车、警车等车辆通行的；

（四）强行冲闯公安机关设置的警戒带、警戒区的。

阻碍人民警察依法执行职务的，从重处罚。

第五十一条　冒充国家机关工作人员或者以其他虚假身份招摇撞骗的，处五日以上十日以下拘留，可以并处五百元以下罚款；情节较轻的，处五日以下拘留或者五百元以下罚款。

冒充军警人员招摇撞骗的，从重处罚。

第五十二条　有下列行为之一的，处十日以上十五日以下拘留，可以并处一千元以下罚款；情节较轻的，处五日以上十日以下拘留，可以并处五百元以下罚款：

（一）伪造、变造或者买卖国家机关、人民团体、企业、事业单位或者其他组织的公文、证件、证明文件、印章的；

（二）买卖或者使用伪造、变造的国家机关、人民团体、企业、事业单位或者其他组织的公文、证件、证明文件的；

（三）伪造、变造、倒卖车票、船票、航空客票、文艺演出票、体育比赛入场券或者其他有价票证、凭证的；

（四）伪造、变造船舶户牌，买卖或者使用伪造、变造的船舶户牌，或者涂改船舶发动机号码的。

第五十三条　船舶擅自进入、停靠国家禁止、限制进入的水域或者岛屿的，对船舶负责人及有关责任人员处五百元以上一千元以下罚款；情节严重的，处五日以下拘留，并处五百元以上一千元以下罚款。

第五十四条　有下列行为之一的，处十日以上十五日以下拘留，并处五百元以上一千元以下罚款；情节较轻的，处五日以下拘留或者五百元以下罚款：

（一）违反国家规定，未经注册登记，以社会团体名义进行活动，被取缔后，仍进行活动的；

（二）被依法撤销登记的社会团体，仍以社会团体名义进行活动的；

（三）未经许可，擅自经营按照国家规定需要由公安机关许可的行业的。

有前款第三项行为的，予以取缔。

取得公安机关许可的经营者，违反国家有关管理规定，情节严重的，公安机关可以吊销许可证。

第五十五条　煽动、策划非法集会、游行、示威，不听劝阻的，处十日以上十五日以下拘留。

第五十六条　旅馆业的工作人员对住宿的旅客不按规定登记姓名、身份证件种类和号码的，或者明知住宿的旅客将危险物质带入旅馆，不予制止的，处二百元以上五百元以下罚款。

旅馆业的工作人员明知住宿的旅客是犯罪嫌疑人员或者被公安机关通缉的人员，不向公安机关报告的，处二百元以上五百元以下罚款；情节严重的，处五日以下拘留，可以并处五百元以下罚款。

第五十七条　房屋出租人将房屋出租给无身份证件的人居住的，或者不按规定登记承租人姓名、身份证件种类和号码的，处二百元以上五百元以下罚款。

房屋出租人明知承租人利用出租房屋进行犯罪活动，不向公安机关报告的，处二百元以上五百元以下罚款；情节严重的，处五日以下拘留，可以并处五百元以下罚款。

第五十八条　违反关于社会生活噪声污染防治的法律规定，制造噪声干扰他人正常生活的，处警告；警告后不改正的，处二百元以上五百元以下罚款。

第五十九条　有下列行为之一的，处五百元以上一千元以下罚款；情节严重的，处五日以上十日以下拘留，并处五百元以上一千元以下罚款：

（一）典当业工作人员承接典当的物品，不查验有关证明、不履行登记手续，或者明知是违法犯罪嫌疑人、赃物，不向公安机关报告的；

（二）违反国家规定，收购铁路、油田、供电、电信、矿山、水利、测量和城市公用设施等废旧专用器材的；

（三）收购公安机关通报寻查的赃物或者有赃物嫌疑的物品的；

（四）收购国家禁止收购的其他物品的。

第六十条　有下列行为之一的，处五日以上十日以下拘留，并处二百元以上五百元以下罚款：

（一）隐藏、转移、变卖或者损毁行政执法机关依法扣押、查封、冻结的财物的；

（二）伪造、隐匿、毁灭证据或者提供虚假证言、谎报案情，影响行政执法机关依法办案的；

（三）明知是赃物而窝藏、转移或者代为销售的；

（四）被依法执行管制、剥夺政治权利或者在缓刑、保外就医等监外执行中的罪犯或者被依法采取刑事强制措施的人，有违反法律、行政法规和国务院有关部门的监督管理规定的行为的。

第六十一条　协助组织或者运送他人偷越国（边）境的，处十日以上十五日以下拘留，并处一千元以上五千元以下罚款。

第六十二条　为偷越国（边）境人员提供条件的，处五日以上十日以下拘留，并处五百元以上二千元以下罚款。

偷越国（边）境的，处五日以下拘留或者五百元以下罚款。

第六十三条　有下列行为之一的，处警告或者二百元以下罚款；情节较重的，处五日以上十日以下拘留，并处二百元以上五百元以下罚款：

（一）刻划、涂污或者以其他方式故意损坏国家保护的文物、名胜古迹的；

（二）违反国家规定，在文物保护单位附近进行爆破、挖掘等活动，危及文物安全的。

第六十四条　有下列行为之一的，处五百元以上一千元以下罚款；情节严重的，处十日以上十五日以下拘留，并处五百元以上一千元以下罚款：

（一）偷开他人机动车的；

（二）未取得驾驶证驾驶或者偷开他人航空器、机动船舶的。

第六十五条　有下列行为之一的，处五日以上十日以下拘留；情节严重的，处十日以上十五日以下拘留，可以并处一千元以下罚款：

（一）故意破坏、污损他人坟墓或者毁坏、丢弃他人尸骨、骨灰的；

（二）在公共场所停放尸体或者因停放尸体影响他人正常生活、工作秩序，不听劝阻的。

第六十六条　卖淫、嫖娼的，处十日以上十五日以下拘留，可以并处五千元以下罚款；情节较轻的，处五日以下拘留或者五百元以下罚款。

在公共场所拉客招嫖的，处五日以下拘留或者五百元以下罚款。

第六十七条　引诱、容留、介绍他人卖淫的，处十日以上十五日以下拘留，可以并处五千元以下罚款；情节较轻的，处五日以下拘留或者五百元以下罚款。

第六十八条　制作、运输、复制、出售、出租淫秽的书刊、图片、影片、音像制品等淫秽物品或者利用计算机信息网络、电话以及其他通讯工具传播淫秽信息的，处十日以上十五日以下拘留，可以并处三千元以下罚款；情节较轻的，处五日以下拘留或者五百元以下罚款。

第六十九条　有下列行为之一的，处十日以上十五日以下拘留，并处五百元以上一千元以下罚款：

（一）组织播放淫秽音像的；

（二）组织或者进行淫秽表演的；

（三）参与聚众淫乱活动的。

明知他人从事前款活动，为其提供条件的，依照前款的规定处罚。

第七十条　以营利为目的，为赌博提供条件的，或者参与赌博赌资较大的，处五日以下拘留或者五百元以下罚款；情节严重的，处十日以上十五日以下拘留，并处五百元以上三千元以下罚款。

第七十一条　有下列行为之一的，处十日以上十五日以下拘留，可以并处三千元以下罚款；情节较轻的，处五日以下拘留或者五百元以下罚款：

（一）非法种植罂粟不满五百株或者其他少量毒品原植物的；

（二）非法买卖、运输、携带、持有少量未经灭活的罂粟等毒品原植物种子或者幼苗的；

（三）非法运输、买卖、储存、使用少量罂粟壳的。

有前款第一项行为，在成熟前自行铲除的，不予处罚。

第七十二条　有下列行为之一的，处十日以上十五日以下拘留，可以并处二千元以下罚款；情节较轻的，处五日以下拘留或者五百元以下罚款：

（一）非法持有鸦片不满二百克、海洛因或者甲基苯丙胺不满十克或者其他少量毒品的；

（二）向他人提供毒品的；

（三）吸食、注射毒品的；

（四）胁迫、欺骗医务人员开具麻醉药品、精神药品的。

第七十三条　教唆、引诱、欺骗他人吸食、注射毒品的，处十日以上十五日以下拘留，并处五百元以上二千元以下罚款。

第七十四条　旅馆业、饮食服务业、文化娱乐业、出租汽车业等单位的人员，在公安机关查处吸毒、赌博、卖淫、嫖娼活动时，为违法犯罪行为人通风报信的，处十日以上十五日以下拘留。

第七十五条　饲养动物，干扰他人正常生活的，处警告；警告后不改正的，或者放任动物恐吓他人的，处二百元以上五百元以下罚款。

驱使动物伤害他人的，依照本法第四十三条第一款的规定处罚。

第七十六条　有本法第六十七条、第六十八条、第七十条的行为，屡教不改的，可以按照国家规定采取强制性教育措施。

第四章　处罚程序

第一节　调查

第七十七条　公安机关对报案、控告、举报或者违反治安管理行为人主动投案，以及其他行政主管部门、司法机关移送的违反治安管理案件，应当及时受理，并进行登记。

第七十八条　公安机关受理报案、控告、举报、投案后，认为属于违反治安管理行为的，应当立即进行调查；认为不属于违反治安管理行为的，应当告知报案人、控告人、举报人、投案人，并说明理由。

第七十九条　公安机关及其人民警察对治安案件的调查，应当依法进行。严禁刑讯逼供或者采用威胁、引诱、欺骗等非法手段收集证据。

以非法手段收集的证据不得作为处罚的根据。

第八十条　公安机关及其人民警察在办理治安案件时，对涉及的国家秘密、商业秘密或者个人隐私，应当予以保密。

第八十一条　人民警察在办理治安案件过程中，遇有下列情形之一的，应当回避；违反治安管理行为人、被侵害人或者其法定代理人也有权要求他们回避：

（一）是本案当事人或者当事人的近亲属的；

（二）本人或者其近亲属与本案有利害关系的；

（三）与本案当事人有其他关系，可能影响案件公正处理的。

人民警察的回避，由其所属的公安机关决定；公安机关负责人的回避，由上一级公安机关决定。

第八十二条　需要传唤违反治安管理行为人接受调查的，经公安机关办案部门负责人批准，使用传唤证传唤。对现场发现的违反治安管理行为人，人民警察经出示工作证件，可以口头传唤，但应当在询问笔录中注明。

公安机关应当将传唤的原因和依据告知被传唤人。对无正当理由不接受传唤或者逃避传唤的人，可以强制传唤。

第八十三条　对违反治安管理行为人，公安机关传唤后应当及时询问查证，询问查证的时间不得超过八小时；情况复杂，依照本法规定可能适用行政拘留处罚的，询问查证的时间不得超过二十四小时。

公安机关应当及时将传唤的原因和处所通知被传唤人家属。

第八十四条　询问笔录应当交被询问人核对；对没有阅读能力的，应当向其宣读。记载有遗漏或者差错的，被询问人可以提出补充或者更正。被询问人确认笔录无误后，应当签名或者盖章，询问的人民警察也应当在笔录上签名。

被询问人要求就被询问事项自行提供书面材料的，应当准许；必要时，人民警察也可以要求被询问人自行书写。

询问不满十六周岁的违反治安管理行为人，应当通知其父母或者其他监护人到场。

第八十五条　人民警察询问被侵害人或者其他证人，可以到其所在单位或者住处进行；必要时，也可以通知其到公安机关提供证言。

人民警察在公安机关以外询问被侵害人或者其他证人，应当出示工作证件。

询问被侵害人或者其他证人，同时适用本法第八十四条的规定。

第八十六条　询问聋哑的违反治安管理行为人、被侵害人或者其他证人，应当有通晓手语的人提供帮助，并在笔录上注明。

询问不通晓当地通用的语言文字的违反治安管理行为人、被侵害人或者其他证人，应当配备翻译人员，并在笔录上注明。

第八十七条　公安机关对与违反治安管理行为有关的场所、物品、人身可以进行检查。检查时，人民警察不得少于二人，并应当出示工作证件和县级以上人民政府公安机关开具的检查证明文件。对确有必要立即进行检查的，人民警察经出示工作证件，可以当场检查，但检查公民住所应当出示县级以上人民政府公安机关开具的检查证明文件。

检查妇女的身体，应当由女性工作人员进行。

第八十八条　检查的情况应当制作检查笔录，由检查人、被检查人和见证人签名或者盖章；被检查人拒绝签名的，人民警察应当在笔录上注明。

第八十九条　公安机关办理治安案件，对与案件有关的需要作为证据的物品，可以扣押；对被侵害人或者善意第三人合法占有的财产，不得扣押，应当予以登记。对与案件无关的物品，不得扣押。

对扣押的物品，应当会同在场见证人和被扣押物品持有人查点清楚，当场开列清单一式二份，由调查人员、见证人和持有人签名或者盖章，一份交给持有人，另一份附卷备查。

对扣押的物品，应当妥善保管，不得挪作他用；对不宜长期保存的物品，按照有关规定处理。经查明与案件无关的，应当及时退还；经核实属于他人合法财产的，应当登记后立即退还；满六个月无人对该财产主张权利或者无法查清权利人的，应当公开拍卖或者按照国家有关规定处理，所得款项上缴国库。

第九十条　为了查明案情，需要解决案件中有争议的专门性问题的，应当指派或者聘请具有专门知识的人员进行鉴定；鉴定人鉴定后，应当写出鉴定意见，并且签名。

第二节　决定

第九十一条　治安管理处罚由县级以上人民政府公安机关决定；其中警告、五百元以下的罚款可以由公安派出所决定。

第九十二条　对决定给予行政拘留处罚的人，在处罚前已经采取强制措施限制人身自由的时间，应当折抵。限制人身自由一日，折抵行政拘留一日。

第九十三条　公安机关查处治安案件，对没有本人陈述，但其他证据能够证明案件事实的，可以作出治安管理处罚决定。但是，只有本人陈述，没有其他证据证明的，不能作出治安管理处罚决定。

第九十四条　公安机关作出治安管理处罚决定前，应当告知违反治安管理行为人作出治安管理处罚的事实、理由及依据，并告知违反治安管理行为人依法享有的权利。

违反治安管理行为人有权陈述和申辩。公安机关必须充分听取违反治安管理行为人的意见，对违反治安管理行为人提出的事实、理由和证据，应当进行复核；违反治安管理行为人提出的事实、理由或者证据成立的，公安机关应当采纳。

公安机关不得因违反治安管理行为人的陈述、申辩而加重处罚。

第九十五条　治安案件调查结束后，公安机关应当根据不同情况，分别作出以下处理：

（一）确有依法应当给予治安管理处罚的违法行为的，根据情节轻重及具体情况，作出处罚决定；

（二）依法不予处罚的，或者违法事实不能成立的，作出不予处罚决定；

（三）违法行为已涉嫌犯罪的，移送主管机关依法追究刑事责任；

（四）发现违反治安管理行为人有其他违法行为的，在对违反治安管理行为作出处罚决定的同时，通知有关行政主管部门处理。

第九十六条　公安机关作出治安管理处罚决定的，应当制作治安管理处罚决定书。决定书应当载明下列内容：

（一）被处罚人的姓名、性别、年龄、身份证件的名称和号码、住址；

（二）违法事实和证据；

（三）处罚的种类和依据；

（四）处罚的执行方式和期限；

（五）对处罚决定不服，申请行政复议、提起行政诉讼的途径和期限；

（六）作出处罚决定的公安机关的名称和作出决定的日期。

决定书应当由作出处罚决定的公安机关加盖印章。

第九十七条　公安机关应当向被处罚人宣告治安管理处罚决定书，并当场交付被处罚人；无法当场向被处罚人宣告的，应当在二日内送达被处罚人。决定给予行政拘留处罚的，应当及时通知被处罚人的家属。

有被侵害人的，公安机关应当将决定书副本抄送被侵害人。

第九十八条　公安机关作出吊销许可证以及处二千元以上罚款的治安管理处罚决定前，应当告知违反治安管理行为人有权要求举行听证；违反治安管理行为人要求听证的，公安机关应当及时依法举行听证。

第九十九条　公安机关办理治安案件的期限，自受理之日起不得超过三十日；案情重大、复杂的，经上一级公安机关批准，可以延长三十日。

为了查明案情进行鉴定的期间，不计入办理治安案件的期限。

第一百条　违反治安管理行为事实清楚，证据确凿，处警告或者二百元以下罚款的，可以当场作出治安管理处罚决定。

第一百零一条 当场作出治安管理处罚决定的，人民警察应当向违反治安管理行为人出示工作证件，并填写处罚决定书。处罚决定书应当当场交付被处罚人；有被侵害人的，并将决定书副本抄送被侵害人。

前款规定的处罚决定书，应当载明被处罚人的姓名、违法行为、处罚依据、罚款数额、时间、地点以及公安机关名称，并由经办的人民警察签名或者盖章。

当场作出治安管理处罚决定的，经办的人民警察应当在二十四小时内报所属公安机关备案。

第一百零二条 被处罚人对治安管理处罚决定不服的，可以依法申请行政复议或者提起行政诉讼。

第三节 执行

第一百零三条 对被决定给予行政拘留处罚的人，由作出决定的公安机关送达拘留所执行。

第一百零四条 受到罚款处罚的人应当自收到处罚决定书之日起十五日内，到指定的银行缴纳罚款。但是，有下列情形之一的，人民警察可以当场收缴罚款：

（一）被处五十元以下罚款，被处罚人对罚款无异议的；

（二）在边远、水上、交通不便地区，公安机关及其人民警察依照本法的规定作出罚款决定后，被处罚人向指定的银行缴纳罚款确有困难，经被处罚人提出的；

（三）被处罚人在当地没有固定住所，不当场收缴事后难以执行的。

第一百零五条 人民警察当场收缴的罚款，应当自收缴罚款之日起二日内，交至所属的公安机关；在水上、旅客列车上当场收缴的罚款，应当自抵岸或者到站之日起二日内，交至所属的公安机关；公安机关应当自收到罚款之日起二日内将罚款缴付指定的银行。

第一百零六条 人民警察当场收缴罚款的，应当向被处罚人出具省、自治区、直辖市人民政府财政部门统一制发的罚款收据；不出具统一制发的罚款收据的，被处罚人有权拒绝缴纳罚款。

第一百零七条 被处罚人不服行政拘留处罚决定，申请行政复议、提起行政诉讼的，可以向公安机关提出暂缓执行行政拘留的申请。公安机关认为暂缓执行行政拘留不致发生社会危险的，由被处罚人或者其近亲属提出符合本法第一百零八条规定条件的担保人，或者按每日行政拘留二百元的标准交纳保证金，行政拘留的处罚决定暂缓执行。

第一百零八条 担保人应当符合下列条件：

（一）与本案无牵连；

（二）享有政治权利，人身自由未受到限制；

（三）在当地有常住户口和固定住所；

（四）有能力履行担保义务。

第一百零九条 担保人应当保证被担保人不逃避行政拘留处罚的执行。

担保人不履行担保义务，致使被担保人逃避行政拘留处罚的执行的，由公安机关对其处三千元以下罚款。

第一百一十条 被决定给予行政拘留处罚的人交纳保证金，暂缓行政拘留后，逃避行政拘留处罚的执行的，保证金予以没收并上缴国库，已经作出的行政拘留决定仍应执行。

第一百一十一条 行政拘留的处罚决定被撤销，或者行政拘留处罚开始执行的，公安机关收取的保证金应当及时退还交纳人。

第五章　执法监督

第一百一十二条　公安机关及其人民警察应当依法、公正、严格、高效办理治安案件，文明执法，不得徇私舞弊。

第一百一十三条　公安机关及其人民警察办理治安案件，禁止对违反治安管理行为人打骂、虐待或者侮辱。

第一百一十四条　公安机关及其人民警察办理治安案件，应当自觉接受社会和公民的监督。

公安机关及其人民警察办理治安案件，不严格执法或者有违法违纪行为的，任何单位和个人都有权向公安机关或者人民检察院、行政监察机关检举、控告；收到检举、控告的机关，应当依据职责及时处理。

第一百一十五条　公安机关依法实施罚款处罚，应当依照有关法律、行政法规的规定，实行罚款决定与罚款收缴分离；收缴的罚款应当全部上缴国库。

第一百一十六条　人民警察办理治安案件，有下列行为之一的，依法给予行政处分；构成犯罪的，依法追究刑事责任：

（一）刑讯逼供、体罚、虐待、侮辱他人的；

（二）超过询问查证的时间限制人身自由的；

（三）不执行罚款决定与罚款收缴分离制度或者不按规定将罚没的财物上缴国库或者依法处理的；

（四）私分、侵占、挪用、故意损毁收缴、扣押的财物的；

（五）违反规定使用或者不及时返还被侵害人财物的；

（六）违反规定不及时退还保证金的；

（七）利用职务上的便利收受他人财物或者谋取其他利益的；

（八）当场收缴罚款不出具罚款收据或者不如实填写罚款数额的；

（九）接到要求制止违反治安管理行为的报警后，不及时出警的；

（十）在查处违反治安管理活动时，为违法犯罪行为人通风报信的；

（十一）有徇私舞弊、滥用职权，不依法履行法定职责的其他情形的。

办理治安案件的公安机关有前款所列行为的，对直接负责的主管人员和其他直接责任人员给予相应的行政处分。

第一百一十七条　公安机关及其人民警察违法行使职权，侵犯公民、法人和其他组织合法权益的，应当赔礼道歉；造成损害的，应当依法承担赔偿责任。

第六章　附则

第一百一十八条　本法所称以上、以下、以内，包括本数。

第一百一十九条　本法自2013年1月1日起施行。1986年9月5日公布、1994年5月12日修订公布的《中华人民共和国治安管理处罚条例》同时废止。

C. 常见应急电话号码

119	消防报警电话	12395	水上遇险求救电话
110	公安报警电话	12121	气象信息电话
120	医疗急救电话	12117	报时业务专用号码
122	道路交通事故报警电话	12110+区号	公安短信报警号码
114	查号台	95119	森林火警电话
112	紧急呼叫中心	11185	邮政客户服务电话
12348	全国法律服务热线	12306	全国铁路客服中心
95598	国家电网客服电话	12315	消费者投诉举报专线电话
12365	质量监督电话	12333	人力资源社会保障服务热线
12369	环境保护举报热线	12320	卫生热线
12345	政府服务热线	10000	中国电信客户服务热线
10010	中国联通客服热线	10086	中国移动客服热线
116114	中国联通的"电话导航"业务	10086999	中国移动垃圾短信投诉号码
118114	中国电信号码百事通	12122	高速公路报警
999	中国香港、澳门报警	12309	检察服务中心
12380	中共组织部专用举报	96198	北京农商银行客户服务电话
95588	工商银行客户服务电话	95533	建设银行客户服务电话
95566	中国银行客户服务电话	95599	农业银行客户服务电话
95559	交通银行客户服务电话	95568	民生银行客户服务电话
95555	招商银行客户服务电话	95595	光大银行客户服务电话
95558	中信银行客户服务电话	95508	广发银行客户服务电话
95528	浦发银行客户服务电话	95577	华夏银行客户服务电话
95511	平安银行客户服务电话	95561	兴业银行客户服务电话

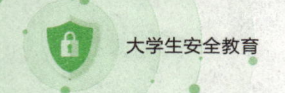

D. 学生伤害事故处理办法

第一章 总则

第一条 为积极预防、妥善处理在校学生伤害事故，保护学生、学校的合法权益，根据《中华人民共和国教育法》《中华人民共和国未成年人保护法》和其他相关法律、行政法规及有关规定，制定本办法。

第二条 在学校实施的教育教学活动或者学校组织的校外活动中，以及在学校负有管理责任的校舍、场地、其他教育教学设施、生活设施内发生的，造成在校学生人身损害后果的事故的处理，适用本办法。

第三条 学生伤害事故应当遵循依法、客观公正、合理适当的原则，及时、妥善地处理。

第四条 学校的举办者应当提供符合安全标准的校舍、场地、其他教育教学设施和生活设施。

教育行政部门应当加强学校安全工作，指导学校落实预防学生伤害事故的措施，指导、协助学校妥善处理学生伤害事故，维护学校正常的教育教学秩序。

第五条 学校应当对在校学生进行必要的安全教育和自护自救教育；应当按照规定，建立健全安全制度，采取相应的管理措施，预防和消除教育教学环境中存在的安全隐患；当发生伤害事故时，应当及时采取措施救助受伤害学生。

学校对学生进行安全教育、管理和保护，应当针对学生年龄、认知能力和法律行为能力的不同，采用相应的内容和预防措施。

第六条 学生应当遵守学校的规章制度和纪律；在不同的受教育阶段，应当根据自身的年龄、认知能力和法律行为能力，避免和消除相应的危险。

第七条 未成年学生的父母或者其他监护人（以下称为监护人）应当依法履行监护职责，配合学校对学生进行安全教育、管理和保护工作。

学校对未成年学生不承担监护职责，但法律有规定的或者学校依法接受委托承担相应监护职责的情形除外。

第二章 事故与责任

第八条 发生学生伤害事故，造成学生人身损害的，学校应当按照《中华人民共和国侵权责任法》及相关法律、法规的规定，承担相应的事故责任。

第九条 因下列情形之一造成的学生伤害事故，学校应当依法承担相应的责任：

（一）学校的校舍、场地、其他公共设施，以及学校提供给学生使用的学具、教育教学和生活设施、设备不符合国家规定的标准，或者有明显不安全因素的；

（二）学校的安全保卫、消防、设施设备管理等安全管理制度有明显疏漏，或者管理混乱，存在重大安全隐患，而未及时采取措施的；

（三）学校向学生提供的药品、食品、饮用水等不符合国家或者行业的有关标准、要求的；

（四）学校组织学生参加教育教学活动或者校外活动，未对学生进行相应的安全教育，并

未在可预见的范围内采取必要的安全措施的;

（五）学校指导教师或者其他工作人员患有不适宜担任教育教学工作的疾病,但未采取必要措施的;

（六）学校违反有关规定,组织或者安排未成年学生从事不宜未成年人参加的劳动、体育运动或者其他活动的;

（七）学生有特异体质或者特定疾病,不宜参加某种教育教学活动,学校知道或者应当知道,但未予以必要的注意的;

（八）学生在校期间突发疾病或者受到伤害,学校发现,但未根据实际情况及时采取相应措施,导致不良后果加重的;

（九）学校教师或者其他工作人员体罚或者变相体罚学生,或者在履行职责过程中违反工作要求、操作规程、职业道德或者其他有关规定的;

（十）学校教师或者其他工作人员在负有组织、管理未成年学生的职责期间,发现学生行为具有危险性,但未进行必要的管理、告诫或者制止的;

（十一）对未成年学生擅自离校等与学生人身安全直接相关的信息,学校发现或者知道,但未及时告知未成年学生的监护人,导致未成年学生因脱离监护人的保护而发生伤害的;

（十二）学校有未依法履行职责的其他情形的。

第十条　学生或者未成年学生监护人由于过错,有下列情形之一,造成学生伤害事故,应当依法承担相应的责任:

（一）学生违反法律法规的规定,违反社会公共行为准则、学校的规章制度或者纪律,实施按其年龄和认知能力应当知道具有危险或者可能危及他人的行为的;

（二）学生行为具有危险性,学校、教师已经告诫、纠正,但学生不听劝阻、拒不改正的;

（三）学生或者其监护人知道学生有特异体质,或者患有特定疾病,但未告知学校的;

（四）未成年学生的身体状况、行为、情绪等有异常情况,监护人知道或者已被学校告知,但未履行相应监护职责的;

（五）学生或者未成年学生监护人有其他过错的。

第十一条　学校安排学生参加活动,因提供场地、设备、交通工具、食品及其他消费与服务的经营者,或者学校以外的活动组织者的过错造成的学生伤害事故,有过错的当事人应当依法承担相应的责任。

第十二条　因下列情形之一造成的学生伤害事故,学校已履行了相应职责,行为并无不当的,无法律责任:

（一）地震、雷击、台风、洪水等不可抗的自然因素造成的;

（二）来自学校外部的突发性、偶发性侵害造成的;

（三）学生有特异体质、特定疾病或者异常心理状态,学校不知道或者难于知道的;

（四）学生自杀、自伤的;

（五）在对抗性或者具有风险性的体育竞赛活动中发生意外伤害的;

（六）其他意外因素造成的。

第十三条　下列情形下发生的造成学生人身损害后果的事故,学校行为并无不当的,不承担事故责任;事故责任应当按有关法律法规或者其他有关规定认定:

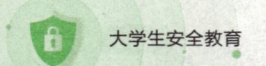

（一）在学生自行上学、放学、返校、离校途中发生的；

（二）在学生自行外出或者擅自离校期间发生的；

（三）在放学后、节假日或者假期等学校工作时间以外，学生自行滞留学校或者自行到校发生的；

（四）其他在学校管理职责范围外发生的。

第十四条　因学校教师或者其他工作人员与其职务无关的个人行为，或者因学生、教师及其他个人故意实施的违法犯罪行为，造成学生人身损害的，由致害人依法承担相应的责任。

第三章　事故处理程序

第十五条　发生学生伤害事故，学校应当及时救助受伤害学生，并应当及时告知未成年学生的监护人；有条件的，应当采取紧急救援等方式救助。

第十六条　发生学生伤害事故，情形严重的，学校应当及时向主管教育行政部门及有关部门报告；属于重大伤亡事故的，教育行政部门应当按照有关规定及时向同级人民政府和上一级教育行政部门报告。

第十七条　学校的主管教育行政部门应学校要求或者认为必要，可以指导、协助学校进行事故的处理工作，尽快恢复学校正常的教育教学秩序。

第十八条　发生学生伤害事故，学校与受伤害学生或者学生家长可以通过协商方式解决；双方自愿，可以书面请求主管教育行政部门进行调解。

成年学生或者未成年学生的监护人也可以依法直接提起诉讼。

第十九条　教育行政部门收到调解申请，认为必要的，可以指定专门人员进行调解，并应当在受理申请之日起60日内完成调解。

第二十条　经教育行政部门调解，双方就事故处理达成一致意见的，应当在调解人员的见证下签订调解协议，结束调解；在调解期限内，双方不能达成一致意见，或者调解过程中一方提起诉讼，人民法院已经受理的，应当终止调解。

调解结束或者终止，教育行政部门应当书面通知当事人。

第二十一条　对经调解达成的协议，一方当事人不履行或者反悔的，双方可以依法提起诉讼。

第二十二条　事故处理结束，学校应当将事故处理结果书面报告主管的教育行政部门；重大伤亡事故的处理结果，学校主管的教育行政部门应当向同级人民政府和上一级教育行政部门报告。

第四章　事故损害的赔偿

第二十三条　对发生学生伤害事故负有责任的组织或者个人，应当按照法律法规的有关规定，承担相应的损害赔偿责任。

第二十四条　学生伤害事故赔偿的范围与标准，按照有关行政法规、地方性法规或者最高人民法院司法解释中的有关规定确定。

教育行政部门进行调解时，认为学校有责任的，可以依照有关法律法规及国家有关规定，提出相应的调解方案。

第二十五条　对受伤害学生的伤残程度存在争议的，可以委托当地具有相应鉴定资格的医院或者有关机构，依据国家规定的人体伤残标准进行鉴定。

第二十六条　学校对学生伤害事故负有责任的，根据责任大小，适当予以经济赔偿，但不承担解决户口、住房、就业等与救助受伤害学生、赔偿相应经济损失无直接关系的其他事项。

学校无责任的，如果有条件，可以根据实际情况，本着自愿和可能的原则，对受伤害学生给予适当的帮助。

第二十七条　因学校教师或者其他工作人员在履行职务中的故意或者重大过失造成的学生伤害事故，学校予以赔偿后，可以向有关责任人员追偿。

第二十八条　未成年学生对学生伤害事故负有责任的，由其监护人依法承担相应的赔偿责任。

学生的行为侵害学校教师及其他工作人员以及其他组织、个人的合法权益，造成损失的，成年学生或者未成年学生的监护人应当依法予以赔偿。

第二十九条　根据双方达成的协议、经调解形成的协议或者人民法院的生效判决，应当由学校负担的赔偿金，学校应当负责筹措；学校无力完全筹措的，由学校的主管部门或者举办者协助筹措。

第三十条　县级以上人民政府教育行政部门或者学校举办者有条件的，可以通过设立学生伤害赔偿准备金等多种形式，依法筹措伤害赔偿金。

第三十一条　学校有条件的，应当依据保险法的有关规定，参加学校责任保险。

教育行政部门可以根据实际情况，鼓励中小学参加学校责任保险。

提倡学生自愿参加意外伤害保险。在尊重学生意愿的前提下，学校可以为学生参加意外伤害保险创造便利条件，但不得从中收取任何费用。

第五章　事故责任者的处理

第三十二条　发生学生伤害事故，学校负有责任且情节严重的，教育行政部门应当根据有关规定，对学校的直接负责的主管人员和其他直接责任人员，分别给予相应的行政处分；有关责任人的行为触犯刑律的，应当移送司法机关依法追究刑事责任。

第三十三条　学校管理混乱，存在重大安全隐患的，主管的教育行政部门或者其他有关部门应当责令其限期整顿；对情节严重或者拒不改正的，应当依据法律法规的有关规定，给予相应的行政处罚。

第三十四条　教育行政部门未履行相应职责，对学生伤害事故的发生负有责任的，由有关部门对直接负责的主管人员和其他直接责任人员分别给予相应的行政处分；有关责任人的行为触犯刑律的，应当移送司法机关依法追究刑事责任。

第三十五条　违反学校纪律，对造成学生伤害事故负有责任的学生，学校可以给予相应的处分；触犯刑律的，由司法机关依法追究刑事责任。

第三十六条　受伤害学生的监护人、亲属或者其他有关人员，在事故处理过程中无理取闹，扰乱学校正常教育教学秩序，或者侵犯学校、学校教师或者其他工作人员的合法权益的，学校应当报告公安机关依法处理；造成损失的，可以依法要求赔偿。

第六章　附则

第三十七条　本办法所称学校，是指国家或者社会力量举办的全日制的中小学（含特殊教育学校）、各类中等职业学校、高等学校。

本办法所称学生是指在上述学校中全日制就读的受教育者。

第三十八条　幼儿园发生的幼儿伤害事故，应当根据幼儿为完全无行为能力人的特点，参照本办法处理。

第三十九条　其他教育机构发生的学生伤害事故，参照本办法处理。

在学校注册的其他受教育者在学校管理范围内发生的伤害事故，参照本办法处理。

第四十条　本办法自2002年9月1日起实施，原国家教委、教育部颁布的与学生人身安全事故处理有关的规定，与本办法不符的，以本办法为准。

在本办法实施之前已处理完毕的学生伤害事故不再重新处理。

E. 常用创伤处理技术

常用创伤处理技术包括止血、包扎、固定、搬运。

一、止血

（一）指压止血法

抢救者用手指把出血部位近端的动脉血管压在骨骼上，使血管闭塞，血流中断而达到止血目的。这是一种快速、有效的首选止血方法。止住血后，应根据具体情况换用其他有效的止血方法，如填塞止血法、止血带止血法等。这种方法仅是一种临时的、用于动脉出血的止血方法，不宜持久采用。下面是根据不同的出血部位采用的不同的指压止血法。

1. 颞动脉止血法

一手固定伤员头部，用另一手拇指垂直压迫耳屏上方凹陷处可感觉的动脉搏动，其余四指同时托住下颌。用于头部发际范围内及前额、颞部的出血。

2. 颌外动脉止血法

一手固定伤员头部，用另一手拇指在下颌角前上方约 1.5 厘米处，向下颌骨方向垂直压迫，其余四指托住下颌。用于颌部及颜面部的出血。

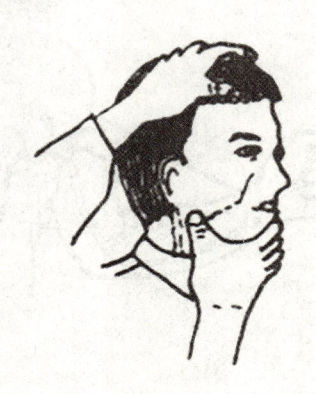

3. 颈动脉止血法

用拇指在甲状软骨、环状软骨外侧与胸锁乳突肌前缘之间的沟内搏动处，向颈椎方向压迫，其余四指固定在伤员的颈后部。用于头、颈、面部大出血，且压迫其他部位无效时。注意非紧急情况勿用此法。此外，不得同时压迫两侧颈动脉。

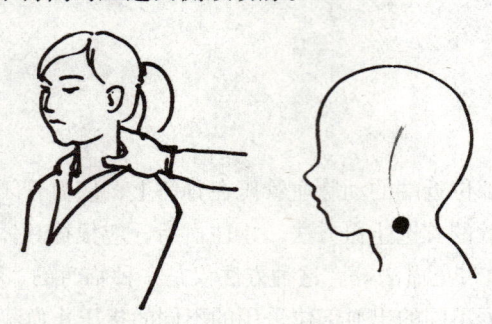

4. 锁骨下动脉止血法

用拇指在锁骨上窝搏动处向下垂直压迫，其余四指固定肩部。用于肩部、腋窝或上肢等部位的出血。

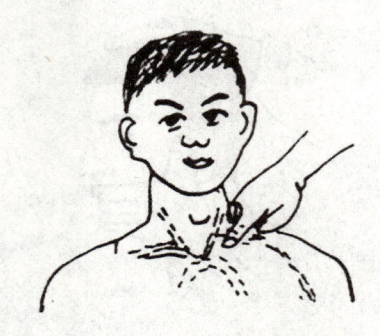

5. 肱动脉止血法

一手握住伤员伤肢的腕部，将上肢外展外旋，并屈肘抬高上肢；另一手拇指在上臂肱二头肌内侧沟搏动处，向肱骨方向垂直压迫。用于手、前臂及上臂中或远端出血。

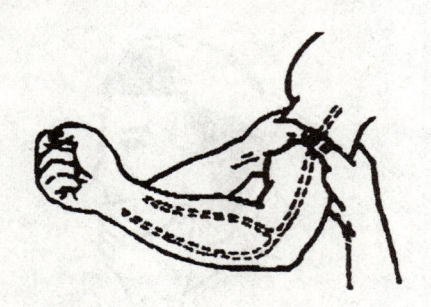

6. 尺、桡动脉止血法

双手拇指分别在腕横纹上方两侧动脉搏动处垂直压迫。用于手部的出血。

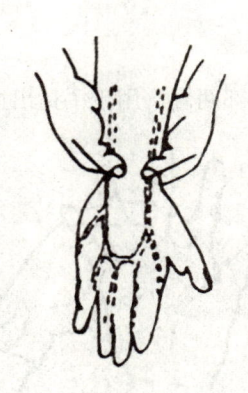

7. 股动脉止血法

用两手拇指重叠放在腹股沟韧带中点稍下方、大腿根部搏动处用力垂直向下压迫。用于大腿、小腿或足部的出血。

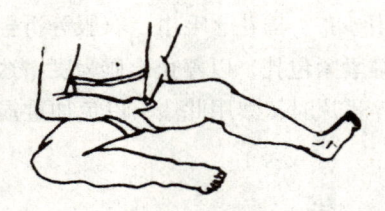

8. 腘动脉止血法

用一手拇指在腘窝横纹中点处向下垂直压迫。用于小腿或足部出血。

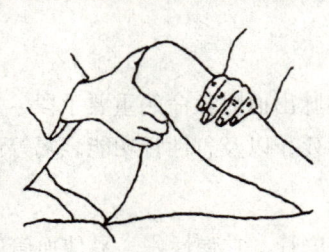

9. 足背动脉与胫后动脉止血法

用两手拇指分别压迫足背中间近脚腕处（足背动脉），以及足跟内侧与内踝之间处（胫后动脉）。用于足部出血。

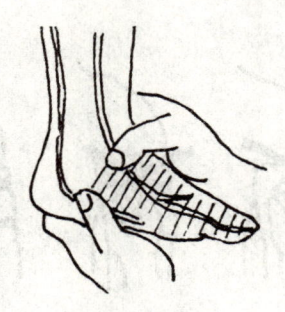

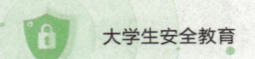

10. 指动脉止血法

用一手拇指与食指分别压迫指根部两侧。用于手指出血。

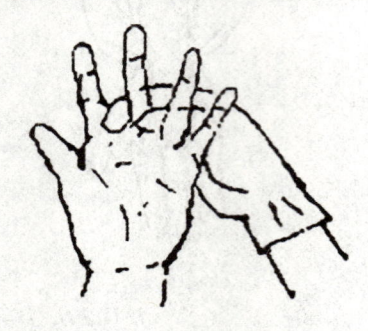

（二）加压包扎止血法

伤口覆盖无菌敷料后，再用纱布、棉花、毛巾、衣服等折叠成相应大小的垫，置于无菌敷料上面，然后用绷带、三角巾等紧紧包扎，以停止出血为度。这种方法用于小动脉以及静脉或毛细血管的出血。但伤口内有碎骨片时，禁用此法，以免加重损伤。

（三）填塞止血法

用无菌的棉垫、纱布等，紧紧填塞在伤口内，再用绷带或三角巾等进行加压包扎，松紧以达到止血目的为宜。本法用于中等动脉，大、中静脉损伤出血，或伤口较深、出血严重时，还可直接用于不能采用指压止血法或止血带止血法的出血部位。

（四）止血带止血法

止血带止血法是四肢较大动脉出血时救命的重要手段，用于其他止血方法不能奏效时。如果使用不当可出现肢体缺血、坏死，以及急性肾功能衰竭等严重并发症。

1. 操作方法

（1）止血带止血法可选用橡皮管，它弹性好，易使血管闭塞，但管径过细易造成局部组织损伤。操作时，在准备结扎止血带的部位加好衬垫，以左手拇指和食指、中指拿住止血带的一端，另一手拉紧止血带围绕肢体缠绕一周，压住止血带的一端，然后缠绕第二周，并将止血带末端用左手食指、中指夹紧，向下拉出固定即可。还可将止血带的末端插入结中，拉紧止血带的另一端，使之更加牢固。

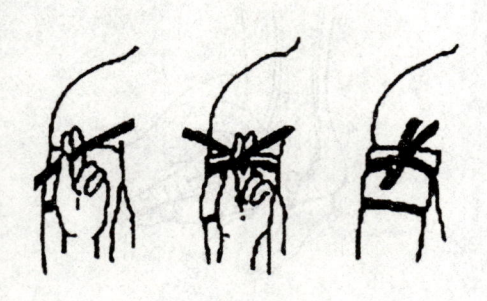

（2）绞紧止血法。如果无橡皮止血带，可根据当时情况，就便取材，如三角巾、绷带、领带、布条等均可，折叠成条带状，即可当作止血带使用。上止血带的部位加好衬垫后，用止血带缠绕，然后打一活结，再用一短棒、筷子、铅笔等的一端插入活结一侧的止血带下，并旋转绞紧至停止出血，再将短棒、筷子或铅笔的另一端插入活结套内，将活结拉紧即可。

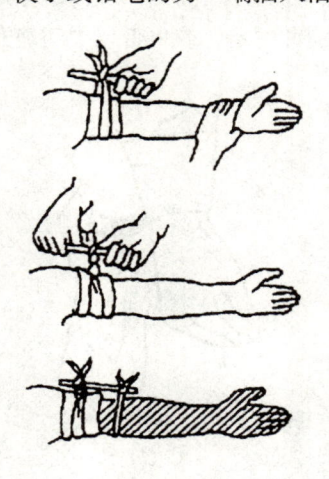

2. 注意事项

（1）止血带不宜直接结扎在皮肤上，应先用三角巾、毛巾等做成平整的衬垫缠绕在要结扎止血带的部位，然后上止血带。

（2）结扎止血带的部位在伤口的近端（上方）。上肢大动脉出血应结扎在上臂的上 1/3 处，避免结扎在中 1/3 处以下的部位，以免损伤桡神经；下肢大动脉出血应结扎在大腿中部。而在实际抢救伤员的工作中，往往把止血带结扎在靠近伤口处的健康部位，有利于最大限度地保存肢体。

（3）结扎止血带要松紧适度，以停止出血或远端动脉搏动消失为度。结扎过紧，可损伤受压局部；结扎过松，达不到止血目的。

（4）为防止远端肢体缺血坏死，原则上应尽量缩短使用止血带的时间，以暂时恢复远端肢体血液供应。松解止血带的同时，仍应用指压止血法，以防再度出血。止血带松解 1~3 分钟后，在比原来结扎部位稍低平面重新结扎。松解时，如果仍有大出血者或远端肢体已无保留可能，在转运途中可不必再松解止血带。

（5）结扎好止血带后，在明显部位加上标记，注明结扎止血带的时间，尽快运往医院。

（6）用止血带时间不能过久，一般不超过 1~1.5 小时放松一次，使血液流通 5~10 分钟。

（7）解除止血带，应在输血输液和采取其他有效的止血方法后方可进行。如果组织已发生明显广泛坏死时，在截肢前不宜松解止血带。

二、包扎

包扎是外伤现场应急处理的重要措施之一，及时正确的包扎，可以达到压迫止血、减少感染、保护伤口、减少疼痛，以及固定敷料和夹板等目的。

1. 环形包扎

（1）适应证：用于绷带开始与结束时；固定带端；包扎颈、腕、胸、腹等粗细相等部位的小伤口。

（2）操作步骤：将绷带做环形的重叠缠绕（不少于2周）；下周将上周绷带完全遮盖；将绷带末端毛边反折，用胶带或安全别针固定，或将带尾中间剪开分成两头，避开伤区打结固定。

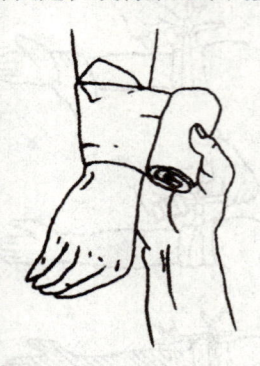

2. 蛇形包扎法

（1）适应证：用于从一处迅速延伸到另一处作简单固定，可用于夹板的固定。

（2）操作步骤：将绷带环形缠绕两圈；以绷带宽度为间隔，斜形上绕互不遮盖；将绷带再次环形缠绕两圈；固定方法同环形包扎法。

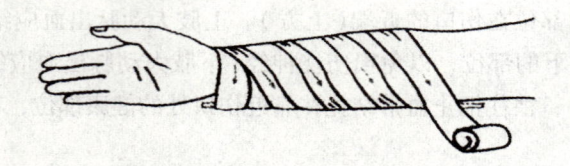

3. 螺旋形包扎

（1）适应证：用于包扎直径基本相同的部位，如上臂、手指、躯干、大腿等。

（2）操作步骤：将绷带环形缠绕两圈；稍微倾斜（<30°）螺旋向上缠绕；每周遮盖上周的1/3~1/2；将绷带再次环形缠绕两圈，固定。

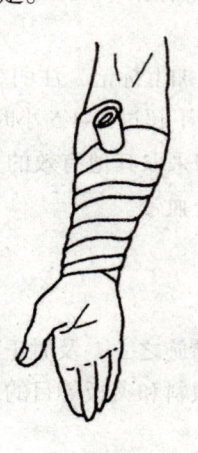

4. 螺旋反折包扎

（1）适应证：用于直径大小不等的部位，如前臂、小腿等。

（2）操作步骤：将绷带环形缠绕两圈；稍微倾斜（＜30°），螺旋向上缠绕；每周均把绷带向下反折，遮盖其上周的 1/3~1/2，反折部位应相同，使之成一直线；将绷带再次环形缠绕两圈，固定。注意不可在伤口上或骨隆突处反折。

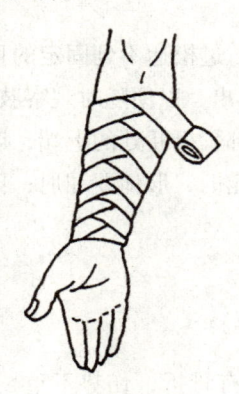

5. "8"字形包扎

（1）适应证：用于关节部位的包扎，如肘、肩、髋、膝等。

（2）操作步骤：屈曲关节后在关节远心端环形包扎两周；右手将绷带从右下越过关节向左上包扎，绕过后面，再从右上（近心端）越过关节向左下包扎，使呈"8"字形，每周覆盖上周 1/3~1/2；环形包扎 2 周固定。

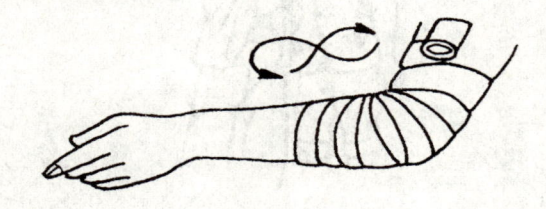

6. 回返包扎

（1）适应证：用于包扎没有顶端的部位如指端、头部、截肢残端。

（2）操作步骤：环形包扎两周；右手将绷带向上反折与环形包扎垂直，先覆盖残端中央，再交替覆盖左右两边，左手固定反折部位，每周覆盖上周 1/3~1/2；再将绷带反折环形包扎 2 周固定。

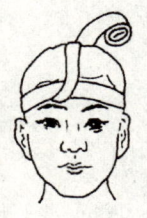

三、固定

（1）在处理开放性骨折时，局部要做清洁消毒处理，用纱布将伤口包好，严禁把暴露在伤口外的骨折端送回伤口内，以免造成伤口污染和再度刺伤血管和神经。

（2）固定骨折所用的夹板的长度与宽度要与骨折肢体相称，其长度一般应超过骨折上下两个关节为宜。

（3）固定、捆绑的松紧度要适宜，过松达不到固定的目的，过紧影响血液循环，导致肢体坏死。固定四肢时，要将指（趾）端露出，以便随时观察肢体血液循环情况。

（4）对四肢骨折固定时，应先捆绑骨折断处的上端，后捆绑骨折断处的下端。如果捆绑次序颠倒，则会导致再度错位。上肢固定时，肢体要屈肘；下肢固定时，肢体要伸直。

四、转运

1. 一人搬运法

（1）扶行法适用于清醒伤者，没有骨折，伤势不重，能自己行走的伤者。救护者站在身旁，将其一侧上肢绕过救护者颈部，用手抓住伤病者的手，另一只手绕到伤病者背后，搀扶行走。

（2）背负法适用老幼、体轻、清醒的伤病者。救护者朝向伤病者蹲下，让伤员将双臂从救护员肩上伸到胸前，两手紧握。救护员抓住伤病者的大腿，慢慢站起来。注意有上、下肢，脊柱骨折者不能用此法。

（3）抱持法适于年幼伤病者，体轻者没有骨折，伤势不重，是短距离搬运的最佳方法。救护者蹲在伤病者的一侧，面向伤员，一只手放在伤病者的大腿下，另一只手绕到伤病者的背后，然后轻轻抱起伤病者。注意如果有脊柱或大腿骨折者禁用此法。

2. 双人搬运法

（1）轿杠式适用于清醒伤病者。两名救护者面对面各自用右手握住自己的左手腕。再用左手握住对方右手腕，然后，蹲下让伤病者将两上肢分别放到两名救护者的颈后，再坐到相互握紧的手上。两名救护者同时站起，行走时同时迈出外侧的腿，保持步调一致。

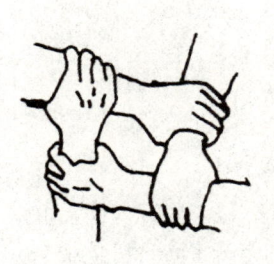

（2）双人拉车式适于意识不清的伤病者。将伤病者移上椅子、担架或在狭窄地方搬运伤者。两名救护者，一人站在伤病者的背后将两手从伤病者腋下插入，把伤病者两前臂交叉于胸前，再抓住伤病者的手腕，把伤病者抱在怀里，另一人反身站在伤病者两腿中间将伤病者两腿抬起，两名救护者一前一后地行走。

（3）双人平抬法适用于意识不清的病人。两位急救者双手平抱伤员胸背部及臀部、下肢搬运。

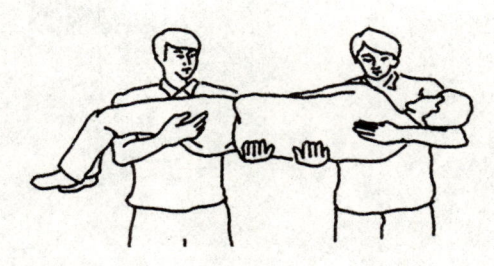

3. 三人搬运法

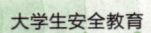

三人平托式适用于脊柱骨折的伤者。三名救护者站在伤者的同一侧，一人用双手抬肩，一人抬臀部，另一人抬小腿部，三人同时将伤者抬起后，将伤者面对搬运者搬运。

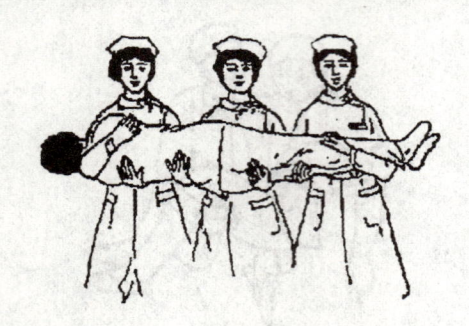

F. 常用急救技术

在触电、溺水、中毒、窒息的情况下，一旦发生呼吸和心跳突然停止的情况，要及时正确地实施人工呼吸和胸外心脏按压等心肺复苏技术。在实施人工呼吸和胸外心脏按压之前应先判断伤者是否出现心跳呼吸骤停，方法如下。

（一）判断心跳骤停

判断心跳骤停在实施心肺复苏的过程中极其重要，只有在准确地判断心跳停止后，才能对其实施胸外心脏按压。

1. 判断标准

以意识丧失，股动脉、颈动脉搏动消失为主要判断标准，多伴有瞳孔散大及皮肤苍白或发绀。

2. 判断方法

（1）判断意识：急救者在确认现场安全的情况下轻拍或摇动伤者肩膀，并大声呼喊"你还好吗？"，观察其反应和瞳孔散大情况，检查患者是否有呼吸、脉搏。如果没有呼吸或者没有正常呼吸（即只有喘息）和脉搏，立即进行急救过程并开始胸外心脏按压。注意摇动肩部时不可用力过猛，以防颈椎骨折病人加重其损伤。

（2）判断大动脉搏动：操作者左手置于伤者前额，使头部保持后仰，右手食指及中指指尖先触及气管正中部部位，男性可先触及喉结，然后向旁滑移2~3厘米，在气管旁软组织深处轻轻触摸颈动脉搏动。未触及搏动表明心搏已停止。检查脉搏的时间一般不能超过10秒，如10秒内仍不能确定有无脉搏，应立即实施胸外心脏按压。

（二）胸外心脏按压

1. 体位与准备

操作者位于患者右侧，跪式或站式。准备清洁手帕或纱布1块备用。伤者取仰卧位，迅速将患者安置于硬板床或平坦的地面上，如在软床上抢救，应抽去枕头，在患者背部加垫木板。

2. 按压部位

在胸骨中下 1/3 交界处（男性两乳头连线中点），或以剑突切迹作为定位标志，将右手食指、中指两指横放在剑突切迹上方，食指上方的胸骨正中部即为按压区。

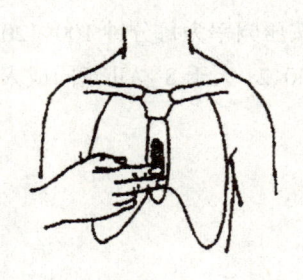

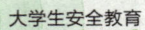

3. 按压手法

解开患者上衣，暴露胸部。操作者左手掌根部紧贴食指上方，放于按压区，掌根与胸骨长轴重叠，将右手掌根重叠放于左手的掌根上，右手的手指插入左手手指指间，两手手指交叉互握翘起，不接触胸壁。

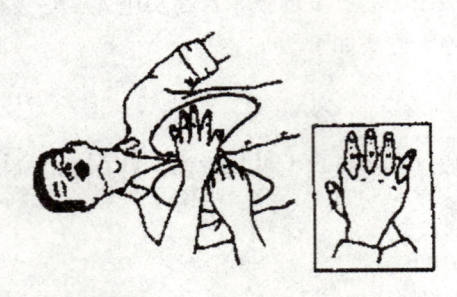

4. 按压姿势

按压时抢救者双肘关节伸直，双肩中点垂直于按压部位，利用上半身前倾之力和肩、臂肌肉力量垂直向下用力按压。按压和放松时间一致，并应平稳、规律、均匀地进行，不能间断，忌冲击式的按压或跳跃式按压。

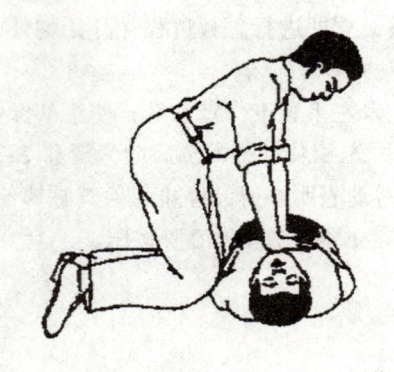

5. 按压频率与深度

成人按压频率至少为 100 次/分。成人按压深度应使胸骨下端下陷 5 厘米。

6. 婴幼儿的胸外心脏按压

对于婴幼儿，按压部位为两乳头连线中点，年长儿同成人采用双掌法；幼儿可用单掌法；婴儿可用双拇指重叠放在按压部位，其余手指和手掌环抱其胸廓或采用单手食指、中指按压法。按压深度为胸腔前后径 1/3~1/2，按压频率为每分钟 100~120 次。按压与吹气之比：小于 8 岁儿童双人操作为 15∶2，单人操作为 30∶2；大于 8 岁儿童同成人，无论单双人操作均为 30∶2。

（三）开放气道与人工呼吸

1. 开放气道

（1）松解患者衣领及裤带。

（2）清除患者口鼻腔内异物（包括义齿、分泌物、呕吐物及其他异物），以保持气道通畅。

（3）开放气道。

①仰头举颌法：操作者一手掌的小鱼际肌置于伤者前额使头后仰，另一手的食指与中指置于下颌部，抬起下颌。

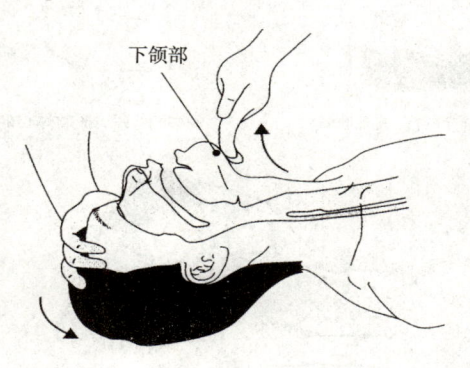

下颌部

②托颌法：将双手分别置于伤者两侧下颌，抓紧下颌关节，使下颌往上往前；手心用力，使额头往后倾。对怀疑有颈椎骨折者应使用此法。

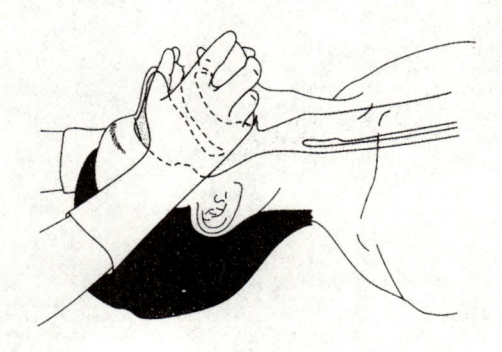

2. 判断有无自主呼吸

开放气道后，先将耳朵贴近患者口鼻，头部侧向伤者胸部，眼睛观察其胸部有无起伏；面部感觉气道有无气体排出；耳朵倾听呼吸道有无气流呼出的声音。判断及评价时间不得超过10秒。若无上述表现，可确定无自主呼吸，立即进行抢救。无论是单人操作还是双人操作，胸外心脏按压与人工呼吸之比均为30∶2。

3. 口对口人工呼吸

以两层纱布盖于患者口上，用压前额之手的拇指和食指捏闭患者双侧鼻孔，另一手拇指将伤者口部掰开，抢救者深吸一口气后，双唇紧贴并完全包住伤者口部缓慢吹气，每次吹气应持续2秒以上，确保其胸部上抬。如在模型上进行，应见绿灯亮，方为有效。一次吹气完毕后立即与患者口部脱离，吸入新鲜空气，以便做下一次吹气，同时捏鼻的手也应放松，以便伤者自然呼气。吹气频率成人每分钟10~12次，儿童每分钟12~20次。几种体位的口对口人工吹气如下图所示。

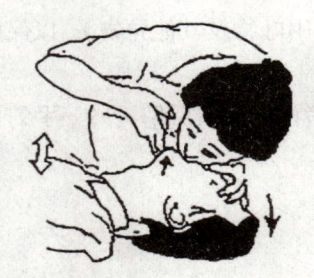

仰头—抬颌体位时的口对口人工吹气

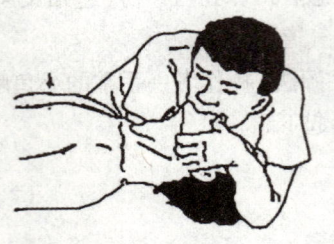

仰头—托颌体位时的口对口人工吹气

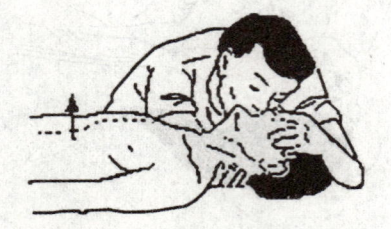

仰头—抬颈体位时的口对口人工吹气